中澤高志

住まいと仕事の地理学

旬報社

第1章 住まいと仕事の地理学へ

- 出発点 ... 10
- 住宅・住居と住まい ... 11
- 仕事と労働 ... 14
- 人間と環境，主体と構造 ... 15
- 時間地理学の考え方 ... 18
- 制約の中での住居・職場の選択 ... 20
- 空間－社会弁証法からの問い直し ... 21
- 生活の空間的組織化 ... 23
- まとめ ... 27

第2章 住所の歴史学

- 複数の住所，複数の人口 ... 32
- 戸籍とその理念 ... 35
- 人口統計としての宗門改帳 ... 37
- 明治維新による戸籍の復活 ... 41
- 国勢調査の実施へ ... 44
- 国勢調査のその後 ... 45
- 2015年の国勢調査 ... 48
- 4つめの住所，住所の終わり ... 50

第3章 都市から都市圏へ

- 都市と都市圏 ... 56
- 大都市圏成立の要件 ... 58
- 都市への人口の集中 ... 60
- 郊外の誕生 ... 62
- 大都市圏成立以前の江戸・東京 ... 63
- 維新後の東京 ... 67

第4章 新中間層と理想の住まい

私鉄郊外の誕生 …………………………………… 74
田園都市構想 ……………………………………… 75
田園都市構想の換骨奪胎 ………………………… 79
近代家族の成立 …………………………………… 80
「家庭」家族の「茶の間のある家」……………… 83
理想の住まいを求めて …………………………… 85
「据置貯金と住宅組合で二千円の家を建てた経験」… 87
女中のいる生活 …………………………………… 88

第5章 住宅政策の誕生から戦時体制へ

なぜ,住宅政策が必要か ………………………… 96
住宅政策の起源 …………………………………… 97
戦前の住宅政策の三本柱 ………………………… 100
　　●公益住宅／●住宅組合／●同潤会
労働市場と住宅市場の戦時統制 ………………… 110
　　●労働市場／●住宅市場／●住宅営団の設立
戦前の住宅政策のまとめ ………………………… 118

第6章 戦後住宅政策の始まり

焼け野原と建築家の希望 ………………………… 124
庶民の住まいの現実 ……………………………… 126
戦後住宅政策の3本柱 …………………………… 131
　　●住宅金融公庫／●公営住宅／●公団住宅
日本の住宅政策の歴史 …………………………… 141

第7章 向都離村と集団就職の時代

- 時代設定と問題設定 ……………………………………… 146
- 人口転換と潜在的他出者（第1の問い）………………… 149
- 非大都市圏のプッシュ要因と
  　大都市圏のプル要因（第2の問い）…………………… 153
- 新規学卒労働市場の制度化（第3の問い）……………… 156
  - ●ナショナルな労働市場？
  - ●集団赴任制度と集団求人制度
- 地理学と身体（第4の問い）……………………………… 161

第8章 多産少子世代のライフコースと郊外化

- ライフサイクルとライフコース ………………………… 168
- 東京圏居住者割合による3つの世代 …………………… 171
- 大都市圏内での居住地移動 ……………………………… 173
- マイホームと国民経済 …………………………………… 178
- 「従業員としてのライフコース」と
  　「自営業主としてのライフコース」…………………… 180
- 住まいに対する価値観の表象 …………………………… 183

第9章 安定成長期・低成長期の非大都市圏

安定成長期の非大都市圏をめぐる人口移動 190
企業内地域間分業，地域的生産体系，
　　地域労働市場 193
農村工業化を生きる：
　　山形県最上地域の事例 198
低成長期の地域労働市場 202
医療・介護の市場化の地域差 206
ポスト農家兼業時代の地域労働市場概念 209

第10章 戦後住宅政策の変質

三本柱からなる住宅政策の解体 216
公営住宅の縮退 218
公団住宅の終焉 222
　　●公団からURへ／●住民層の変化
住宅金融公庫の廃止 227
　　●特殊法人改革の目玉
　　●公庫廃止後の住宅金融のリスク
最低限度の生活をめぐって 234

第11章 間接雇用がもたらすリスク

労働市場におけるミスマッチ 238
　　●3つのミスマッチ／●ミスマッチ克服の時代性
　　●労働者派遣法の規制緩和
間接雇用が地域にもたらしたもの 243
「派遣切り」に対する労働者の反応 247
　　●自治体の緊急雇用対策／●労働組合の対応
　　●「根付きの空間」と「関与の空間」
それでも自治体を頼った人々 252
リスクにどう対応するか 254

第12章 少産少死世代の都市社会地理

- 居住分化と都市構造 ……………………………… 260
- 個人化社会におけるライフコース ……………… 261
- 世帯内単身者率とブルーカラー従業者率に
  見る都市構造の変容 …………………………… 265
- 選別される郊外 …………………………………… 270
- 少産少死世代の今後 ……………………………… 277

第13章 地方創生の政治経済学

- 「人口問題転換」………………………………… 282
- 「地方消滅」と「極点社会」……………………… 283
- 政策としての実装 ………………………………… 287
- 「地方創生」の目的 ……………………………… 290
- 地域政策としての「地方創生」…………………… 291
- 人口の意味するもの ……………………………… 293
- 「消滅可能性」自治体の苦悩と
  どう向き合うか ………………………………… 296

あとがき ……………………………………………… 301

索引 …………………………………………………… 304

第 1 章

住まいと仕事の地理学へ

出発点

　本書では，人間生活の基盤であり，人生において大きな位置を占める住まいと仕事について，地理学の立場から考察することを手がかりに，人々の生活の営みの歴史－地理について理解を深めるとともに，今後の住まいと仕事のゆくえについて考える手がかりを得ることを目指す。ここでいう歴史－地理とは，歴史地理学の対象となる過去に存在した地理のことではない。それ以前の歴史的過程を考察に含めることなく，ある時点での地理を理解することは不可能であるという筆者の信念を示している。もっとも，人々の生活の営みの歴史－地理とはいっても，本書の内容は，明治期以降の日本，それも大都市圏に関することが中心である[1]。

　「住まいと仕事の地理学」というタイトルの下で学問的な探求を始めるに当たって，その出発点をきちんと定位しておきたい。ここでいう「住まい」，「仕事」，「地理学」という言葉を，筆者がどのように解釈しているのかをあらかじめ示すことで，本書における探求の道筋がある程度明確になるだろうと期待するからである。

　これら3つの言葉のなかで，最も難しいのは，地理学について語ることである。筆者は，地理学とは，なぜ，そこに，それが，そのような形で存在しているのかを記述し，説明することであると考えている。そのような問いが意味をもつのは，別のところには，別の物が，別の形で存在しているからにほかならない。だからこそ地理学とは，特定の対象や方法ではなく，地理的多様性や地域差への関心といった視角，端的にい

えば地理学的視角によって特徴づけられる学問である(山本2005)と規定できる。

　どの学問においても，対象の説明に先立ち，まずは対象を正確に記述し，把握する必要がある。地理学的視角に特徴づけられる地理学にとって，住まいと仕事，いうなれば人間生活を記述するとは，歴史的・地理的に異なる人間生活の様相についての情報を得て整序することである。こうして経験的に得られた知識にもとづいて，人々が，ある時代に，ある場所で，そのような生活を送っているのはなぜかを突き詰めていくことが，説明という営みであろう。これからの人間生活がどのようなものになるのかを予言できる人は誰もいない。しかし人間は，過去から学び，主体的に未来に向き合う能力をもっている。直接的には予測に結びつかないとしても，歴史的・地理的に異なる環境の下での多様な人間生活について多くの知識をもち，いわばたくさんの引き出しをもったうえで深く考えることは，未来への備えになってくれると確信している。

　「住まいと仕事の地理学」というタイトルの「住まい」と「仕事」という言葉には，単純だけれども筆者のこだわりが盛り込まれている。学術書のタイトルとしては，「住宅(あるいは住居)と労働の地理学」の方がふさわしいのかもしれない。しかし「住まいと仕事の地理学」の方が，語感としては柔らかい。その柔らかさはどこから来るのかという問いに対する答えは，本書のタイトルを「住宅と労働の地理学」とせず，「住まいと仕事の地理学」とした理由と密接にかかわっている。

住宅・住居と住まい

　住宅あるいは住居を英訳するとすれば，Houseである。Houseは居住用の建物以上でも以下でもなく，物としての存在を意味する。住宅・土地統計調査の定義によれば，住宅とは，「一戸建の住宅やアパートのように完全に区画された建物の一部で，1つの世帯が独立して家庭生活を営むことができるように建築又は改造されたもの」である。そしていくつかの条件が列挙され，「上記の要件を満たしていれば，ふだん人が居住して

いなくても，ここでいう『住宅』となる」とされている[2]。そこに人が住んでいようと，住んでいまいと，「はこもの」としての住宅は厳然として存在するのである。

この物としての住宅は，資本主義のもとでは他の商品と同様に需要と供給によって価格が決定され，住宅市場で取引される。しかしほかの商品と大きく異なるのは，新たに生産することも，移動させることもできない土地＝自然に固着した，「不動産」であることである。したがって，住宅市場においては，需要と供給の地域的不均衡が必然的に発生[3]し，歴史的には住宅の商品化が進むにつれて住宅市場を補完する住宅政策が要請されてくる。

住まいを英語にするとしたら，どうなるだろうか。Home という言葉が，それにふさわしいであろう[4]。Home あるいは住まいという言葉からは，「住まう」という人間の行為や，そこに住まう人の息づかいが感じられる。つまり，住まいとは，「生きられた経験としての住宅」を意味している。さらに住まいという言葉は，何らかの価値観をも含みもつ。日本における「マイホーム」という言葉の含意や，英語の at home が「くつろぐ」という意味をもつことが示すように，住まい(Home)は往々にして肯定的な心象風景や帰属すべき場所と結びつけて想起される[5]。

住宅・土地統計調査による住宅の定義に戻ってみよう。この定義において，「完全に区画された」とは，「コンクリート壁や板壁などの固定的な仕切りで，同じ建物の他の部分と完全に遮断されている状態をいう」とされている。これによると，段ボールで仮ごしらえされた路上生活者のねぐらはもとより，都市河川の堤外地などで見られるブルーシートで覆われた「構造物」もまた，少なくとも国の統計の範疇では「住宅」と呼ぶに足らないものであることになる[6]。

『TOKYO 0円ハウス 0円生活』(坂口2011)は，住宅・土地統計調査流の「住宅」の定義に対する強力なアンチテーゼである。この本は，当時建築を学ぶ学生であった著者による，隅田川河川敷・ブルーシートハウス暮らしの現代版考現学である。ブルーシートハウスは，けっして雨露しのぎの仮ごしらえではない。数人が集まって宴会をしても充分な広さ

をもち，テレビや冷蔵庫といった家電を含めた日用品も一通り備わっている。ほとんどはゴミとして捨てられた物のリユース・リサイクルであり，家電はガソリンスタンドでもらった使用済みバッテリーでたいてい動く。

　ブルーシートハウスの住民は出たとこ勝負のその日暮らしをしているわけではない。現金収入のためのアルミ缶拾いを効率よくするためには，近隣の空き缶ゴミの回収日と時間をふまえて，自転車での巡回ルートをあらかじめ決めておく。コンビニエンスストアで賞味期限切れ弁当をもらう場合も同様である。何にせよ，人から物をもらい受けるには，円滑な人間関係を保っておく努力が欠かせない。

　河川敷は国土交通省の管轄で，月に1度清掃が行われる。ブルーシートハウスは，その際に一時撤去が容易なように，その骨組は緻密に設計されている。1時間足らずでハウスを分解したらパーツは堤内に投げ込んでおき，清掃が終了したら回収して組み立てる。アルミ缶拾いや食料調達のルートが決まっているので，ハウスの場所は同じでなければならない。

　国家が定義する「住宅」に住んでいないという意味でならば，彼らは「ハウスレス」と言っていい。しかし，私たちは，ブルーシートハウスの住民を「ホームレス」と呼ぶ。それは私たちが，ビニールシートで造られた小屋が，人にとってやすらぎやくつろぎをもたらし，帰属意識の対象となる「住まい」にはなりえないと勝手に判断しているからではないか。住宅・土地統計調査が「住宅」をどう定義しようと，坂口（2011）を読んだ人はブルーシートハウスがハウス＝住宅と呼ばれることを納得するであろうし，さらには，単なる「住宅」を超えて，私たちが今まで議論してきた意味での「住まい」であることをも納得するであろう。そう考えると，路上生活者が段ボールでこしらえたねぐらも，その人にとってはかけがえのない「住まい」であるのかもしれない。路上生活者は，自立支援施設などが用意されている場合でも，公園や地下道からの立ち退きを迫られたときに頑なにそれに抵抗するではないか。ホームレスという言葉自体が，彼／彼女ら（others）は「住まい」をもっているはずがないという，私たちの先入観や偏見に依拠した呼称であることを，坂口（2011）は気づかせてくれる。

住まいとは,客観的に存在する「はこもの」としての住宅・住居ではない。住まいとは経験され,主観でとらえられる物であるから,何が住まいになりうるのかは一概には決められない。本書のタイトルにおいて,筆者が住宅とせず,住まいとしたのは,建物としての,単なる器としての住宅だけではなく,生きられた経験を含みこんだ住まいについて考えてみたいと思ったからである。

仕事と労働

　労働とは,労働力を行使することを意味し,英語でいえばlaborとなるであろう。経済学では,労働力とは,人間が財やサービスを生産するために支出できる肉体的・精神的な能力であり,資本主義のもとでは,それ自体ひとつの商品となっているとされる。生産手段を所有していない労働者は,これを有する資本家に労働力を商品として売り渡すことで,生活の糧を得ていると考えるのである。そして,労働力という商品が売り買いされる市場が,労働市場である。そのように考えることで,経済学は,労働力をパンや牛乳や鉛筆や冷蔵庫や自動車と同じように,貨幣で換算でき,売り買いできる商品とみなすことができる。しかし,労働力は実体として存在するものではなく,人間の肉体的・精神的能力を私たちが扱い慣れた商品という概念になぞらえた特殊な商品(擬制商品)である。

　労働力商品の特殊性については,改めて話題にするつもりであるが,なかでも地理学的観点から重要な点として,労働者と労働力の不可分性を挙げておきたい。労働力はつきつめれば人間の肉体的・精神的能力であるから,これを労働者から切り離して流通させることはできない,ということである。確かに労働者の移動という形で労働力を移動させることはできるが,大半の人間は固定的な住居を中心に生活圏を組織化し,そこに帰属意識や愛着を育んでいくことから,他の商品に比べてその移動性は大きく損なわれる。それゆえ,住宅と同様に,労働力も地域間の不均衡が発生しやすい商品である。

本書において扱いたいのは，生身の人間から蒸留された抽象的な労働あるいは労働力ではなくて，一人ひとりの人間が主体的に働くということである。小池(1999：i)は，「仕事はもちろん人生の一部に過ぎないが，しかし，まことに重要な一部分であり，人生に及ぼす仕事の影響ははかりしれないほど深い」と述べた。人生の重要な一部分であるがゆえに，仕事はその人のアイデンティティに深くかかわっている。そのような含みを持たせたいがために，労働という言葉を使わずに，仕事(work)という言葉を使ったのである。

　多少抽象化すれば，人間の生活，人間の人生の営みは，生産と再生産に分けることができる。再生産は，日々行われる労働力の再生産と，子どもを産み育てることによってなされる世代の再生産にさらに分けられる。本書のタイトルに対応させれば，生産が仕事，再生産が住まいに相当する。しかし本書では，主語のない抽象概念としての生産と再生産ではなく，あくまでも具体的な人の営みとしての住まいと仕事に目を向けたいのである。

人間と環境，主体と構造

　「住まいと仕事の地理学」と名付けた理由をひもといていくことで，本書の目的が次第に明らかになってきたと思う。一般に地理学というと「地域」を対象にしている学問であると思われがちであるが，本書は地域において生活する「人間」，住まいと仕事の主語である「人間」に焦点を当てる。人間に焦点を当てるとはいっても，人間をどうとらえるかによって，もっと正確に言えば，人間と環境との関係をどうとらえるのかによって，探求の方向性は大きく変わってくる。ここでいう環境とは，人間を取り巻くもの一切であって，建物や道路，自然環境といった物的なものだけでなく，私たちが文化や制度や慣習と呼んでいるもの(社会環境)も含まれる。人間と環境は，さらに一般化して主体と構造と言い換えることもできる。

　人間と環境の関係，主体と構造の関係は，伝統的には大きく分けて2つのとらえ方がある。第1の考え方は，人間の行動は環境によって決定

されているという考え方である。地理学において伝統的に根強かった環境決定論がまさにこの考え方にあたる[7]。また，古典的マルクス主義では，下部構造すなわち経済が，上部構造すなわち社会構成体を規定すると考えるので，やはりこの考え方に該当する。先ほど人間を主体と言い換えたが，主体とは，自己の自由により自覚的・意志的に自己決定を行いつつ行為する個体としての人間を意味する（『コンサイス20世紀思想辞典』による）。第1の考え方では，人間は自由な意志決定をしているように見えて，実はそれは環境あるいは構造に対する反応にすぎない，と考えるのである。

第2の考え方は，環境という全体が人間を含めた部分から独立してはじめから存在するのではない，という考え方である。社会構成体に限定すれば，私たちが社会とか経済とか呼んでいるものは，個々人の主体的な意志決定の総和として成り立っている，という方法論的個人主義に行き着く[8]。第1の考え方とは逆に，第2の考え方からは，人間の自由な意志決定の力に対する信頼が感じられる。ここでは深入りしないが，主流派経済学や立地論的経済地理学に親和性の高い考え方である。

やや乱暴に整理するならば，第1の考え方は環境が人間を規定するという考え方に，第2の考え方は人間が環境を規定するという考え方につながる。どちらにも頷けるところがあるが，やはり一面的で，不十分であることには変わりない。そこで，第3の考え方が出てくる。この考え方では，環境は人間の行為なくしては存在しないのではあるが，行為の前提として環境の制約があり，さらにそのなかでの人間の行為の結果として生み出される環境が，人間の行為を制約するとされる。つまりここでは，制約のなかで意志決定をする主体として，人間がとらえられている。

こうした考え方は，一般に空間-社会弁証法と呼ばれている。本書に近い内容を扱ったノックス・ピンチ（2013：4）は，空間-社会弁証法について，「人は都市空間の中で生活や仕事を営むうちに，自らのニーズに合わせて，また自らの価値観を表現すべく環境に変更を加え，環境を適合させていく。それと同時に，人は自らを取り巻く物的環境や周りの人々に順応していく」と述べている。正確を期するならば，原著において「人」

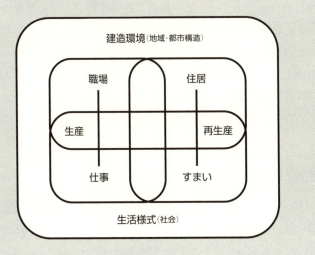

図1-1 建造環境と生活様式

筆者作成.

は"people",「自らの」は"themselves"と記されている(Knox and Pinch 2009：5)。つまり,「個人」のニーズや価値観ではなく,「自らを取り巻く物的環境や周りの人々」のなかで作られる「われわれ」のニーズ・価値観に合わせて環境に変更を加える,と理解するべきである。一人ひとりのニーズや価値観は各人各様であるが,特定の時代,特定の地域の人々の住まいと仕事のあり方は一定の枠に収まる。だからこそ生活様式という地理学にとってなじみの深い概念が成立するのである。それぞれの生活様式は,それを成り立たせる建造環境(ハーヴェイ1989-1990)をともなう。建造環境は,さらに生産の建造環境と消費の建造環境に分けられ,一対一ではないにせよ,それぞれが仕事・労働・生産と住まい・住宅・再生産に対応する。

以上を整理してみよう(図1-1)。大枠には,ある時代・地域の生活様式とそれに対応する建造環境がある。両者の関係は,どちらかがどちらかを一方的に規定するものではない。この生活様式(ソフトウェア)と建造環境(ハードウェア)の関係が,本来的な空間−社会弁証法の射程であろう。この空間−社会弁証法の中に,個々人の生活あるいは人生がある。それ

を大きく生産と再生産に分けてみるとき，建造環境の側には，個人の住居と職場が位置する。そして，住居と職場を舞台とする生きられた経験が，住まいと仕事ということになる。個人の住まいと仕事は個々人のユニークな経験であるが，建造環境と生活様式というハード的・ソフト的な可能性と制約のもとにおかれている。その制約のなかでの人々の意思決定が既存の建造環境と生活様式を少しずつ変化させ，次なる行為の可能性や制約をなすのである。

時間地理学の考え方

「制約のなかでの意志決定」という環境と人間の関係観を明確に採用した地理学は，これまでにも存在した。それはスウェーデンの地理学者であるヘーゲルストランドが提唱した時間地理学である[9]。人間の一生は，1日の積み重ねでできている。1日の時間は，万人に等しく24時間である。このこと自体，人間にとって大きな制約であるが，人間はそれ以外にもさまざまな制約のなかで生きている。時間地理学は，まず人間を時間的・空間的な制約のもとにある存在としてとらえ，そのなかでの意志決定にもとづく人間の軌跡を取り扱う。

人間が直面する制約は，能力の制約，結合の制約，管理の制約の3つに大別される。能力の制約は，人間の移動・活動の大枠を決定するもので，さらに生理的制約と物理的制約に分けられる。生物としての人間は睡眠や食事を取らなければ生存できないため，社会的存在としての人間が1日に使える最大限の時間は自ずと決まってくる。これが生理的制約である。これに対して物理的制約は，移動にかかる制約であり，利用可能な交通手段などに左右される。自動車をもっており，それを運転することができれば，徒歩しか交通手段がない人よりも同じ時間で遠くまで到達することができ，物理的制約が緩和される。生理的制約と物理的制約の大きさによって，その人が利用可能な時空間的資源の最大限量は決まってくる。その視覚的表現がプリズムである（**図1-2**）。

結合の制約は，いつ，どこで，どのくらいの時間を過ごさなくてはな

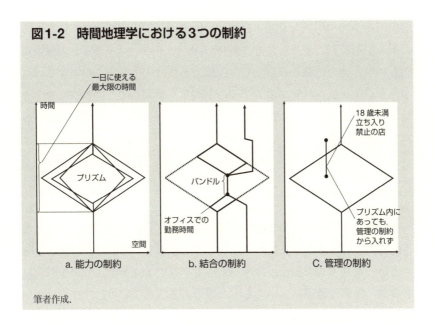

図1-2 時間地理学における3つの制約

筆者作成．

らないかによって決まる。オフィスでの就業や大学の教室における講義がそうであるように，ある人が特定の場所に一定の時間滞在することは，多くの場合自分以外の人（オフィスであれば同僚，教室であれば教員）と同じ時空間を共有する必要性によっている。結合の制約によって，複数の人々の経路が1つの停留点に集められたものをバンドルという。

規制，法律，慣習などによって，プリズムの中に位置していても出入りができない場所が存在する，といった意味での行動に対する制約が管理の制約である。**図1-2C**の場合，物理的には営業時間内にその店のある地点に行くことはできるとしても，18歳未満立ち入り禁止の店であれば，未成年は法律によって立ち入りができない。管理の制約をもたらすのは，必ずしも古くからの慣習や明文化された法律とは限らない。たとえば，独身の中年男性は，1人でディズニーランドには行きにくいと感じるであろう。こうしたためらいも，管理の制約の働きとみてよい。

以上のような時空間的な制約のなかで，人々は生活上の，あるいは人生における目的を達成するために行動計画を立てる。これが時間地理学におけるプロジェクトの概念である。たとえば，仕事をもつ母親は，生

理的制約や利用可能な交通手段などの能力の制約の範囲内で，保育所の開所・閉所時間，オフィスでの勤務時間，スーパーマーケットの営業時間といった結合の制約を満たし，人によっては夫より早く帰宅するべきというジェンダー規範による管理の制約をも勘案して，プロジェクトを編成する。プロジェクトをふまえて行われた人間行動の時空間的軌跡は，パスと呼ばれる。

制約のなかでの住居・職場の選択

　時間地理学が想定するこれらの制約は，住居(住まい)と職場(仕事)とどう関わってくるのだろうか。そもそも時間地理学においては，住居や職場といった基本的な停留点は所与としてプロジェクトを分析する傾向にあるが，住居と職場についても，人生のある段階におけるプロジェクトの編成との関連で，主体によって選択される。居住や職業選択の自由は，憲法が万人に保障する権利であるが，現実には非常に大きな制約にさらされている。資本主義のもとでは，住まいと仕事は住宅と労働力という特殊な商品として扱われ，それぞれ住宅市場と労働市場という特殊な市場において分配される。住まいと仕事の地理学を構想するにあたっては，もともとの時間地理学が想定した制約に加え，人々の住まいと仕事が商品形態をとっていることに起因する制約をも考慮に入れなければならない。

　まずは住居の選択にかかる制約から考えてみよう。1日を単位として営まれる人間生活のなかで，住居はパスの基点であり，終点でもある。たまにはどこかに泊まることもあるだろうが，平均的な1日を考えてみると，自宅を出たらまた自宅に帰ってこなければならない。これは家族との結合の制約ともいえるし，管理の制約によって夜は自宅で過ごすものだと決められているともいえる。ともかく，外泊しないとすれば，1日で行って帰ってこられる場所にしか行くことができない。したがって，あらかじめ職場が決まっていて，それから住居を決めるとしたら，通勤可能な範囲内で探す必要がある。

通勤可能な範囲であれば，どの住居でも選べるわけではない。その人の収入や世帯の形態などに応じて，選択肢となりうる住居の形状や広さ，所有形態は異なる。借家と持家では，立地している場所が異なるし，同じ持家でもマンションと戸建では価格も立地場所も異なる。所得が低く住宅市場を介して住居を確保できず，公営住宅に入居する場合には，居住地は公営住宅の立地に規定されてしまう。このように，住居形態の選択は，居住地の選択と密接に関連している。

現代人にとっては，職場が1日のうち最も多くの時間を費やす場所となっていることも少なくない。これは，職場の存在が重要な結合の制約であることを意味する。1日のうち，相当の時間を職場で過ごさなければならないことは，残りのプリズムをきわめて小さなものにしてしまう。職場に近いところに住居を確保できれば，それなりに利用可能な時間も増えるが，1時間以上をかけての通勤が珍しくない東京圏などでは，平日には自由時間がほとんど残らないことになる。

職業の選択についても，労働市場がもたらす制約がかかってくる。その人が就くことができる職は，学歴や性別，技術や知識によって大きく異なる。通勤圏内に魅力的な就業機会があったとしても，学歴やスキルが不足していれば，それを自分の仕事とすることはできない。男女雇用機会均等法があるとはいえ，男性職，女性職の区別は今でも明確である。資本主義の特徴である社会的分業は，現実の空間における空間的分業として表れるので，労働力需要は必然的に地理的多様性をもつ。したがって，いくら自分が就きたい職が明確で，必要とされる知識や技術を身につけていたとしても，通勤圏内に住居を確保できないかぎり，能力の制約と結合の制約からその職に就くことはできない。

空間－社会弁証法からの問い直し

時間地理学が想定する人間は，さまざまな制約にがんじがらめにされており，プロジェクトを立てることによってのみ主体性を発揮しうる。そこを突いて，フェミニスト地理学者などは，時間地理学はいま・ここ

にある時空間的制約を所与としていると批判した(西村2002)。たとえば時間地理学の分野では，保育所の最適立地点に関する計量地理学的研究の蓄積がある(武田1998, 1999；宮澤1998など)。そこでは，女性の通勤手段，労働時間，家事時間，保育所の開所時間などに現実的な仮定を置き，一定の基準に沿って保育園の最適な立地配分がはじき出される。その際，社会のなかで働く女性がおかれている状況，とりわけ非対称なジェンダー関係が所与とされており，それを変えていく女性の行為主体性や，どのような関係性が望ましいかといった理念が欠落している。つまり，時間地理学は，人間が直面する制約の背後にある人と人との関係性を的確に見通すことができておらず，結果的に形を変えた環境決定論に傾きがちであった。

　人間は，制約を克服しようと努力し，自らの可能性を広げていく主体性と能力をもっている。先ほどの保育の例に戻ると，今までもっていなかった運転免許を取得することで物理的制約が緩和されれば，より多くの就業機会や保育所にアクセスすることが可能になる。あるいは夫と話し合うことで，保育所への子どもの送迎や家事の負担などが軽減されれば，新たな働き方の可能性が高まるであろう。また，通勤や買物の利便性がより高い街中に引っ越すという意思決定もありえる。これらは個人的な制約克服の努力であるが，そうした声が社会的要請として認知されれば，自治体による保育所の新設や開所時間の延長，企業によるテレワークや時短の導入，都心周辺部でのマンション供給の活発化を通じてマクロレベルで諸制約が緩和され，都市構造そのものを変えていく可能性を秘めている。

　人間は完全に自由な意志決定はできないが，制約の中から住居や就業機会を選択することはできる。人々は多くの場面で現存するさまざまな制約に適応することを強いられながらも，時には主体的実践を通じて制約を克服し，それが社会制度や都市構造の転換として実を結ぶ場合もある。いま・ここにある社会制度や都市構造のもとでの諸主体の行動・行為は，いま・ここで社会制度や都市構造を作り出し，作り変えているのである[10]。空間－社会弁証法に立脚する本書では，主体と空間－社会の

関係をこのようにとらえることを心掛ける。

生活の空間的組織化

　住居(住まい)と職場(仕事)の選択は，それぞれが独立になされるわけではなく，人々はさまざまな制約のなかで，労働力や世代の再生産を支えるニーズを持続的に満たすことができるように日常生活を組み立てている。加藤(2018)は，このような営みを「空間的組織化」と呼び，その変容を資本主義の成立および変容と関連づけている(図1-3)。以下では，「空間的組織化」論に筆者自身の解釈を加えながら，「住まいと仕事の地理学」をより長い時間的射程をもった「住まいと仕事の歴史－地理学」へと高めていく道筋を探ってみたい。

　資本主義のもとで大多数を占める労働者にとっては，所得機会すなわち仕事を見つけることが第一義的に重要である。しかし，いくら所得を得ることができても，生活に必要な財やサービスを得るための消費機会が不可欠である。所得機会は労働市場，消費機会は商品市場での交換を前提としているが，それだけで生活は成り立たない。時代や場所によってその軽重は異なるが，人間生活は多かれ少なかれコミュニティにおける助け合い(互酬)や政府による公共財・サービスの供給(再分配)に支えられている。加藤(2018)は，これらを共同生活機会と呼んでいる。空間的組織化論は，所得機会，消費機会，共同生活機会の3つの機会の確保とその編成が，資本主義の発展とともに歴史的にどのように変遷してきたかを一般的に理解しようとする。

　産業革命以前のプレ市場社会では，3つの機会は空間的にも社会的にも完結した共同体の内部に未分化のまま存在していた。市場における取引が共同体の内部まで浸透して伝統的共同体が解体されると，人々は共同体から自由な労働者として労働市場に包摂され，3つの機会は分離する。資本主義的生産関係のもとに置かれた労働者にとって，3つの機会のなかで所得機会を確保することが何よりも重要である。したがって，所得機会が主導する形で空間的組織化が行われ，所得を求める労働者が

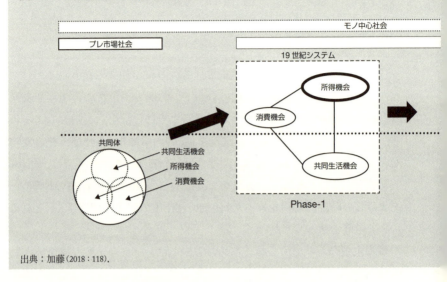

図1-3 空間的組織化の諸局面

出典：加藤（2018：118）．

集まる場所に消費機会も集積する。また、労働力の再生産に不可欠ではあるが、市場を通じては十分に供給されない公共財・サービスの供給主体として、言い換えれば、共同生活機会を整備する主体として、政府の重要性が高まる。

加藤（2018）は、所得機会が空間的組織化を主導するモノ中心社会を、耐久消費財の普及による共同生活機会の代替をベンチマークとして、19世紀システムと20世紀システムに分けている。2つの時期に分けて考えることには賛成であるが、耐久消費財の普及を共同生活機会の代替とみることには疑問がある。20世紀システムのもとでケインズ主義的福祉国家が確立し、1980年代以降これが解体していくことを考えると、共同生活機会が融解したというよりは、むしろ国家による共同生活機会の整備によって労働力再生産（つまり消費手段）の下支えがなされたことを20世紀システムの特徴とみるべきではないだろうか。

加藤（2018）は、サービス経済化の進展をポスト20世紀システムの要諦とみている。貯蔵も輸送もできないサービスの生産や消費は、いまや経済活動の中核を占め、生活様式が対人サービスを不可欠の前提とするも

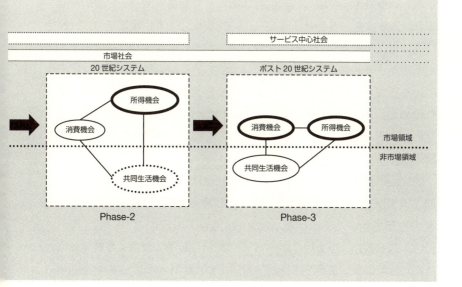

のに変化してきている。こうなると，所得機会は必要条件へとその地位を下げ，消費機会にアクセスできるか否かが居住地選択にあたって決定的な意味をもつようになる。共同生活機会が消費機会に近づいているのは，「新しい公共」やNPM（New Public Management）といった流れによって，2つの機会のグレーゾーンが今まで以上に拡大したことを示唆している。他方で，共同生活機会の囲いが点線から実践に戻っていることからは，NPOやボランティア団体などによる新たな共同生活機会の整備に対する期待をくみ取ることができる。

　空間的組織化論は，表面的な産業構造の転換の背後にある3つの機会の関係性に注目することで，生産の地理すなわち産業立地に傾倒するがゆえに物象化してしまいがちであった経済地理学を乗り越えようとした野心的な試みである。筆者は，広井良典の定常型社会論（広井2001，2015）における人類史の認識をふまえることで，空間的組織化論はさらに深められると考える。広井は，人類史を拡大・成長の時期と定常化の時期との繰り返しととらえる。農耕の開始は，狩猟採集社会による定常化の時期の終わりと食料の安定確保による拡大・成長期始まりの画期であった。

土地という資源・環境の制約に行きあたって農耕の伝播と定着が一巡すると，人類は農耕社会による定常化の時期を迎える。産業革命は，科学技術に支えられた新たな拡大・成長期の始まりを告げた。産業を支えるエネルギーと基盤産業の交代を続けながら，人間の経済・人口は産業化による拡大・成長を続けてきたが，1980年代頃から，その限界が意識され始めた。広井は，現在人類は新たな定常化の時期に向かう踊り場に立っていると認識し，そのなかで人類の幸福が保証される定常型社会を模索しようとしている。

　空間的組織化論において，プレ市場社会は農耕社会による定常化の時期，19世紀システムと20世紀システムは産業化による拡大・成長の時期，ポスト20世紀システムは新たな定常化の時期にそれぞれ対応する。19世紀システムおよび20世紀システムの経済地理をより深く理解するためには，所得機会が主導した空間的組織化と，経済・人口・(都市)空間の拡大・成長とを結びつける論理が必要となる。そのこと自体，本書の大きな課題であるが，ヒントとなる理論的枠組がないわけではない。たとえばハーヴェイ(1991)は，20世紀システムのもとでの都市化プロセスを，資本の循環に即して説得的に説明している。

　現在の日本の経済・人口は，定常化どころか縮小・衰退に陥っている。サービス中心社会における空間的組織化と，経済・人口・(都市)空間の縮小・衰退とを有機的に結びつけた理論的枠組はまだなさそうである。そもそも，ポスト20世紀システムの枢要をサービス経済化に求めることが妥当か否か自体，もっと議論を詰めていかなければならない。しかし，「脱資本主義」や「ポスト資本主義」に関する書籍が次々と登場していることから判断して，現在資本主義あるいは人類が(どこに向かうのかはわからないとしても)曲がり角にあるという感覚は，相当程度共有されている。そうである以上，目下私たちが余儀なくされている経済・人口・(都市)空間の縮小・衰退との関係において，現代の，そしてこれからの住まいと仕事の地理学を見つめることは，筆者にとって避けられない課題である。

まとめ

本章の冒頭では，住宅と住まい，労働と仕事の違いについて解説することで，本書の問題意識を示した。住まいと仕事は生きられた経験であり，商品化され，それゆえに非人格化された住宅・労働力の範疇には収まりきらない。その収まりきらないものに目を向けることが，住まいと仕事の地理学の実践であると考える。本書の採用する分析視角は，空間－社会弁証法である。人は，環境の制約のなかで，環境に適応すると同時に，ニーズや価値観に合わせて環境に変更を加えながら，ライフヒストリーを紡いでいく。人々のライフヒストリーは多様であるが，本書では，ある時代・場所における生活様式とそれに対応する建造環境という，一種のシステムのもとで，人々の住まいと仕事をとらえようとする。

私たちの住まいと仕事にかかわる意思決定は，つねに制約のなかでの選択となる。そのことを明確に認識する枠組として，時間地理学を紹介した。ただし，時間地理学は制約を強調しすぎるきらいがある。筆者は，主体的行為によって制度や空間を変えていく人間の能力を正当に評価したいと考える。人々の住まいと仕事の実践と空間－社会の絶え間ない相互作用は，空間的組織化論や定常型社会論において提示されたような，より大きな歴史的文脈の中に位置づいている。注意しておきたいのは，それぞれの著者がどう考えるかはともかく，筆者は空間的組織化論や定常型社会論が描くような歴史的文脈を，あらかじめ経路が定められた歴史的必然とは考えていないことである。たとえば広井（2006, 2013）は，定常型社会のもとでは，先進国の国家体制は社会民主主義にもとづく「緑の福祉国家／持続可能な福祉国家」に収斂するとするが，そのような目的論は採らない。

地理学は，社会から空間を切り離し，特定時点における事象の形態や分布がどうであるかに関心を集中させる傾向にあった。しかし本書では，空間と社会を不可分ととらえ，そういう意味での空間－社会を，歴史－地理的文脈のもとで起こる無数のいま・ここの相互作用の総体として，つねに作られ，作り変えられるものと認識する。つまり本書は，伝統的

な地理学の関心事であった「存在(being)」よりも,むしろ「生成(becoming)」に焦点を当てる。その生成のゆくえは,グランドセオリーや論理実証主義によって説明／予測されるものではないとの立場を,ここで明確にしておきたい。

1) 上野(1968, 1972, 2012)や伊藤(2006)は,史的唯物論に立脚して歴史－地理をより一般的・包括的に捉えようとした。これに対して本書は,対象となる歴史－地理を絞り込むことで,いわば解像度を高めることを優先した。
2) http://www.stat.go.jp/data/jyutaku/2013/pdf/giy14_1.pdf　2018年1月14日閲覧。
3) 「ハウジングの地理学」の存立基盤も住宅が「不動産」であることに求められる。由井(1999)や久保(2015)からわかるように,ハウジングの地理学の主たる関心は,物的存在としての住宅の分配・流通にある。
4) 近年,Homeをめぐる地理学的論考が増えている。これについてはBlunt and Dowling(2006)ならびに福田(2008)を参照されたい。
5) しかしすべての人にとって,住まい(Home)は安息の場所ではないことも押さえておきたい。どんなに物件として優れた住宅であっても,そこで虐待を受けて育った子どもにとって,その生きられた経験は忌まわしい記憶に過ぎない(Blunt and Dowling, 2006)からである。
6) 「一つの世帯が独立して家庭生活を営むことができる」の意味についても補足すると,(1)一つ以上の居住室,(2)専用の炊事用流し(台所):共用であっても,他の世帯の居住部分を通らずに,いつでも使用できる状態のものを含む,(3)専用のトイレ,(4)専用の出入口:屋外に面している出入口又は居住者やその世帯への訪問者がいつでも通れる共用の廊下などに面している出入口,の4要件を満たしていることを指す。これらの要件を満たさない会社の寮や学校の寄宿舎は,「住宅以外で人が居住する建物」であり,住宅ではないとされる。
7) Gregory(1981)はこの考え方を物象化と呼んでいる。
8) Gregory(1981)は,この考え方を主意主義と呼んでいる。
9) 時間地理学についての概説は杉浦(1989)を,実証研究への適用については荒井ほか編訳(1989),荒井ほか(1996)を参照するとよい。
10) 中澤(2008)第2章も参照されたい。

[文献]

荒井良雄・岡本耕平・川口太郎・神谷浩夫編訳1989『生活の空間都市の時間——Anthology of Time Geography』古今書院。

荒井良雄・神谷浩夫・岡本耕平・川口太郎1996『都市の空間と時間——生活活動の時間地理学』古

今書院.
伊藤喜栄 2006『教養としての地歴学――歴史のなかの地域』日本評論社.
上野登 1968『経済地理学への道標』大明堂.
上野登 1972『地誌学の原点』大明堂.
上野登 2012『世界史の地理的構造』八朔社.
加藤和暢 2018『経済地理学再考――経済循環の「空間的組織化」論による統合』ミネルヴァ書房.
久保倫子 2015『東京大都市圏におけるハウジング研究――都心居住と郊外住宅地の衰退』古今書院.
小池和夫 1999『仕事の経済学』東洋経済新報社.
坂口恭平 2011『TOKYO　0円ハウス　0円生活』河出文庫.
杉浦芳夫 1989『立地と空間的行動』古今書院.
武田祐子 1998「保育園利用者の時空間プリズムと立地・配分モデリング」地理科学 53 巻 206-216 頁.
武田祐子 1999「時空間プリズムを考慮した中継施設の立地・配分モデル」地理学評論 72 巻 721-745 頁.
中澤高志 2008『職業キャリアの空間的軌跡――研究開発技術者と情報技術者のライフコース』大学教育出版.
西村雄一郎 2002「職場におけるジェンダーの地理学――日本での展開に向けて」地理学評論 75 巻 571-590 頁.
P. ノックス・S. ピンチ著, 川口太郎・神谷浩夫・中澤高志訳 2013『改定新版　都市社会地理学』古今書院.
D. ハーヴェイ著, 松石勝彦・水岡不二雄訳 1989-1990『空間編成の経済理論――資本の限界(上・下)』大明堂.
D. ハーヴェイ著, 水岡不二雄監訳 1991『都市の資本論――都市空間形成の歴史と理論』青木書店.
広井良典 2001『定常型社会――新しい「豊かさ」の構想』岩波書店.
広井良典 2006『持続可能な福祉社会――「もうひとつの日本」の構想』筑摩書房.
広井良典 2013『人口減少社会という希望――コミュニティ経済の生成と地球倫理』朝日新聞出版.
広井良典 2015『ポスト資本主義――科学・人間・社会の未来』岩波書店.
福田珠己 2008「『ホーム』の地理学をめぐる最近の展開とその可能性――文化地理学の視点から」人文地理 60 巻 403-422 頁.
宮澤仁 1998「東京都中野区における保育園へのアクセス可能性に関する時空間的制約の分析」地理学評論 71 巻 859-886 頁.
山本健兒 2005『新版　経済地理学入門』原書房.
由井義通 1999『地理学におけるハウジング研究』大明堂.
A. Blunt and R. Dowling 2006. *Home*. London: Routledge.
D. Gregory 1981. Human agency and human geography. *Transactions of Institute of British Geographers, N. S.* 6: 1-18.
P. Knox and S. Pinch 2009. *Urban Social Geography: An Introduction*. 6th Edit. Harlow: Pearson.

第2章 住所の歴史学

複数の住所,複数の人口

　日本国民は,通常3つの住所を持っている[1]。それらは一致している場合もあるし,異なっている場合もある。住所決定に関する法的な取り扱いを大別すると,各人の実質的な生活場所を住所とする実質主義と,形式的な基準で住所を決定する形式主義がある。日本の民法は「各人の生活の本拠をその者の住所とする」(民法22条)として実質主義を採用している。日本では,民法上の住所である「各人の生活の本拠」以外に,それとは異なる基準にもとづいて「住民票が置かれている場所」と「戸籍がおいてある場所(本籍地)」が国によって記録されており,都合3つの住所を持っていることになるのである。

　定義上「各人の生活の本拠」に最も近い住所を把握しているのが,国勢調査である。国勢調査は,日本に常住する全人口を対象とする調査(悉皆調査)であり,人口に関する最も包括的で基本的な統計である。調査は5年おきに行われるが,末尾が0の年に比べて,末尾が5の年は調査項目が簡略化されている。国勢調査の最大の特徴は,事実主義を採用していることであり,住所を含めたさまざまな項目について,届出とは無関係に,調査年の10月1日現在の事実を報告することが求められる。国勢調査では,住民票の所在にかかわらず,3ヶ月以上住んでいるか,住むことになっている場所を「常住地」として把握する。外国籍の人についても,現に日本に居住の実態がある限り,不法滞在であろうと調査対象となるのが原則である。国勢調査の実施方法は,近年大きく変化しつつあるが,

届出とは切り離された事実を把握するため、調査員が各戸を訪問して調査票を配布し回収することを、長らく原則としてきた。

「住民票が置かれている場所」は、住民基本台帳に記録されている。そこに記されている人口を単位地域(都道府県,市町村,町丁目)について集計したものが、住民基本台帳人口である。住民基本台帳は、現住地に関わりなく、住民票を置くことを届け出ている地点においてカウントされる。したがって、住民基本台帳人口は、事実よりも届出を重視した「届出主義」の統計である。なお、以前の住民基本台帳には、日本国籍を有する人のみが記載されていたため、住民基本台帳人口には外国籍の人が含まれていなかった。外国籍の人は外国人登録制度という別の届出主義の制度で管理されてきたが、2012年7月に外国人登録制度が廃止され、今では外国籍の人も住民票に記載されるようになり、住民基本台帳人口にも反映されている。

国勢調査と住民基本台帳は、事実主義と届出主義という異なる方法で住所を把握しているため、ある領域についての住民数を集計した人口は複数存在することになる。2005年の国勢調査による人口に後5年間の住民票の届出(出生届,死亡届,転入届,転出届)を加減して算出した2010年の現在人口と、2010年の国勢調査による事実主義の人口を比較すると、多くの都道府県で無視できないずれが認められる(図2-1)。東京都では、実数にして18万5784人、2010年国勢調査人口に対する割合では1.4%の食い違いが出る。国勢調査の人口が住民基本台帳にもとづく人口を上回る都道府県には、大都市圏を構成するか、広域中心都市を有しているものが目立つ。進学や就業の機会が集まるこうした都道府県は、転入・転出届を出すことなく事実上の生活の拠点をおいている人が多いからであろう。ひとくちに人口といっても、参照する統計によって異なることに注意が必要である。

「戸籍がおいてある場所」は、本籍地と呼ばれる。戸籍は3つの住所のなかで最も古いルーツをもっている。戸籍を集計して得られる本籍人口は、国勢調査の事実主義、住民基本台帳人口の届出主義に対応させた呼び方をするならば、本籍主義といえる。法務省は、いまだに本籍人口を

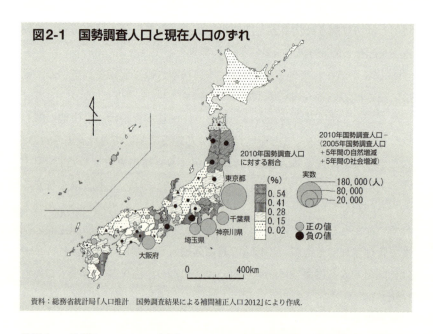

図2-1 国勢調査人口と現在人口のずれ

資料：総務省統計局『人口推計　国勢調査結果による補間補正人口2012』により作成.

集計し，公開している。全国についてこれを見ると，住民基本台帳人口よりも220万人ほど多くなっており，届出主義が本質的にはらむ問題点が表れている。かつて，所在不明の超高齢者が戸籍に残存している問題が取りざたされたことがあった。本人が死亡後も家族が意図的に死亡届を出さず，年金を不正受給していることなどが関連している例もあった。

　本籍地は特定の市町村に属している土地であれば，事実上自由に移すことができる。たとえば皇居や北方領土，竹島（隠岐の島町）や尖閣諸島（石垣市）に戸籍を置くことも可能である。現在でも，書類上本籍地の記載が必要とされることが時としてあるし，結婚すると本籍地を定める必要がある。しかし，どこにでも設定できるとなると，実用性はほとんどないと言っていいであろう。それでも，かつては必要性があったからこそ，膨大な労力をかけて戸籍が造られ，維持されてきた。ここからは，日本人が3つの住所をもつに至った経緯を，戸籍から順に紐解いていく。その経緯を見ていくと，住まい・仕事と土地・共同体との結びつきの歴史的変遷が浮かび上がっている。

　最近，私たちは4つ目の住所をもつようになった。従来からある3つの

住所は，一致している場合も少なからずあったが，4つ目の住所はこれまでの3つの住所と重なることはけっしてなく，理論的にはいくつでももつことができる。この4つ目の住所についても，少し触れるつもりである。

戸籍とその理念

　戸籍制度は，東アジア特有のものであり，律令制を遂行するために作られた[2]。律令制とは，土地と人民が王の支配に服属するという理念を具現化する制度であり，日本でいえば，公地公民という考え方である。日本で戸籍が造られた直接の目的は，隋や唐の均田制に倣って班田収受を行うためにあった。班田収受法においては，6年ごとに作成される戸籍に基づいて，人民は国家から口分田の支給を受ける代わりに，租・庸・調・雑役といった税や兵役・労役を負担する[3]。基本的な税である租は，口分田の広さに応じて徴収され，庸や調は男性のみに課せられ，年齢によって負担が異なっていた。したがって国家にとって，土地の位置や広さと，そこに住む人の両方を確実に把握するために，戸籍を造る必要があったのである。

　戸籍の基本単位である戸は，私たちが思い描く家族とは異なる集団であったようである。残存している戸籍簿によれば，平均的な戸は4人の丁男（ていだん，21〜59歳男子）と他の構成員を合わせた20人程度からなる。戸主からみて男系・女系双方のイトコを超えない範囲の親族を中心に構成されるが，血縁関係にない隷属的な構成員（寄口）を含むこともあったとされる。戸籍には，それぞれの構成員の戸主からみた続柄が示されている。戸の代表者である戸長は，他の構成員に対して権力をもつ一方で，戸籍の申告，納税，班田収受，浮逃（逃亡）の防止などの義務を負っていた。

　それぞれの戸は，税等の負担によって上政戸，中政戸，下政戸に格付けされ，さらに資産額によって上上から下下の9階級に分かれていた。そして戸は，国郡里制という重層的な地方行政の最末端組織でもあった[4]。

　以上を整理することで，戸籍が前提とする理念を考えてみよう。戸籍

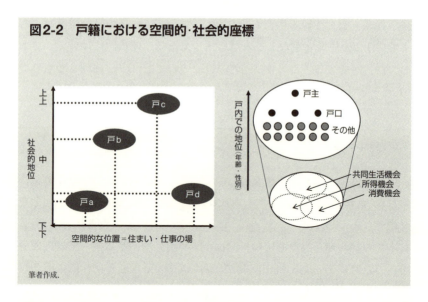

図2-2 戸籍における空間的・社会的座標

筆者作成.

が造られた当時，ほとんどの人は農耕を営んでいた。したがって住まいの場と仕事の場はほぼ一致しており，地域を越えた人の移動は，防人などを除けば活発でなかった。空間的組織化論（第1章参照）によれば，3つの機会が未分化の状態で共同体の内部に存在している段階である。戸籍とは，こうした条件の下で土地の管理と人民の管理を一体的に行うための制度である。人間を土地との結びつきにおいてとらえるということは，国という領域のなかで，その人（正確には戸）に空間的な座標を与えることである（**図2-2**）。

いずれの戸も行政機構のヒエラルキーにおいては最末端であるが，税負担や資産による格付けによって，社会的地位の座標が与えられている。さらには戸の内部にも，戸主との続柄や年齢，性別などによる地位の上下が存在する。つまり戸籍とは，住所を示すというよりは，むしろ律令制の理念的背景である朝廷を頂点として重層的に構成された空間−社会の中に，各人の置かれるべき場所を指し示すものであったといえる。

詳細は省くが，戸籍の作成と班田収受は，100年も経たないうちに形骸化した。今日残されている最後の戸籍は，西暦1000年頃に作られたものである。この頃の戸籍では，男性に比べて女性が圧倒的に多いものが

目立つ。これは，正丁のみに課せられる調・庸を逃れるためである。したがってこの頃の戸籍は実態を反映しておらず，人口統計資料としての価値は限定的である。それ以降は，江戸時代を迎えるまで日本では体系的な人口調査がなされておらず，この間の人口学的な事柄(出生，死亡，婚姻，人口移動など)には分からないことが多い。

人口統計としての宗門改帳

再び系統立った人口調査が実施されるようになったのは，江戸時代に入ってからのことである。これは，1721年に徳川吉宗が着手したものであり，戸籍と同様に6年ごとに調査が実施された。これによると，1721年の人口は約2607万人であり，最後に調査が行われた1846年の人口は約2691万人という記録が残っている[5]。江戸初期の人口は1200万人あまりと推定されている(鬼頭2000)ので，初期から中期にかけては急速な人口増加があったようであるが，江戸中期から末期にかけては，人口がほぼ一定であったとみられる。全国的な人口の動向は，江戸の人口の動向にも反映されている(図2-3)。

ただし，この統計にはいくつかの問題点がある。まず，無籍者や公家・皇族のみならず，武士が除外されていたことで，計上されている人口が相当過少である。調査方法も不統一であり，乳幼児や社寺関連の人口などの扱いが各藩で異なっていた。さらには藩による意図的な過少・過大申告もあったと考えられる。そうしたことを加味したうえで，江戸中期から後期の全国の人口は，3000〜3200万人と推定されている。

江戸時代に関しては，元来人口調査を目的としたものではないにもかかわらず，はからずも当時の人口の状況を伝える貴重な記録が残されることとなった。それは「宗門改帳」である。江戸時代初期に海外渡航とともにキリスト教が禁止されると，寺が檀家を仏教の信徒であることを証明する寺請制度が導入された。教科書でおなじみの踏み絵によってキリスト教徒ではないことを担保された人々は，菩提寺の檀家である旨が宗門改帳に記載されることとなる。

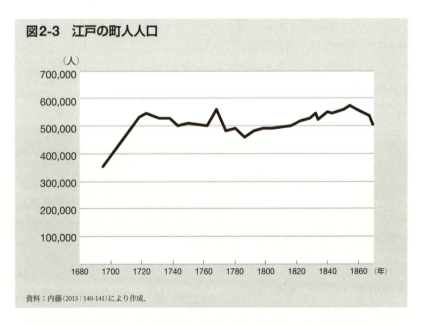

図2-3　江戸の町人人口

資料：内藤（2013：140-141）により作成.

　宗門改は毎年行われた。宗門改帳は通常2部造られ，1部は名主が保管し，1部は領主に提出された（速水1997）。宗門改帳には，家ごとに名前，年齢，続柄が書かれ，檀家であることを証明する寺の印鑑が押されているのに加え，信仰とは直接関係のないことも記された。たとえば，土地の石高，牛馬数や，結婚，養子縁組，出稼ぎなどによる移動の情報が人名とともに書かれていることも多い。領主は，自らの支配領域の人口や徴税の基礎資料として，宗門改帳のデータを活用していたのである。

　宗門改帳は，およそキリスト教とは無関係な地域でも，約300年間にわたって毎年作り続けられた。長期間にわたる宗門改帳が残存している地域では，それを利用することで，江戸時代の人々のライフヒストリーを個人ベースで追いかけることができる[6]。つまり，宗門改帳は，パネルデータとしての性格を有している。

　宗門改帳を利用した研究は，歴史人口学と呼ばれる分野で集中的に行われ，地理学的にも示唆に富んだ結果が得られている。宗門改帳は，同一人物のライフヒストリーをたどることができるので，初婚年齢や完結出生児数を把握することができる。宗門改帳から算出した平均初婚年齢

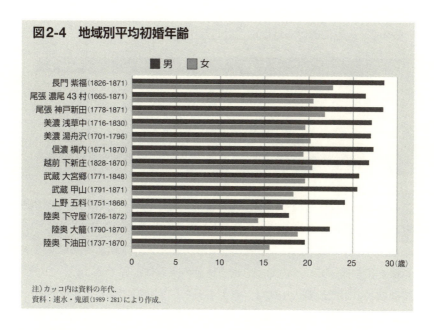

図2-4　地域別平均初婚年齢

注）カッコ内は資料の年代．
資料：速水・鬼頭（1989：281）により作成．

を地域間で比較すると，東北地方は早婚の傾向にあり，陸奥の女性は今の年齢にして16～17歳での結婚が普通であったことがわかる（**図2-4**）。これに対して西日本では，特に男性においてかなり晩婚である。データを取った期間が地域によって異なることを考慮しても，近世日本における結婚年齢の地域差は大きかったとみられる。加えて初婚時の男女の年齢差が非常に大きかったことも注目に値する。

平均初婚年齢が著しく若いにもかかわらず，関東・東北の合計特殊出生率は，畿内・中国や中部日本と比較して相当低かったと推計される（**表2-1**）。これは，関東・東北において，堕胎や間引きによる出生制限が行われていたことを示唆している（友部1991）。生産力水準が自然環境に依存する度合いが高い段階では，温暖な西南日本に比べて東北日本の人口支持力が低かったことの表れであろう。

歴史人口学の成果によって，江戸時代においてすでに人口移動が活発化していたことも明らかになっている。江戸時代の中期から後期にかけては，重商主義的な政策に後押しされて貨幣経済が浸透してくる。江戸や大坂では商業が栄え，農村部の中小都市でも地場産業や手工業が発展

表2-1　近世における地域別合計特殊出生率

	上方修正値	算術平均値	下方修正値
全国	6.20	5.81	5.41
関東・東北	4.65	4.27	3.81
中部日本	6.81	6.64	6.46
畿内・中国	6.36	6.46	5.94

注）資料の残存期間が集落によって異なるので年代は一致しないが，おおむね1700年代半ばから幕末までである．
資料：友部（1991：41）により作成．

する，いわゆる「プロト工業化」（斎藤2013）が起こった．それを支える労働力として，農村の余剰人口が奉公人として移動したのである．

大部分の宗門改帳は，奉公出稼ぎに出ている人も本籍地で記録する本籍地主義を採っているので，労働力移動の実態は把握できない．しかし天領などの宗門改帳の中には，事実主義（現住地主義）によって作成されているものがある．速水（1997）は，かつて天領であった濃尾平野の村の宗門改帳を駆使し，この村をめぐる奉公出稼に関する労働力移動を分析した（図2-5）．この村では，男女とも約半数が奉公を経験している．奉公の経験は，経済的基盤が乏しい小作層に広くみられるが，自作層や地主層でも，奉公に出ることはけっして珍しくない．特に女子は，自作層でも約60％が奉公に出ている．速水（1997）によれば，奉公期間が終わって出身地に戻った人は22.1％であり，奉公は一時的な出稼というよりは，むしろ恒久的な労働力移動であるとしている．つまり，江戸時代には，共同体から自由な労働者が，共同体の外部に発生した所得機会（仕事）を求めて住まいを移す動きが始まったのである．もっとも，交通機関が発達した今とは違って移動の制約が大きかったことから，江戸や大坂であればおおむね200kmの労働力移動圏において農村から都市への奉公人の移動が起こっていたと推定される（速水1997）．

宗門改帳は，重層的な律令制の理念を体現した戸籍とは違って，人に明確な空間−社会的座標を与えるものではない．しかし，その記載は家を単位として筆頭者からみた続柄によっており，戸籍に類似した発想に基づいている．また，大部分の宗門改帳が本籍地主義で作成されている

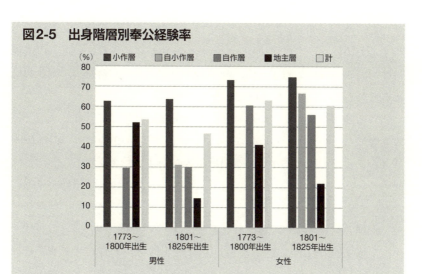

図2-5 出身階層別奉公経験率

注)11歳に達した人に対する割合。1773～1800年出生の自小作層は、事例が少ないため省略。原資料は元号表記であるため、西暦に直した際に若干のずれが生じている。
資料：速水(1997：198)により作成。

ことからも、奉公出稼人を含めて、人を本来いるべき場所と結びつけようとする理念が見て取れる。しかし、江戸時代ですらこれだけ人の移動が激しかったという事実は、こうした理念がいずれ破綻することを暗示していた。

明治維新による戸籍の復活

　明治維新によって、明治6年にキリスト教は許可され、宗門改の制度はなくなった。明治維新はこれまで800年にわたって続いてきた武家政治に終止符を打ち、天皇を中心とした国家の建設が始まった。明治4年には戸籍法が定められ、明治5年に作成された壬申戸籍において、全国民は共同生活単位とみなされる戸に編入される形で把握された。また、皇族、華族、士族、平民等を別個に集計し、職業も記載（農工商雑＋職種）するなど、社会的な身分、地位も含まれていた。そうした意味で、明治における戸籍の制定は、律令制への先祖返りともいえるものであった。

　戸は後に家と改められるようになるが、いずれにしても家父長制を反

映していた(西川2000)。明治の民法では,家族を支配・統率する義務を遂行するために,戸主に戸主権という強い権利が認められていた。戸主権には,家族の婚姻に対する同意権や居所指定権などが含まれ,続き柄による社会的地位の違いは明確であった。

すでに述べたように,戸籍は国民を土地と結び付けて管理しようという発想にもとづいている。しかし江戸時代ですら,相当な人口の地域間移動があったのであるから,本籍地主義がいずれ行き詰まることは目に見えていた。そのため,明治の戸籍には,あらかじめ人の移動を見越した制度があった。それが寄留という制度である。寄留とは,出稼ぎなどで一定期間以上,本籍地を離れる場合には,本籍地に「出寄留」の届けを出し,移住先の役所には「入寄留」の届けを出すという制度である。それぞれの届けは,入寄留簿,出寄留簿によって管理されることになる。つまりこれは,届出主義であり,ここに現在の住民基本台帳のルーツがある。後に述べる第1回国勢調査が行われるまでは,本籍人口に入寄留と出寄留の人口を足したり引いたりして,現住人口を計算していた。つまり,本籍主義と届出主義を折衷することで,何とか人口を把握しようとしていた。

大都市では,明治初期の時点で,すでに現住人口が本籍人口を大きく上回っていた。政府の殖産興業,富国強兵策に後押しされて,19世紀末から日本でも産業革命が本格化をみせると,土地と人との結びつきにほころびが生じ,共同体から自由な労働者が仕事を求めて大都市に住まいを移す現象がますます顕在化したためである。本籍主義でとらえた本籍人口と,届出主義を考慮して出した現住人口は,国全体では人口移動の差し引きがゼロになるはずであるから,全国的には一致するはずである。ところが現実には,現住人口が本籍人口に比べて過大になってしまっていた(表2-2)。

出生・死亡にせよ,移動時における入寄留・出寄留にせよ,届出の不正確さが現住人口を不正確にしていたことは間違いない。そのため,大都市を中心に寄留簿の整理(寄留整理)がたびたび行われたが,根本的な解決にはならなかった。この寄留整理を織り込んで過去の人口や人口移動

表2-2　全国の本籍人口と現住人口の差

年	本籍人口(a)	現住人口(b)	差(b-a)	(b-a)/a(%)
1872	33,087,390	33,239,177	151,787	0.46
1873	33,298,286	33,416,708	118,422	0.36
1874	33,625,646	33,749,940	124,294	0.37
1875	33,878,289	33,997,250	118,961	0.35
1876	34,203,938	34,302,068	98,130	0.29
1880	35,925,313	—	—	—
1881	36,358,994	—	—	—
1882	36,700,118	—	—	—
1883	37,017,302	—	—	—
1884	37,451,764	37,617,915	166,151	0.44
1885	—	—	—	—
1886	38,507,177	38,833,415	326,238	0.84
1887	39,069,691	39,510,146	440,455	1.11
1888	39,607,234	40,105,479	498,245	1.24
1889	40,072,020	40,692,808	620,788	1.53
1890	40,453,461	40,968,835	515,374	1.26
1891	40,718,677	41,268,732	550,055	1.33
1892	41,089,940	41,696,847	606,907	1.46
1893	41,388,318	42,060,976	672,658	1.60
1894	41,813,215	42,430,985	617,770	1.46
1895	42,270,620	43,045,226	774,606	1.80
1896	42,708,264	43,499,833	791,569	1.82
1897	43,228,863	43,978,495	749,632	1.70

注）1877〜1879年，1885年はデータなし．
資料：内閣統計局(1993)により作成．

を推計しようとする試みも行われている（高橋2010など）が，寄留整理が，いつ，どこで，どのような基準で行われたのかが不明確であるため，難航している。もし，かりにそれがわかったとしても，届出漏れについてはどうしようもないので，精度の高い人口の復元は事実上不可能であろう。

　結局，20世紀に入る頃には，全国人口のレベルで200万人近いずれが

生じてしまっていた。届出主義は，国民は届出が必要な事項に関しては，確実に届出をするであろうという性善説によっている。しかし人の移動が激しくなると，性善説では立ちゆかなくなるのである。

国勢調査の実施へ

事実主義にもとづく近代的な人口調査（国勢調査，センサス）が必要であるとする意見は，明治維新後の早い段階から存在した（佐藤2002）。しかし本籍人口と寄留簿の組合せで十分という意見や，予算がかかりすぎるなどの理由もあって，実施には至っていなかった。

19世紀末には，科学的に国民を管理するという内政上の目的と，西欧列強と同列に並ぶために国力の源泉である人口を正確に把握するという外政上の目的の両面から，近代的な国勢調査の実施が不可欠であるとの認識が高まっていく（佐藤2002）。そこで，国勢調査の実施に向けて法整備が行われ，統計官の育成がすすめられ，初の国勢調査は1905年に実施されることになった。ミシェル・フーコーは，18世紀のヨーロッパにおいて，王権が権力や規律によって臣民を服属させる体制に変わり，政治経済学を知の主要な形式として，リスクや費用対効果といった確率論（フーコーは安全装置といっている）を本質的なテクノロジーとして人口を統治する体制への移行が起こったとしている（フーコー2007）。そこでは，統治の直接的な対象として集計量としての人口が概念化され，家族や個人には還元できない人口に固有の現象を数量化することを可能にする科学として統計学が体系化される。大日本帝国憲法は，天皇に対する臣民の絶対的服従を規定していたが，実体としては，欧米に遅れること約100年にして，日本でも統治のテクノロジーが導入されつつあったのである。しかし日露戦争が勃発し，予算が不足したことなどにより，1905年の国勢調査は中止に追い込まれた。

第1回国勢調査は，それから15年を隔てた1920年にようやく実施された。全国民を対象に，一律の調査を一斉に調査をするのは，空前絶後のことであり，それを現在に比べて明らかに未発達な交通・通信・情報処

理技術の下で行おうというのであるから，準備は周到になされたようである。調査員の教育のための予備調査は，1905年の実施を見越して行われた記録もあり，大分県内では1903年から1905年にかけて，全国に先駆けて数万人を対象とする予備調査が行われたらしい(佐藤2002：56)。国民への周知徹底も計られた。たとえば，国勢調査の意義や注意点を国民に周知徹底させるためのキャンペーンとして，国勢調査短句の募集が行われた。国勢調査にまつわる内容を読み込んだ，短歌や俳句，都々逸などを募ったのである。当時の世相を映し出しながら，いろいろな視点から国勢調査の特徴を読み込んだ秀逸なものが伝わっている[7]。

　第1回国勢調査の結果判明した1920年10月1日現在の日本の人口は，5596万3053人であった。これに対して，戸籍に寄留人口を加除して算出した現住人口(甲種)は1918年の時点ですでに5808万7277人に達していた(『日本帝国人口静態統計』による)。1920年の道府県統計書を見ても，ほとんどにおいて現住人口が過大で，国勢調査に比べて現住人口が5％以上過大であった道府県がかなりの数に上った(高橋2010：18)。国勢調査以前には，人口は相当過大に見積もられていたのである。

国勢調査のその後

　1920年に第1回が行われた後，国勢調査は第二次世界大戦による1度の中断[8]を挟み，5年おきに継続して行われてきた。戦前の国勢調査は，現在地主義で行われており，10月1日の午前零時にいたところで記録されていた。そのため，第1回国勢調査にともなうキャンペーンでも，「あたしゃ悋気(りんき)で聞くのぢゃないが，午前零時にどこにいた」などという都都逸が残っている(佐藤2002：168)。こうしたことからも分かるとおり，現在地は必ずしも生活実態を反映していないため，戦後の調査は常住地主義で行われるようになった。

　第1回国勢調査が行われた大正時代前後は，日本の近代化に弾みがついた時期であり，人々の住まいと仕事のあり方に大きな変化が起こりつつあった。それは，賃労働者が増加し，住まいの場所(住居)と仕事の場

所(職場)が分離する職住分離が起こったことである。この職住分離という出来事は、都市地理学的に大きな意味をもっており、第3章で改めて取り上げる。賃労働者は生活時間の半分を職場で過ごしているのだから、職住分離は人間を1つの土地に結びつけて把握する考え方に異議申し立てをする変化でもあった。こうした実情に合わせて、1930(昭和5)年の国勢調査において、初めて従業地の調査がなされ、住まいと仕事の両面から個人の居場所を定位するようになった。

以来20世紀の国勢調査は、調査項目や調査手法(たとえば人口移動の把握方法[9])がその都度見直されるなかで充実が図られたが、調査の実施に影響を及ぼす根源的な変化はなかったといえる。しかし、21世紀に入ると、国勢調査は回収率の低下による調査精度の低下という深刻な危機にさらされるようになる。1995年に0.5％であった世帯ベースでの全国の未回収率は、2000年には1.7％と上昇し、2005年には4.4％に達した(小池・山内2014)。東京都に限れば、2005年国勢調査の世帯ベースの未回収率は11.3％に上り、23区では20％以上が未回収の区もみられる事態となった。国勢調査を国勢調査であらしめている、事実主義の悉皆調査という原則そのものが危機にさらされているのである。

未回収率増加の要因はさまざまである。まず、生活時間の多様化や単独世帯の増加により、調査員が対象者に接触することが難しくなったことが挙げられる。セキュリティゲートの付いたマンションの普及によって、調査員が物理的に対象者に接触できないこともある。対象者に接触できたとしても、プライバシー意識の高まりと国勢調査への不信感によって、調査への拒否や非協力に遭遇することも多い[10]。率直に言って、国勢調査の調査項目はかなり細かい。勤務先は会社や組織の実名を書かなければならないし、職業も選択肢から選ぶのではなく、具体的に従事している内容の説明が求められる。そればかりか、調査票には氏名や電話番号を記す欄もある。それを封筒にも入れずに調査員に渡すというのが、国勢調査の原則であった[11]。

国勢調査の危機的状況をふまえて、総務省は2010年の国勢調査実施に向けてさまざまな対策を余儀なくされた。これまでは、自宅を訪ねて

きた調査員が調査票の記入漏れをチェックするため，調査票をむき出しで渡していたが，調査員に渡す場合も封入提出が可能となった。調査票を封入した封筒を郵送によって提出することも許可された。加えて将来に向けた試行段階として，東京都に限ってはインターネットでの回答が試験的に導入された。対象者の負担感や不信感を削減するために調査票の簡略化も図られ，労働時間と家計の収入の種類の項目を削除した。しかし最もプライバシーに触れる氏名，電話番号，勤め先の実名の記載が求められる状況は続いた。

　2010年の国勢調査の結果は惨憺たるものであった。さまざまな取り組みが実を結んだとは言えず，世帯ベースの未回収率はさらに上昇し，全国で8.8％，東京都に至っては20.1％に達した。未回収率は大都市圏で高く非大都市圏で低い傾向にあるが，東京都の次に未回収率が高いのは高知県である(13.2％)など，この傾向から外れる地域もある。

　国勢調査においては，調査員が対象者に接触できない場合，「国勢調査員が，当該世帯について『氏名』，『男女の別』及び『世帯員の数』の3項目に限って，その近隣の者に質問することにより調査」することになっている。そのため，未回収率が上昇すると，人口と性別，世帯人員数以外の調査項目は「不詳」の割合(不詳率)も上昇する。小池・山内(2014)によれば就業者のうち，職業や産業の不詳率は10％以上に上る。

　奇妙なことに，全国の世帯ベースの未回収率が8.8％であるにもかかわらず，年齢の不詳率は0.8％に留まっている。国勢調査では，「国に集められた調査票は……欠測値や記入内容の矛盾などについて検査し，必要な補足訂正を行った上で結果表として集計する」とされているので，何らかの根拠資料にもとづいて補足訂正が行われたのであろう。仮にその根拠資料が届出主義にもとづく住民基本台帳であるとすると，それは国勢調査の存在意義を揺るがすことになる。なぜなら，届出主義が限界に直面してきたことから，事実主義の統計として国勢調査が実施されるようになったという歴史的経緯をないがしろにすることだからである。

　さらに注目すべきは，東京都杉並区(13.8％)，名古屋市中区(13.4％)など，年齢の不詳率が著しく高い自治体が存在することである。当時の新聞記

事によれば，杉並区長が国勢調査の実施に先立って，住民の生活時間帯の変化やプライバシー意識の高まりによって調査の実施が困難になっていることを理由に，国勢調査の廃止を求める要望を総務省に提出している[12]。杉並区に関して言えば，首長の姿勢が，区民や調査員が国勢調査に望む姿勢に影響を与えたのかもしれない。しかし，年齢は「近隣の者への聞き取り」によって補足すべき項目ではないので，杉並区の調査員が聞き取りに不熱心であるから，年齢の不詳率が高くなるとは考えられないはずである。そうなると，不詳率が飛び抜けて高い理由は補足訂正の過程にあることになり，補足訂正が「国に集められた調査票」に対して一律の基準で行われているのかに疑義が生じる。理由はどうあれ，行政地区を単位として未回収率や不詳率に非連続な差があることは，たとえば都市化の度合いに並行して未回収率や不詳率が滑らかに変化する場合に比べて，データの補正は困難になる（埴淵ほか2018）。

2015年の国勢調査

　最新の国勢調査である，2015年国勢調査では，インターネット上での回答が全国で可能となり，この間急速に普及したスマートフォンにも対応している。インターネットでの回答がなかった世帯に対して調査票を配布するようになったので，事実上インターネットの利用が前提となったとすらいえる。総務省はインターネットでの回答を1000万世帯と予想していたが，実際の回答世帯数は1900万世帯に上った。管見の限り，全国の世帯ベースの未回収率は公表されていない。気づいた範囲で気になる点を挙げるならば，2015年国勢調査と同時期の住民基本台帳を比較すると，人口はほぼ同程度であるにもかかわらず，世帯数は住民基本台帳では約5700万に対して，国勢調査では約5340万であるという不整合がある。

　2015年国勢調査については，未回収率や不詳率に関する地理学的分析もまだほとんどなされていない。そこで，東京都23区を例にとって，2015年国勢調査の精度を探ってみよう。住民基本台帳による2011～

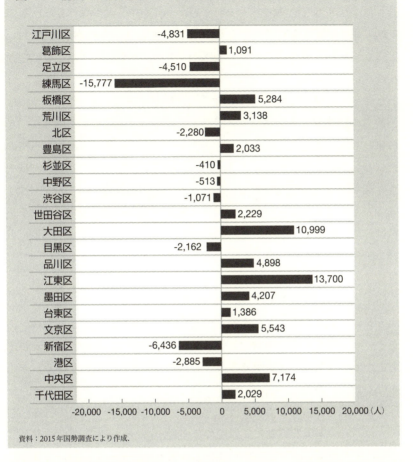

図2-6　前回の国勢調査からの5年間における東京都23区の社会増減

資料：2015年国勢調査により作成.

　2015年の5年間の東京都区部における転入超過は，27万9264人に上る。これに対して国勢調査によると，前回調査からの5年間の転入超過は2万2836人にすぎない。区別に見ると，練馬区では顕著な人口流出があるほか，港区や新宿区，江戸川区などにおいても，活発なマンション建設の実態とは感覚的に反するような転出超過が記録されている（**図2-6**）。

　こうした結果になるのは，移動に関する事項が的確に把握できていないからである。東京都全体の23.0％，港区になると47.6％の人が，現住地での居住期間が「不詳」となっている。空間スケールを落としていくと

状況はさらに深刻になり，高層マンションの立ち並ぶ都心3区では，居住期間「不詳」が過半数を占める町丁目が港区を中心にかなり見られる（図2-7）。現代の都市を特徴づける現象として都心部の人口増加に注目し，どこからの転入者が多いのかを調べたくても，国勢調査では正確に把握できないのである。

ところで，港区において居住期間「不詳」が47.6％であったというのは，回答者の約半数が居住期間を書き落としたということなのだろうか。それよりも，居住期間「不詳」の人の相当部分は，そもそも未回答だったのではないかとの疑念がわいてくる。居住期間よりも回答に抵抗がありそうな職業のほうが「不詳」割合が低いなど，項目間に理解しがたい「不詳」率の差があることも，データの精度に対する疑義を募らせる。図2-7からは，オートロックの高層マンションが立ち並ぶ月島地区の居住期間「不詳」の割合が相対的に低いなど，調査環境と合致しない地域差も見て取れる。

届出主義の限界に対応すべく登場した事実主義統計である国勢調査が，データの信頼性の低下という深刻な事態に直面していることは明らかである。調査環境の悪化や対象者の抵抗感の高まりは，その大きな要因であるが，それだけでは説明できないデータの不整合が確認される。それらは，調査票の記入や回収の過程だけでなく，データを集計して統計を作成する過程でも生じているとみられる。統計データを利用するすべての人は，この事実を真剣に受け止める必要がある。そして国勢調査をはじめとする統計データを作成している当事者は，データがどのような手続きを経て作り出されているのかを明快に説明する義務があると考える。

4つめの住所，住所の終わり

調査員調査を前提としてきた国勢調査が，もはやインターネットの活用を前提とするようになったことが象徴するように，近年では，情報通信技術の作り出すネットワークの空間（サイバースペース）における位置情報（たとえば携帯電話番号やメールアドレス，SNSアカウントなど。ここでは，アドレスと呼

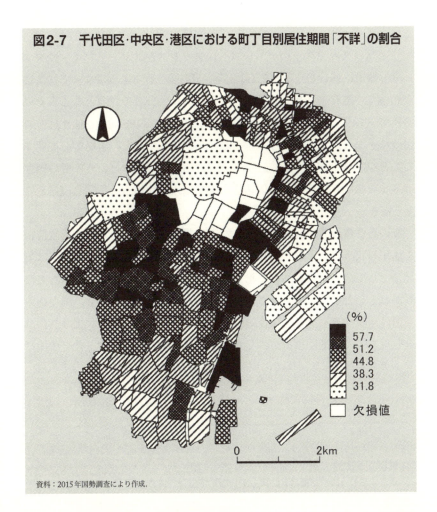

図2-7　千代田区・中央区・港区における町丁目別居住期間「不詳」の割合

(%)
57.7
51.2
44.8
38.3
31.8
欠損値

資料：2015年国勢調査により作成.

ぶ)が4つめの住所として存在感を高めている。こうしたアドレスが重要になっていることは，固定的な土地との結びつきにおいて人々の住所を把握することが，これまで以上に困難になったことを反映している。近年では，ホームレス，ネットカフェ難民，あるいは不法滞在の外国人など，現住地なき人々が(都市)空間を浮遊する状態が生まれている。こうした人たちですら，何らかのアドレスはもっていることが多い。確かにアドレスは，サイバースペースにおいて他者に会うことのできる可能性を高める。しかしこのアドレスだけでは，物理空間上の個人の位置は特定でき

ない。

　サイバースペース上のアドレスへのアクセスがスマートフォンやタブレット端末に移行し，それにGPS機能が実装されるようになって状況は変わった。これまでは，どのような形であれ，調査の対象となる人々に答えてもらうことで初めて住所が把握できたが，GPS機能を使えばそのような手順を踏まずに，なおかつリアルタイムで個人の居場所を把握することができる。ここにおいて，「各人の生活の本拠」という住所の概念は意味を失い，絶え間なき現在地主義で個人の居場所を把握し続けることとなる。

　今のところ，国勢調査に変わってGPS機能によって得られる位置情報を活用しようという動きはない。かりにそれが実現すれば，私たちは集計量としての人口に埋もれた形ではなく，個人として常時監視のもとに置かれることになる[13]。人々のプライバシー意識の高まりや，調査への不信は，統計データの信頼性の低下を招いた。国家が正確な統計データを収集すべく失地回復を意図したとき，絶え間なき現在地主義を可能にするテクノロジーは，すでに現時点で存在している。

1) 本章を執筆するにあたっては，西川 (2000, 2004) から重要な示唆を得た。
2) 戸籍および戸に関しては，吉田 (1983)，小口 (2002)，西宮 (2013) などを参考にした。
3) 最初の戸籍である庚午年籍は670 (持統四) 年に作られたとされるが，伝世していない。現存する最古の戸籍簿は702 (大宝2) 年の西海道戸籍と御野國戸籍であり，正倉院に所蔵されている。
4) 具体的には，50戸が1里を構成していた。
5) 内務省内閣統計局編『国勢調査以前日本人口統計集成　別巻1：江戸時代全国国別人口表』による。
6) 落合 (2006) は，歴史人口学的手法をさまざまな資料によって補足することで，まさしく江戸時代のライフコースを描き出している。
7) 佐藤 (2002) の第9章にさまざまな例が紹介されているので，興味がある向きは参照されたい。
8) 終戦直後の1945年には調査を実施できず，臨時調査が1947年に行われた。
9) 人口移動の把握方法については，1960年は1年前常住地，1970年，1980年は直近の移動の前住地，1990年以降は5年前常住地を尋ねており，そのままでは移動率など

を比較することができない(石川・井上2001)。5年前常住地を把握するという方法にも問題はある。筆者は2005年10月1日から2010年10月1日にかけて，大分県大分市→大分県別府市→東京都江東区と転居したが，この場合2010年国勢調査に記録されるのは，筆者が行ったことのない大分県大分市→東京都江東区という移動になる。

10) 特に2005年4月1日に個人情報保護法が全面施行されたことが，2005年10月1日に実施された国勢調査にきわめて大きな影響を与えたことは想像に難くない。しかし統計法13条は，国民は基幹統計調査への協力を拒んだり，虚偽の報告をすることはできないとしている。そもそも個人情報保護法は，集めた個人情報を適正に使用するガイドラインを示すものであるから，それを盾にとって統計調査を拒んだり，虚偽の報告をすることはできない。

11) 海外では，実際に国勢調査が中止に追い込まれた例もある(山本1995)。1983年，旧西ドイツでは監視国家化への反発によって国勢調査が中止に追い込まれた。旧西ドイツの国勢調査の調査項目は，現在の日本以上に細かかった。それが外国人不法就労者の摘発や，国民の違法行為の取り締まりに使われることが懸念されたのである。ドイツでは，現在は国勢調査が行われているが，調査項目は大幅に削減されている。

12) 2006年5月19日読売新聞東京朝刊34頁。

13) 本書では，こうしたサーヴェイランスに関する議論には立ち入らないが，サーヴェイランスを住まいと関連付けて論じた著作として，阿部・成美編(2006)を挙げておく。

[文献]

阿部潔・成美弘至編2006『空間管理社会——監視と自由のパラドックス』新曜社。
石川義孝・井上孝2001「センサス人口移動データの年次間補正に関する方法の適用」石川義孝編著『人口移動転換の研究』京都大学学術出版会，73-113頁。
小口雅史2002「I. 古代」渡辺尚志・五味文彦編『新体系日本史3　土地所有史』山川出版社，5-74頁。
落合恵美子2006『徳川日本のライフコース——歴史人口学との対話』ミネルヴァ書房。
鬼頭宏2000『人口から読む日本の歴史』講談社。
小池司朗・山内昌和2014「2010年の国勢調査における『不詳』の発生状況——5年前の居住地を中心に」人口問題研究70巻3号325-338頁。
斎藤修2013『プロト工業化の時代——西欧と日本の比較史』岩波書店。
佐藤正広2002『国勢調査と日本近代』岩波書店。
高橋眞一2010「明治前期の地域人口動態と人口移動」高橋眞一・中川聡史編『地域人口からみた日本の人口転換』古今書院，15-45頁。
友部謙一1991「近世日本農村における自然出生力推計の試み」人口学研究14号35-47頁。
内閣統計局1993『国勢調査以前日本人口統計集成　第III期　別巻1』原書房。
内藤昌2013『江戸と江戸城』講談社。
西川祐子2000『近代国家と家族モデル』吉川弘文館。
西川祐子2004『住まいと家族をめぐる物語——男の家，女の家，性別のない部屋』集英社。
西宮秀紀2013『奈良の都と天平の文化』吉川弘文館。
埴淵知哉・中谷友樹・村中亮夫・花岡和聖2018「国勢調査小地域集計データにおける『不詳』分布の地理的特徴」地理学評論91巻97-113頁。

速水融 1997『歴史人口学の世界』岩波書店。
速水融・鬼頭宏 1989「庶民の歴史民勢学」新保博・斉藤修編『日本経済史 2　近代成長の胎動』岩波書店，267-321 頁。
M. フーコー著，高桑和巳訳 2007『安全・領土・人口』筑摩書房。
山本勝美 1995『国勢調査を調査する』岩波ブックレット No. 380。
吉田孝 1983『律令国家と古代の社会』岩波書店。

第3章

都市から
都市圏へ

都市と都市圏

　前章では，私たちが複数の住所をもっているのはどうしてかという問いかけを発端として，律令制の発足から現代に至るまでの約1300年間を対象にして，人々の住まい・仕事と土地との結びつき方の変容，正しくは結びつきの緩みが，住所を把握する方法の変化と関わっていることをみてきた。本章では，人々が本格的に仕事を求めて住まいを移し始める時代に焦点を当て，その時期以降の都市構造の変容を説明する。

　本章のタイトルにもある都市と都市圏という言葉の問題から出発しよう。東京大都市圏という言葉はよく聞くが，江戸大都市圏という言葉はまず使われない。歴史人口学の研究成果によれば，江戸の人口は18世紀前半にはすでに100万人を超えており，より工業化が進んでいたロンドンやパリよりも人口規模は大きかったと考えられている（鬼頭1989）。しかし江戸の市街地の範囲は，百万都市としてはかなり狭いものであった。江戸幕府が1818年に示した朱引きの範囲は，主要街道の宿場で示すと，品川（東海道），新宿（甲州街道），板橋（中山道），千住（日光街道，奥州街道）あたりまでであり，いずれも日本橋を中心として半径10km強，少し遠い板橋でも20km程度の範囲に収まっていた（図3-1）。人々の実感する江戸の範囲はより狭く，町奉行支配の範囲（墨引き）が江戸御府内と考えられていたという（石田2004）。徒歩が主な交通手段であったため，江戸の市域はおのずから四里（15.71km）四方が限界であった（内藤2013）。大局的にみれば，江戸は農村に囲まれた点にすぎず，都市圏という表現を使うには空間的

第 *3* 章

図3-1 江戸の朱引きと墨引きの範囲（文政元（1818）年）

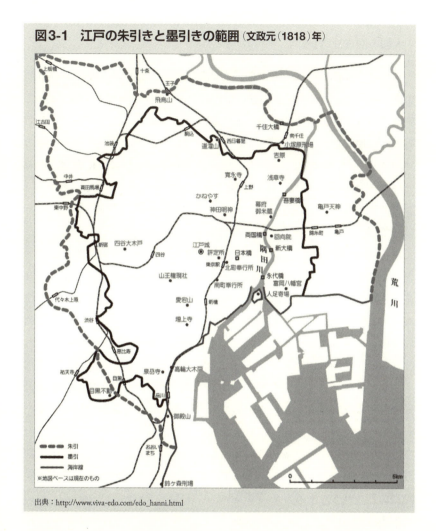

出典：http://www.viva-edo.com/edo_hanni.html

広がりが足りなかったのである。

　明治維新とともに江戸は東京と名前を変えるが、20世紀に入るころまでは朱引き内部にあった旧武家地の開発が中心であり、その空間的広がりの点では江戸とさして変わらなかったようである（松山2014）。しかし1920年前後から、東京は大都市圏と呼ぶに値する都市へと変わっていった。何が東京に広がりをもたらしたのであろうか。

大都市圏成立の要件

　まずは，大都市圏成立の一般的な要件について述べる。産業革命以前の都市は，まさしく農村に囲まれた点にすぎなかった。支配層を除けば，商人や職人が家族労働力に依拠して職住一致の生活を送っており，その外側では農民が共同体に属して農耕に従事していた。産業革命の過程で共同体から自由な個人が誕生し，彼らが賃労働者として所得機会（雇用機会）を求めて農村から都市へと移動すると，都市人口が増大し，都市は1つの労働市場となる。近代都市の第一義的な機能は，労働市場であるといってよい。

　増大する都市人口は，ある程度までは密度の上昇で収容することができるが，それには限界があり，都市空間を外延的に拡大させる圧力となる。それと呼応するように交通手段が発達するにつれ，住居（住まい）と職場（仕事）とが分離する職住分離が進行していった。ミクロレベルでの職住分離は，マクロレベルでは職場が集積する都心と，住まいの場である郊外とを，質的に異なる空間として分離させる。つまり，都市が労働市場として機能するようになって人口規模が増大し，交通手段の発達を背景として人々の住まいと仕事のあり方が職住一致から職住分離へと変化することによって，景観的にも機能的にも都心と郊外が区別される大都市圏が成立するのである。この変化が起こった後も，かつての都市の領域は，都心として残る。したがって，都市圏の誕生とは郊外の誕生と同義であるといってよい。

　都市圏について，その経済地理学的な性格について掘り下げてみよう。資本主義のもとでは，労働者は労働市場を介して労働力を資本家に売り渡して生産活動に従事し，その対価として賃金を得る。そして，賃金によって商品市場を介して生活資材を購入し，労働力や世代の再生産を行う。経済学では，この一連の過程を考えるにあたって空間を捨象するが，地理学においては，この過程と不可分の関係にある現実の地理が対象となる。

　職住分離によって区別されるようになった都心と郊外は，労働者が日々

労働力を販売するために行う通勤行動によって結びつけられる。つまり，労働市場の空間性に着目するならば，都市圏は通勤圏という機能地域として認識できる。再び空間的組織化論(第1章)を参照するならば，労働者は，住居を拠点に，所得機会の確保を大前提としつつ，再生産のために必要な消費機会や共同生活機会を組織化していく。つまり，労働市場の空間性のみならず消費市場の空間性にも着目すると，都市圏は通勤圏を概念的に包摂する生活圏として把握できる。より一般化するならば，都市圏とは，生産と再生産をめぐるヒト，モノ，カネなどの流動すなわち経済循環によって結び付けられることで，1つのまとまりをもった地域として認識できる[1]。

Castree et al. (2004：65) は，『仕事の空間(Spaces of Work)』のなかで，「もし人々が場所への愛着を育まず，自分の地元(home place)で起こっていることに関心を持たないならば，人々が均質平面(isotoropic plane)で住まい，仕事をしているようなものだろう」と述べている。この言葉は，人々が時とともに住まいと仕事の空間を包む生活圏に帰属意識を育み，愛着をもつようになることを逆説的に表現している。現在の東京圏や大阪圏は，生活圏や「地元」というには大きすぎるかもしれないが，それでも多くの人は東京人や大阪人としてのアイデンティティをもつ。そして自らが愛着をもつ生活圏(都市圏)が，自らの住まいや仕事の場としてより良いものであってほしいと願い，それに向けた実践をつみ重ねていく。

本書は，立地論が前提にするような均質平面ではなく，現実の地理について，そして商品としての労働力や住宅ではなく，生きられた経験としての住まいと仕事についての考察を深めようとするものである。したがって，都市圏を形作る力を考える際には，生産と再生産をめぐる経済循環という抽象的で主語のないレベルにとどまっているべきではない。本章では，都市圏の成立と人々が「理想の住まい」を求める動きとの関連についても論じる。

都市への人口の集中

　職住分離によって郊外が誕生し，初めて都市圏が成立したのはイギリスにおいてであった。中世の荘園制のもとでは，個々の農民の農地がまとまって存在するのではなく，村落全体で耕地をいくつかの耕圃に分け，それぞれの農民は各耕圃に帯状の耕地を保有するという開放耕地制が採られていた。開放耕地制のもとでは，農地の所有権は完全ではなく，耕作は耕圃を単位として共同で行われていた。集落を取り囲む森林や放牧地は共有地であり，休耕地は農民の家畜の共同放牧に利用された。休耕地に放牧することによって，肥料を用いなくとも地味を維持することが可能であった。

　15世紀末から17世紀にかけて，領主が主として牧羊のために共有地や開放耕地などを石垣や生垣で囲う第1次囲い込みが起こった。さらに産業革命が本格化する18世紀後半からは，農業生産性を向上させるための第2次囲い込みが合法的に推進され，かつての農民層は，農業資本家となった少数を除いて賃金労働者に転化した。囲い込みによって集約的土地利用が可能になったことに加え，18世紀後半以降には休閑地を必要としないノーフォーク農法が導入されたことにより，農業生産性が向上した。囲い込みの結果として土地を追われた農民が産業革命を支えた労働力の給源であるとされるが，農業の労働生産性の向上による省力化が労働力の供給増大に大きく寄与したとも考えられている（ハドソン1999第3章；重富2000）。

　産業革命の初期を支えたのは繊維産業であり，工場の動力は水力であった[2]。したがって工場は，河川の落流という自然的生産力に規定され，むしろ谷間に分散して立地する傾向にあった。蒸気機関が実用化され，石炭が主要な動力源になることによって，初めて工場は自然的生産力から解き放たれた。立地自由度が高まり，動力や立地条件による規模の制約がなくなった工場は，輸送の利便性が高い平野に集中し，規模の経済を生かした大規模経営が指向されるようになる。ランカシャーでは，19世紀にマンチェスターが紡績業や織物業の集積地となり，大規模な工場

図3-2 イギリスにおける労働者住宅(バーミンガムの背割長屋)

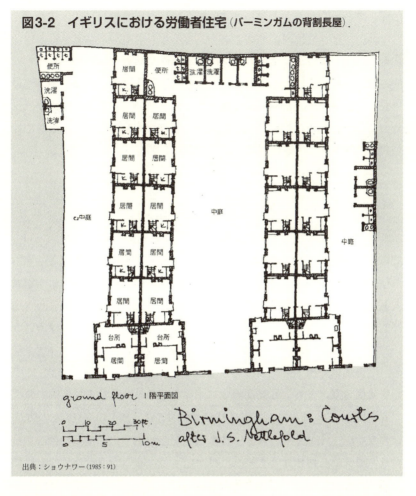

出典：ショウナワー(1985：91)

が水運を志向して立地するようになった(ラングトン・モリス編1989)。その莫大な労働力需要を満たすべく農村から大量の人口が流入し、都市の規模は急速に拡大した。1801年に9万2308人であったマンチェスターの人口は、50年後の1851年には38万4311人に達する急増ぶりであった(松本1972)。

　農村から都市へ流入した労働者は、職場近くの労働者住宅に収容された。ショウナワー(1985)に描かれたバーミンガムの労働者住宅は、3面の壁を隣家と共有するいわゆる棟割(背割)長屋の形式であり、住宅が中庭

に面してびっしりと並んでいる (**図3-2**)。これでは通気や日照は望むべくもない。トイレや洗濯は共同であり、しかも下水道が未整備で排泄物などもそのまま垂れ流していた。そのため、衛生状態は劣悪で、しばしば飲み水が汚染されてコレラなどの感染症が蔓延した[3]。工場の動力だけでなく、家庭での熱源も石炭であったため、ばい煙による大気汚染は深刻であった。都市にはかつての共同体のような規範はなく、必然的に社会病理が発生し、治安は悪化した。

郊外の誕生

欧米の前工業都市では、社会階層の高い集団が都心を占有していた。都市が工業都市としての性格を強めるにつれ、労働者の集中による都市の住環境の悪化は覆い難いものとなる。労働者の集中をもたらした張本人ともいうべき資本家階級(ブルジョワジー)は、都市は「汚いところ」、「道徳的に劣るところ」、「子どもを育てたり、妻を養ったりするには適さないところ」という意識をもつようになり、都市近郊の田園地帯に住居を構え、乗合馬車で街中の職場に通うようになった(フィッシュマン1990)。こうして職住分離とともに通勤が誕生し、都心と郊外からなる都市圏の原型が姿を現した[4]。イギリスとアメリカ合衆国では、都市の成り立ちや歴史は異なるが、産業革命の結果、社会階層が高い人口集団ほど、都心から離れたところに居住するという、バージェスの同心円地帯モデルと同様な居住分化が、イギリスでも生じたことになる(ノックス・ピンチ2013, 第2章参照)。

19世紀後半以降、職住分離が進んで都心と郊外の区別がより明確になり、都市圏の範囲も外側へと拡大した、郊外化を推し進めた要因の1つは、賃労働化のいっそうの進展である。工業化の進展にとともに都市人口が増大すると、必然的に製造業以外における労働力需要も高まり、ホワイトカラーの雇用が増大した。こうして、資本家ではないが、単純な労働者とは区別される新中間層[5]が、文字どおり層として登場し、郊外化の担い手となった。

もう1つの要因は，交通機関の発達である。郊外化の初期を支えた交通機関は乗合馬車であったが，19世紀に入ると馬車の乗り心地を良くし，輸送力も大きくしたものとして，馬車鉄道が登場した。馬車鉄道の多くは19世紀後半から20世紀初頭にかけて廃止され，路面電車が主役となった。

　馬車から路面電車に至る路面交通は，輸送力に限界がある。後に自動車が登場すると，これとの競合も問題となった。これに対して道路とは独立した専用の軌道を走る鉄道の系統は，定時性も十分な輸送量も確保できる。鉄道の整備自体は19世紀の初めから各地で進んだが，その多くが都市間交通として整備された経緯もあり，鉄道が郊外化の進展を推進する主役となるまでには時間を要した。20世紀を迎えるころには，鉄道も都市内交通として整備されるようになる。こうした交通機関の発展に対応して，都市圏は異なる時期に都市圏に組み込まれた地域が年輪のように位置する構造をなす（小長谷1990）。

　都心と郊外の分離は，ジェンダー関係にも変化を与えた。職住分離の結果，女性は郊外の住居に閉じ込められ，場合によっては使用人を差配しながら，妻として，母として，家事や育児を司ることになった。男性は，再生産労働を妻に任せ，都心に通勤してそこでの生産労働に専念する。フェミニスト地理学者は，世帯内における男性と女性の性別役割分業が明確化した結果として，ジェンダーすなわち社会的・文化的に構築された男性性・女性性が，都心と郊外のそれぞれに投影され，都心＝生産の空間＝男性の空間，郊外＝再生産の空間＝女性の空間という二分法が成立したと論じる（Domosh and Seager 2001；影山2004）。都心と郊外の分離による都市圏の成立が，生産関係や建造環境の変化と関連していることは明白であろうが，それがジェンダー関係とも結びついていることに注意をうながしておきたい。

大都市圏成立以前の江戸・東京

　話を江戸・東京に戻す。江戸には農村からの転入者が多数居住してお

表3-1　江戸の土地区分別面積

(km², %)

	総面積		武家地		町人地		寺社地		空地・その他	
1947年頃	43.95	100.0	34.06	77.4	4.29	9.8	4.50	10.3	1.10	2.5
1670〜1673年	63.42	100.0	43.66	68.9	6.75	10.6	7.90	12.4	5.11	8.1
1725年	69.93	100.0	46.47	66.4	8.72	12.5	10.74	15.4	4.00	5.7
1869年	56.36	100.0	38.65	68.6	8.91	15.8	8.80	15.6	—	—

資料：内藤（1978：16）により作成．

表3-2　江戸の町人地の人口と性比

	町人地人口	性比*
1733年	536,380	173.6
1747年	513,327	169.5
1798年	492,449	135.3
1832年	545,623	119.9
1845年	557,698	111.0
1869年	503,703	107.9

*女性人口を100とした時の男性人口．
資料：内藤（2013：139）により作成．

り，幕府の調査によれば，江戸の人口のうち，多い時では3分の1，少ない時で4分の1が農村出身者であった（速水1997）．その代表的な住まいは，下町の路地に沿った長屋であり，路地の奥に共同の井戸と便所があった[6]．

江戸における町人の生活空間はきわめて高密度であった．江戸時代初期から中期にかけては，農村からの流入によって江戸の人口は急増し，それに応じて江戸の都市空間はスプロール的に拡大した（内藤2013）．しかし，既述のとおり，徒歩という交通条件に規定されて，江戸の市域は四里四方を超えられなかった．その限られた市域の大半を占めたのが，武家地と寺社地であり，町人地は明治初年においても15.8％にすぎなかった（**表3-1**）．現在の中央区の面積が10.21km²であると聞けば，町人地がいかに狭かったかがわかるであろう．

町人地は江戸城の東側に集中し，ここに50〜60万人がひしめき合って住んでいたことになる（**図2-3参照**）．170前後という18世紀前半の性比は統計としての正確さを疑いたくなるが，町人地において男性人口が女性人口を大きく上回っていたことは確かである（**表3-2**）．その当然の帰結と

図3-3　17世紀前半の江戸の土地区分

出典：江戸東京博物館(1998：128).

して，江戸では男性単独世帯が多くなる。江戸の下町において，便所，井戸はもとより，食事，風呂など，生活に必要な諸機能のほぼすべてが外部化・共同化されていたことは，単身者が多かったことと表裏一体の関係にある。また生活の外部化・共同化によって，初めて高密度な生活空間が成立しえたのである。

　江戸の下町の居住環境は良好であったといえるのだろうか。江戸では身分によって居住地が決まっていたため，居住分化がきわめて明確である（図3-3）。武家地はもっぱら武蔵野台地の東端にあたる山の手に位置し，風通しがよく乾燥していて洪水の影響も受けにくい（図3-4）。これに対して町人地が位置する下町低地や埋め立て地は湿気が強く，洪水などの影響も受けやすい地域である。町人はこうした場所に高い密度で居住しているうえ，近代科学による衛生観念は発達しておらず，当然医療水準も

図3-4　山手台地と下町低地

出典：鈴木(1989：12).

図3-5　死亡年齢の構成比の比較

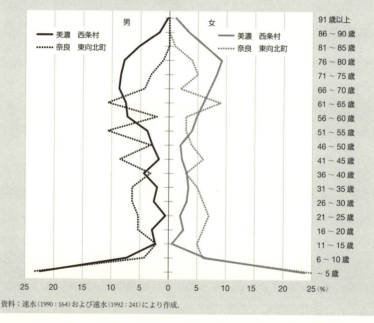

資料：速水(1990：164)および速水(1992：241)により作成.

低かったため，乳幼児を中心に死亡率は高かった。

　速水（1997：194）は，農村である美濃の西条村と都市である奈良の東向北町の死亡年齢の分布を比較している。ここでは，その元データに当たって**図3-5**を作成したのでこれを見よう。死亡年齢に占める乳幼児の割合は，いずれの地域でも高い。しかし西条村では，10歳まで育ちあがれば天寿を全うする例が多いのに対し，東向北町では10歳を超えてもまんべんなく死亡が発生し，西条村より明らかに短命である。都市人口が農村人口よりも短命であることは，しばしば都市蟻地獄と表現される。江戸時代の都市は，蟻地獄のように農村部から人々を惹きつけるが，都市住民は死と隣合わせの状況で暮らしていたのである。江戸の下町の長屋居住者には，夫婦であっても子どもがいない場合が少なくなかった。それは，当時の江戸が，安定した家族形成が難しい環境であったことを物語る。

　農村からの人口流入が続いていたにもかかわらず，江戸時代中期以降は，江戸の人口はほぼ一定で推移していた（**図2-3参照**）。その背景には，交通手段の制約から江戸の市域に限界があったため，人口の再生産が困難なほどに町人地の人口密度が高まったことがある。まさに江戸は，農村から人口を吸い寄せては，その命を吸い取る巨大な蟻地獄であった。

維新後の東京

　私たちは明治維新を境に，日本の文化・社会・経済が180度変わったかのように考えがちである。しかし，江戸から東京へと名前は変わっても，庶民の生活にそう大きな変化はなかったようである。19世紀末には，戸籍と寄留簿の組合せでは実態が把握できなくなるほど農村から都市への人口移動が増大したが，流入した人口のかなりの部分は安定した所得機会を得ることができず，「都市下層」として滞留した（中川1985）。「都市下層」は，近代的賃労働関係の外で商工業や家内工業，今でいうサービス業などに従事していたので，「都市雑業層」（隅谷1967）とも呼ばれる。交通機関も未発達で，庶民の生活空間は依然として下町中心であった。内

部の土間に出入り口が向く形式の長屋が主流になったとはいえ，長屋暮らしは続いた。限られた面積に増加する人口を収容するためには，居住密度を高めるしかなく，千軒長屋と呼ばれるような大規模な長屋も生まれた。

　所得が不安定な都市雑業層は，長屋に日掛けで雑居していた。安定的な家族生活を営むことは困難であり，生計単位としての世帯の構成員からして流動的であった。『日本の下層社会』と題する横山源之助のルポルタージュは，1900年ごろの「都市下層」の住まいを次のように描写している[7]。

　「九尺二間の陋屋，広きは六畳，たいてい四畳の一小廓に，夫婦・子供，同居者を加えて五,六人の人数住めり。これを一の家庭とし言えば一の家庭に相違なけれど，僅かに四畳六畳の間に二,三の家族を含む，婆あり，血気盛りの若者あり，三十を出でたる女あり，寄留者多きはけだし貧民窟の一現象なるべし。しかして一家夫婦なりと称する者を見るに，正式に媒介者を得て夫婦となりたるは極めて少なし」(横山1985：57)

　このような状況であったから，「都市蟻地獄」の状態は依然として続いていた。東京市，大阪市ともに，社会動態に関しては大幅な転入超過を示し，結果として人口は着実に増加していった(図3-6)。しかし明治維新から数十年の間，出生と死亡の差し引きである自然動態は，ゼロもしくはマイナスを記録し続け，自律的な人口増加は見られなかった(図3-7)。

　都市蟻地獄の状態から脱し始めるのは，東京市では1910年頃から，大阪市ではやや遅れて1920年頃からである。この頃になると，大都市では，国家による行政機関，教育機関，軍事機関の整備が進む。加えて東京や大阪では，財閥系の企業集団など，民間でも近代的な組織が設立されてくる。それに伴い，教育を通じて知識や技術，教養を身に着け，近代的な組織において雇用者として働くホワイトカラーが増加してきた。日本においても，新中間層が層として登場し始めたのである。

図3-6 大都市圏の人口実数と全国人口に占める割合の推移

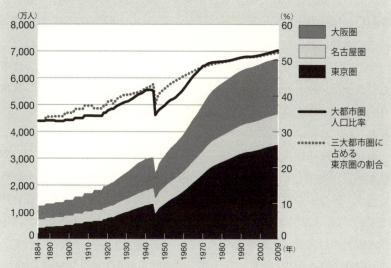

東京圏：埼玉県，千葉県，東京都，神奈川県．名古屋圏：岐阜県，愛知県，三重県．大阪圏：滋賀県，京都府，大阪府，兵庫県，奈良県，和歌山県．
注) データの注記は資料を参照．
資料：日本の長期統計系列により作成．

図3-7　東京市と大阪市の出生数・死亡数

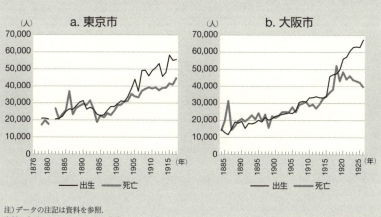

注) データの注記は資料を参照．
資料：中川 (1992：159-163) により作成．

雇用労働力化と並んで，交通機関の発達も進んだ。1910年前後には，東京圏や大阪圏において大手私鉄が次々と営業を開始し，職住分離による都心と郊外の分離の推進力となった (三木2010)。東京圏に関していえば，私鉄の路線はおおむね山手線の主要駅をターミナルとして郊外に延びていた。この頃，もともとの江戸にあたる範囲の交通を担っていたのは市電であった。地下鉄が都心における交通の主役の座に就くのは第二次世界大戦後のことであり，私鉄の地下鉄への乗り入れが進んだのはさらに後のことである。

　東京市が都市蟻地獄状態を脱しつつあった矢先の1923年9月1日，関東大震災が発生した。関東大震災が発生したのは午前11時58分と昼時であり，折からの強風もあって広範囲で火災が発生した。震源に近い神奈川県では，建物の倒壊による圧死者もかなり出たが，東京市における死者の大半は火災による焼死であった。木造の長屋が高密度で建っている下町はひとたまりもなく，日本橋区の100％，浅草区の96％を筆頭に，当時の東京市79.4km^{2}のうち43.6％が焼失した (内閣府2006)。

　東京圏では，住宅地をはじめとする都市空間が無秩序に拡大するスプロール現象が震災以前から進んでいた。震災による火災の結果，東京市内の住宅は極端に不足し，スプロール現象と人口の郊外化が一気に進むこととなった。皮肉にも，大震災は東京圏が成立するにあたっての決定的な転換点となったのである。

1) 経済圏としての都市圏は，単一の指標で析出できるものではなく，排他的な境界をもつ実体ではないが，便宜的には中心市への一定の通勤率をもって通勤圏として画定される。ちなみに国勢調査における都市圏の定義は，「都市圏の『中心市』への15歳以上通勤・通学者数の割合が当該市町村の常住人口の1.5％以上であり，かつ中心市と連接している市町村」である。
2) 伊藤 (2006) は，経済地理学の立場から産業革命と都市の発展の関係を考察しており，参考になる。
3) 医師のジョン・スノウは，コレラ患者の発生状況を地図化することにより，特定の飲み水ポンプが感染源になっていることを明らかにし，空間疫学の創始者となった (ジョンソン2017)。

4）マンチェスターで工場経営に携わっていたエンゲルス（2000）は，19世紀半ばの労働者住宅地区の劣悪な環境と，乗合馬車で通勤するブルジョアジーが暮らす緑豊かな郊外住宅地のコントラストを余すところなく描き出している。
5）新中間層に対して，やはり資本家でも労働者でもない商工業主などは，旧中間層と呼ばれる。
6）深川江戸資料館の館内には，江戸時代の深川（下町）が再現されており，雰囲気を味わうことができる。江戸・東京の暮らしについて学ぶうえでは，江戸東京資料館もお勧めできる施設である。
7）深川江戸資料館の近くでは，ご当地料理として深川飯を売る店がみられる。多くの店は，アサリの炊き込みご飯を供しており，素朴でおいしいのであるが，本来の深川飯は，アサリではなく，バカ貝のむき身に刻んだねぎを混ぜて煮た汁を飯にかけたものである。その味について，横山（1985）と並ぶ東京の都市下層に関する秀逸なルポルタージュである松原（1988：144）は，「尋常の人には磯臭き匂いして食うにたえざるが如し」と書いている。

［文献］

石田頼房 2004『日本近現代都市計画の展開──1868-2003』自治体研究社。
伊藤喜栄 2006『教養としての地歴学──歴史のなかの地域』日本評論社。
江戸東京博物館 1998『図表でみる江戸・東京の世界』江戸東京博物館。
F. エンゲルス著，浜林正夫訳 2000『イギリスにおける労働者階級の状態　上下』新日本出版社。
影山穂波 2004『都市空間とジェンダー』古今書院。
鬼頭宏 1989「江戸＝東京の人口発展──明治維新の前と後」上智経済論集34巻1・2号48-69頁。
小長谷一之 1990「アメリカにおける都市交通地理学の動向──都市構造と交通様式の関係をめぐって」地理科学45巻234-246頁。
重富公生 2000「イギリス農業革命と地域経済──1990年代の成果を中心に」道重一郎・佐藤弘幸編『イギリス社会の形成史──市場経済への新たな視点』三嶺書房，129-152頁。
N. ショウナワー著，阿部成治監訳 1985『世界のすまい6000年（3）西洋の都市住宅』彰国社。
S. ジョンソン著，矢野真千子訳 2017『感染地図──歴史を変えた未知の病原体』河出書房。
鈴木理生 1989『江戸の川・東京の川』井上書院。
隅谷三喜男 1967『日本の労働問題』東京大学出版会。
内閣府 2006『災害教訓の継承に関する専門調査会報告書──1923　関東大震災（第1編）』http://www.bousai.go.jp/kyoiku/kyokun/kyoukunnokeishou/rep/1923_kanto_daishinsai/index.html#document1（2018年11月8日閲覧）。
内藤昌 1978「江戸──その築城と都市計画」月刊文化財175号15-24頁。
内藤昌 2013『江戸と江戸城』講談社。
中川清 1985『日本の都市下層』勁草書房。
中川清 1992「近代東京における2つの画期──人口の自然動態をめぐって」総合都市研究46号155-173頁。
P. ノックス・S. ピンチ著，川口太郎・神谷浩夫・中澤高志訳 2013『改定新版　都市社会地理学』古今書院。
P. ハドソン著，大倉正雄訳 1999『産業革命』未来社。

速水融 1990「近世都市の歴史人口学的観察——奈良東向北町　寛政5年－明治5年」三田学会雑誌82号(特別号Ⅱ) 156-175頁。

速水融 1992『近世濃尾地方の人口・経済・社会』創文社。

速水融 1997『歴史人口学の世界』岩波書店。

R. フィッシュマン著，小池和子訳 1990『ブルジョワ・ユートピア——郊外住宅地の盛衰』勁草書房。

松原岩五郎 1988『最暗黒の東京』岩波書店。

松本康正 1972「マンチェスタの都市成長」社会経済史学 37巻 471-494頁。

松山恵 2014『江戸・東京の都市史——近代以降期の都市・建築・社会』東京大学出版会。

三木理史 2010『都市交通の成立』日本経済評論社。

横山源之助 1985『日本の下層社会』岩波書店。

J. ラングトン・R. J. モリス編，米川伸一・原剛訳 1989『イギリス産業革命地図』原書房。

N. Castree, N. Coe, K. Ward and M. Samers 2004. *Spaces of Work: Global Capitalism and Geo-graphies of Labour*. London: Sage.

Domosh and Seager 2001. *Putting Women in Place*. New York: Guilford.

第4章
新中間層と理想の住まい

私鉄郊外の誕生

　1910年頃から，東京では社会・経済の近代化が軌道に乗り，ようやく都市蟻地獄の状態から抜け出す。いったん関東大震災で水を差されるが，日本の社会・経済は第一次世界大戦と第二次世界大戦に挟まれた戦間期に一つの頂点を迎えることになる。明治維新から一定の時間が経過し，行政機関，教育機関，軍事機関などが整備され，東京圏ではこうした大きな官僚制組織で働く人が増加した。三井，住友，三菱などの財閥が作った近代的な会社組織も多くの従業員を抱えるようになった。身分制が崩壊したわけではけっしてなかったとはいえ，高等教育機関が整い，平民にも進学の機会が与えられると，自らの才覚によって学歴を身につけ，社会的な地位を達成する人たちも出てきた。組織の近代化とメリトクラシーの浸透によって，日本においても次第に新中間層が層としての厚みを増していった。

　東京や大阪では，1910年頃から郊外へと延びる私鉄が整備され始めた。しかし，多くの人口がかつての江戸や大坂の範囲にひしめきあって住んでいる状況では，莫大な資本を投じて鉄道を建設しても安定した利用者は見込めず，経営は安定しない。私鉄各社が採った戦略の1つが，沿線に観光施設を開いて旅客を誘致することであった（片木編2017）。今も人気の宝塚歌劇団は，阪急電鉄の前身である箕面有馬電気鉄道が旅客誘致を目的として開設した宝塚新温泉に起源がある。高校野球で名高い甲子園も，阪神電鉄の複合リゾート開発によって，ホテルや海水浴場などとと

もに建設された。東京圏では，私鉄による遊園地の経営が目立ち，小田急の向ヶ丘遊園，京王の京王閣，京急の花月園，西武の豊島園，東急の多摩川園など，数多くある。

　私鉄のもう1つの戦略が，沿線に住宅地を開発することで，通勤通学や買物などの旅客を安定的に確保することであった。新中間層は，相対的に高学歴で欧米の文化を積極的に受容する人々であったから，住環境や衛生に対する知識や関心を有していた。そこで私鉄各社は新中間層をターゲットに定め，田園，健康，文化といった言葉を冠した住宅地を開発し，都市の喧噪を離れてよりよい住環境を手に入れたいという願望を掻き立てるようなイメージ戦略を展開していった（角野2000）。

　当時私鉄によって開発された住宅地には，今なお高級住宅地として名が通っているものが多い。1923年に分譲が開始された東京都大田区の田園調布は，その代表格である。田園調布は，日本を代表する実業家である渋沢栄一が設立した田園都市株式会社によって開発された[1]。田園都市株式会社は，イギリスの社会改良主義者，エベネザー・ハワードの「田園都市構想」にもとづく「理想の住宅地」を建設することを目標としていた。田園都市構想は，田園調布のみならず，日本，さらには世界の郊外住宅地のあり方に影響を与えたといっても過言ではない。そこで，舞台を産業革命期のイギリスに戻し，田園都市構想が成立した経緯と，その理念について説明する[2]。

田園都市構想

　産業革命期のイギリスでは，人口と産業の集中によって都市の生活環境が悪化し，これを嫌ったブルジョアジーが都市近郊の田園地帯に脱出し，職住分離が始まったのであった。交通手段が発達してくると，新中間層も郊外化の流れに加わった。ブルジョアジーや新中間層は，郊外に住まいを移すことで，個人的にはよりよい生活環境を手にすることができた。しかし，それは都市蟻地獄状態の解消を意味せず，労働者階級は劣悪な居住環境に留め置かれたままであった。社会改良主義者と呼ばれ

た知識人は、このような状態を憂慮し、理想の社会を実現するための変革の必要性を訴えた。

社会改良主義者の実践の先駆けとして知られるのが、ロバート・オーウェンによるニュー・ラナークの経営である(図4-1)。その起源は、1786年にデヴィッド・デイルがスコットランド南部に水力を利用した綿紡績工場と工場労働者用の住宅を建設したことにある。デイルは、娘婿であるオーウェンが名を連ねる協同組合に工場や土地、労働者住宅を売却し、それを契機に実験的な社会改良プログラムが始められた。それは、ソフト面においては労働者の社会福祉の向上に努め、ハード面においては、既存の大都市から離れ、自然環境に恵まれた地に工場と住居、購買施設などが一体となった独立した小集落を作る試みであった。つまり、ここで目指されたのは、職住一致の新しい生活空間の建設であった。

19世紀を通じて重工業化と生産規模の拡大が進むと、都市への人口と産業の集中はますます激しくなった。ニュー・ラナークの建設から約100年後の1898年、ロンドンの劣悪な居住環境と貧困に胸を痛めたエベネザー・ハワードは、『明日――真の改革にいたる平和な道』[3]と題する書物を世に問うた。彼は「都市と農村の結婚」という表現を使い、居住環境が劣悪で社会病理が渦巻く既存の都市から離れたところに、都市と農村のメリットを併せもつ新しい生活空間を創ることを提案した。都市は物理的にも社会的にも生活空間として問題を抱えているが、娯楽の場所や雇用機会には事欠かない。他方で農村は、自然環境には恵まれているが、生活の利便性は劣り、農村ならではのコミュニティの閉鎖性もある。ハワードは、田園都市が都市と農村両方の利点を具現化し、磁石のように人々を引き付けることを夢見た(図4-2)。

田園都市構想には、いくつもの斬新な考え方が盛り込まれている。個々の田園都市は、人口3万人程度の自律的都市であるが、単体ではなく中心都市を取り巻く田園都市群として整備されることを前提としている。それぞれの田園都市は中心都市から数十km離れて計画的に配置され、中心都市や他の田園都市とは高速鉄道や高速道路で結ばれる。田園都市の内部に目をやると、公共施設や公園を中心として周囲に庭付き住

図4-1 ニュー・ラナークの風景

2004年8月筆者撮影.

図4-2 3つの磁石

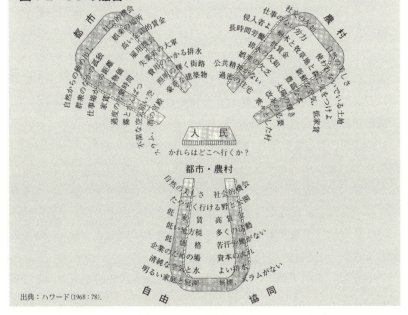

出典：ハワード(1968：78).

図4-3 現在のレッチワース

a. The Spirella Building*　　　　　b. レッチワースの街並み

＊かつてはコルセット工場であり，現在は改装され，オフィス，カフェ，フィットネスクラブ，イベント会場などとして使われている．
2018年2月筆者撮影．

宅が配される。職住近接を実現するため，田園都市の外周部には農地や工場が配置される。そして，低所得の労働者も住居費の負担ができるように，土地は分譲せず賃貸とされている。賃貸住宅の運営は田園都市を運営する土地会社によって行われ，住民たちが主体となって公共施設の整備などのコミュニティ形成をする仕組みが構想されていた。

　ハワードの田園都市構想は夢物語では終わらなかった。1903年は早くも第一田園都市株式会社が設立され，ロンドンの東北約50kmに最初の田園都市レッチワースの建設に着手したのである(**図4-3**)。レッチワースの経営は，順風満帆とはいえないまでも軌道に乗り，第一次世界大戦後にはウェリン・ガーデン・シティも作られた。これらの成功によって，田園都市構想はイギリス政府に取り入れられ，その後30以上のニュータウンが政府によって整備された。なかには田園都市の理念が生かされず，住機能に特化したベッドタウンとなってしまったものもあったが，工場などの職場の設置が計画の中に組み込まれている例が多かった。イギリスでは，労働者に良好な住まいと仕事の場を職住近接のもとで提供するという社会改良主義者の思想は，政策にも着実に根を下ろしていったのである。

　19世紀は，自由主義と古典派経済学を是とする思想的潮流のもとで市場経済が肥大し，本来商品ではない土地と労働力の商品化が貫徹した，

むき出しの資本主義の時代であった(ポランニー2009)。市場経済は悪魔のひき臼のように労働者の生活基盤を破壊し、社会を存立の危機に陥れる。ポランニーの『大転換』では、まさに19世紀イギリスの経験に即して、社会から遊離しようとする自己調節的市場の動きに対して、これを社会に埋め戻そうとする社会の自己防衛の動きが働く「二重運動論」を提示した。二重運動論と空間的組織化論(第1章)に照らしてみると、ハワードの田園都市構想は、19世紀システム資本主義のもとで、市場経済のメカニズムに取り込まれることで損なわれた人々と住まいと仕事に対する、社会の側の自己防衛であったと評価できよう。

田園都市構想の換骨奪胎

　田園都市の理念は、ほとんど時を隔てずに日本に紹介された。1907年には、早くも住宅を所轄する内務省地方局の有志によって、『田園都市』と題する380ページに及ぶ単行本が出版された。この書物は、ハワードの田園都市のみならず、イギリス、ドイツ、アメリカ合衆国などで同時多発的に発生した、産業都市のオルタナティブとして田園都市の建設を目指そうとする潮流を広く紹介したものであるという(東ほか2001)。ハワードのものを含む田園都市構想一般が、市場経済という悪魔のひき臼に対する社会の自己防衛であったといえそうである。その流れは、戦間期に本格化する日本の住宅政策にも息づいている(第5章)。
　田園都市構想は、日本の私鉄の住宅地開発にも影響を与えた。しかし社会改良主義にもとづいて作られたイギリスの田園都市と、営利企業である私鉄が経営の一環として行った住宅地開発は多くの点で異なっていた。地理学的に重要な相違は、イギリスの田園都市が職住近接の都市建設を目指したのに対し、日本の私鉄は職住分離を前提とした住宅地開発を行った点である。私鉄による住宅地開発は、通勤などによる鉄道旅客の安定的確保という利潤動機に依拠しているため、職住一致を目指すことはそもそも自己矛盾である。職住分離のベッドタウン建設は、その必然的帰結としてスプロールを引き起こしていった。

私鉄に限らず，民間の住宅地開発は労働者の居住環境の改善という社会的課題に取り組むことを目的としておらず，商品としての住宅の販売を通じて利潤を得ることが目的である。そうであれば，住宅のアフォーダビリティや住民のコミュニティ形成にかかわることなく，なるべく高い価格で土地建物を売却してしまう方が合理的である。日本の私鉄による住宅地は，新中間層の居住に対する欲求を煽り，郊外住宅地に対する需要を喚起しようとした（角野2000；片木編2017）。そこでは，理念としての田園都市構想は換骨奪胎され，「田園都市」という言葉が喚起するイメージのみが流用された。私鉄各社は，広告や小冊子を通じて煤煙と塵埃に満ちた都市での生活に比べ，郊外生活がいかに健康で子どもの教育に適しているかを判で押したように訴えかけた。温泉や遊園地，運動施設などを複合的に整備し，住宅地にプレミアムを付けるのも常套手段であった。

　戦間期に郊外住宅地に住むことができたのは，経済的に恵まれた新中間層に限られていた。戦間期に新中間層が厚みを増したのは確かであるが，都市住民全体からすれば一部のエリートにとどまっていた。したがって，戦間期に起こった郊外化のスケールは，郊外への居住が大衆化した戦後の郊外化に比べれば，はるかにささやかなものであった。初めて通勤・通学地が調査された1930年国勢調査によって東京市への通勤・通学率を見ると，東京市への通勤・通学率が5％を超えている範囲は，いくつかの飛び地を除くと，おおむね現在の東京都23区内に収まる（**図4-4**）。郊外居住が国民一般のライフスタイルとなるのは，第二次世界大戦後の高度成長期を待たなければならない。しかし，郊外住宅地イコール持家からなる職住分離のベッドタウンという図式はすでに用意されていたことを強調しておきたい。

近代家族の成立

　いうまでもなく，住まいという行為の舞台である住宅の空間構成は，住まう主体である家族のあり方と密接不可分の関係にある。賃労働者で

図4-4　東京市への通勤・通学率（1930年）

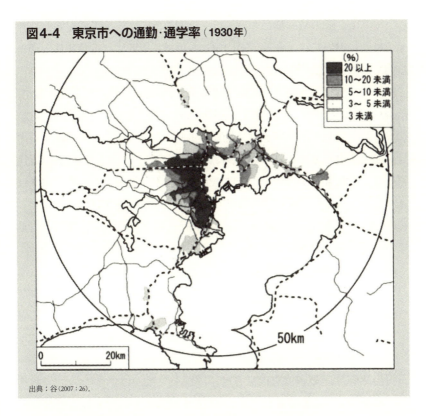

出典：谷（2007：26）．

　ある新中間層は，生業（なりわい）の単位としての家族ではなく，夫婦と子どもを基礎単位とする新たなタイプの家族，すなわち近代家族を形成するようになる。新中間層は，教育はもとより雑誌などのメディアを通じて，欧米をモデルとする教養や価値観を身につけていくなかで，近代家族にふさわしい新しい形態の住まいを手に入れようとした。戦間期の日本において郊外住宅地が誕生した背景には，住宅を供給する側の資本の論理だけでなく，理想の住まいを求める人々の欲求が存在したのである。

　近代家族の定義については，落合（1989）が社会史の研究蓄積にもとづいて提示した8つのメルクマールがよく参照される。それは①家内領域と公共領域の分離，②家族構成員相互の強い情緒的関係，③子ども中心主義，④男は公共領域・女は家内領域という性別分業，⑤家族の集団性の強化，⑥社交の衰退とプライバシーの成立，⑦非親族の排除，⑧核家

族，である。⑧の核家族については，日本のように拡大家族規範が存在する社会においては，多世代が同居していても質的には近代家族といえる例もあるとして，カッコに入れられている。

　欧米では，近代家族は18世紀後半から19世紀に成立したとされるが，落合(1989)は19世紀近代家族と20世紀近代家族とを分けて考えることを提案する。19世紀近代家族は，社会の上層のみに成立し，内部に下層出身の家事使用人を含んでいるのが特徴である。これに対して20世紀近代家族は，近代家族が大衆化した形態である。家事使用人がいる例はまれとなり，もっぱら主婦が耐久消費財を用いて家事労働を行う。後に詳しくみていくように，この整理にもとづけば，日本の戦間期には新中間層にのみ19世紀近代家族が成立していたことになる。

　西川(2000, 2004)は，落合による近代家族の把握では，家族をめぐる権力をとらえきれないと批判し，「近代家族とは国民国家の基礎単位とみなされる家族」(西川2000：254)であるとシンプルに定義した。そして，戦前の日本の近代家族は，「家」家族と「家庭」家族の二重構造を取ることで，社会・経済の急激な変化に適応してきたと論じる。

　明治政府は戸籍制度を復活させ，国民を生業と再生産の単位である「戸」に編入することで統合しようとした(第2章)。戸主にはさまざまな戸主権が委譲され，行政の最末端を担うこととなった。「家」家族とは，戸籍制度が想定する理念型としての家族であるといえる。「家」家族では親から子どもへという縦の関係，すなわち血のつながりが重視される。家父長制制度にもとづく「続柄」という考え方もまた，「家」家族が縦の関係を重視しており，家族の構成員同士の権力関係が非対称であることを示している。また戸籍は，土地と緊密に結びついた人々の空間上での位置を記録するとともに，戸すなわちその家族全体が，身分制度のなかでどこに位置付くのかという社会的な位置をも指示する。戸籍は，社会全体が天皇を頂点とする「家」家族のアナロジーとして認識されるべきことを象徴する。

　資本主義が発展し，所得機会を求める人の移動が激しくなると，「家」家族から離れ，都市で夫婦と子どもからなる家族を形成する人が増える。

戸籍は人口を把握する制度としてのみならず，理念としても実態との齟齬を生じるに至る。「家庭」家族とは，都市における核家族の増加という現実に，学校教育の想定する家族像やメディアの描く生活の理想像，女学校における家政教育などが綯い交ぜになって生み出された，新たな家族の理念型であるといえる。「家庭」家族にあっては，夫婦関係を基礎として家族愛にあふれた円満な家庭を築き，健全な子どもを育てることが目標である。「家」家族が縦の関係，血のつながりを重視するとするならば，「家庭」家族は横の関係，愛あるいは情緒によるつながりを重視するといえるだろう。

「家庭」家族の「茶の間のある家」

　「家庭」家族にふさわしい住居は，「家」家族にふさわしい住居とは異なる。西川(2000, 2004)は，「家」家族／「家庭」家族に対応する住まいのモデルとして，「いろり端のある家」／「茶の間のある家」という二重構造を対置している。「いろり端のある家」とは，農業経営体としての家族，生業の単位としての家族の住居であり，家長を上座にそれぞれの家族構成員が続柄にしたがっていろり端に座る家父長制を体現した空間である。

　「家庭」家族自体が資本主義の発達とともに誕生した新しい存在であるから，その理念や生活様式に適合する住宅は，産業化以前は都市においてもほとんど存在しなかった。戦間期以前の士族の住宅は，家の格を体現するものであり，書院造りの流れを汲む接客機能を重視した構成であった(図4-5)。接客の場である座敷が最も大切な部屋として日当たりの良い南側の空間を占拠する一方，家族の生活空間である寝室や台所などは狭く，建物の北側に押し込められていた。また，いわゆる田の字型の間取りであり，庭からの開放性が高いうえに各部屋の独立性が小さい。ある部屋に行くためには別の部屋を通らなければいけないことが多く，家族の団らんのための空間は特に設定されていない。

　新中間層が拡大し，「家庭」家族が増えてくるにつれ，それにふさわしい構造の住宅を模索する試みがはじめられた。所得や職業を念頭に置い

図4-5 19世紀後半の中流階級の都市住宅

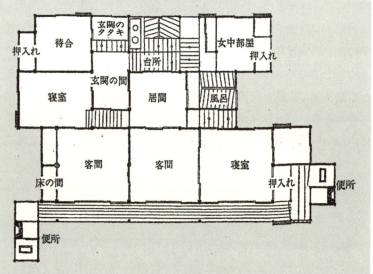

出典：内田編著(2001：33).

図4-6 「中廊下のある家」のモデル

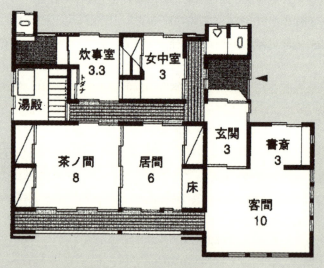

注)『住宅』誌主催住宅競技設計(1917年)一等入選，剣持初次郎案.
出典：西川(2004：83).

た住宅設計図が人気を博し，新中間層向けの住宅設計コンペがたびたび開かれた。新中間層向け住宅設計の典型例として，落合(1989)にも西川(2000, 2004)にも紹介されている『住宅』誌主宰のコンペ一等入選作(剣持初次郎設計)の住宅を見てみよう(**図4-6**)。「中廊下のある家」とも呼ばれるこの住宅は，夫婦と子ども2人，女中からなる新中間層を想定して設計されたものである。

　間取りを見ると，接客の空間と生活の空間が構造的に別れており，これに対応して玄関から屋内に入るルートも2つに分かれている。また，中廊下の存在によって，台所と女中部屋が位置する家事の空間とくつろぎの空間も分けられている。依然として客間が最大の広さをもって南側に位置しているが，家族の団らんの空間である茶の間が南側に設けられている。なお，茶の間は寝室も兼ねており，食寝分離は想定されていない。

　「中廊下のある家」に限らず，当時の住宅の間取りの特徴として，家族の団らんの場として機能する茶の間を重視していることが挙げられる。西川(2000)はそこに注目し，「茶の間のある家」を「家庭」家族の住まいのモデルとした。しかし，茶の間は，純然たる家族団らんの場ではない。茶の間に置かれたちゃぶ台を囲む場合にも，家長は上座を占める。茶簞笥に置かれたラジオからは国営放送が流れ，柱時計は標準時刻を刻む。仏壇や神棚，天皇と皇后の写真は，「家」家族およびそのアナロジーとしての国家とのつながりを意識させる。西川(2000)は，茶の間を国民国家による「家庭」家族統合の装置とみているのである。

理想の住まいを求めて

　戦間期の新中間層の住まいの実像はどのようなものであっただろうか。『東京市及近接町村中等階級住宅調査』(1922年)といううってつけの表題をもつ調査を見ると，新中間層(銀行員から官吏まで)と現業労働者では，収入や住宅の広さなど，居住環境に大きな差がある(**表4-1**)。しかしながら，新中間層においてすら，持家に住んでいるのは10％に届かない状況で

表4-1　戦間期における賃労働者世帯の住まい

職業	人員	収入	宅地		延床面積		室数	家賃	家賃/収入	一戸建・二戸建	持家世帯率
	(人)	(円)	(坪)	(㎡)	(坪)	(㎡)*	(室)	(円)	(%)	(%)	(%)
銀行員	4.34	174	29.9	98.7	18.7	61.7	4.26	32.1	18.4	97	14.4
会社員	4.47	156	23.7	78.2	15.7	51.8	3.63	26.4	16.9	90	9.4
中等教員	4.95	142	26.3	86.8	15.6	51.5	3.80	24.7	17.4	92	12.9
小学教員	4.43	124	20.7	68.3	13.2	43.6	3.37	21.1	17.0	92	6.3
公吏	4.61	121	17.9	59.1	12.3	40.6	3.19	18.4	15.2	87	7.7
官吏	4.56	114	22.5	74.3	13.7	45.2	3.39	21.7	19.0	93	7.8
電車従業員	4.82	95	10.6	35.0	9.3	30.7	2.44	13.2	13.9	54	1.7
警察官	4.30	90	12.8	42.2	10.5	34.7	2.77	16.1	17.9	79	4.5
職工	4.59	84	10.7	35.3	9.1	30.0	2.46	12.8	15.2	62	3.7
合計	4.53	117	18.5	61.1	12.6	41.6	3.15	19.7	16.8	82	6.7

*1坪＝3.3㎡で換算
注）現在の言葉では，公吏は地方公務員，官吏は国家公務員.
資料：東京府社會課『東京市及近接町村中等階級住宅調査』(1922年)により作成.

あった。戦間期には，都市の新しい形式の住まいとしてアパートが登場していた[4]が，少なくとも家族世帯でアパートに住んでいる人は少なく，新中間層の主な住まいは一戸建か二戸一形式の借家であった。電車従業員と職工において一戸建・二戸建居住の割合が小さいのは，長屋とそう変わらない粗製乱造の借家で暮らす世帯が多かったことを示すと考えられる（小野2014）。新中間層の家賃の支払いは月収の20％弱であるから，それほどの負担感はなかったかもしれない。ただし，70㎡程度の敷地，45㎡程度の建坪で3部屋あまりの住宅に4, 5人が暮らしている状況であるから，現代の感覚からすれば手狭であったことは間違いない。

　こういう状況であったからこそ，自分の家を建てることは，新中間層にとっての一大目標となった。大正に入ると，新中間層の既婚女性をターゲットとする婦人向け雑誌が続々と登場して人気を博する。そうした雑誌は，理想の住まいを手に入れるに至った成功譚を毎号のように掲載していた。その一つを紹介しよう（祐成2008：221-222）。

> 「据置貯金と住宅組合で二千円の家を建てた経験」

　家族構成：夫婦，子ども1人
　動機：本人は元小学校教師。産後，肋膜炎で病臥していた頃，家主が「赤坊持ちの病人の一家を，早くここから逐い出したい」と噂していることを女中から聞き，「借家人の惨めさ」を痛感した。実際にまもなく立ち退きを迫られた。
　実行：中学校教師をしている夫の同僚の紹介で150坪の土地を手に入れ，近くの借家に引っ越した。土地代1200円は本人の退職金，治療費，夫の学校貯金，ボーナスなどでまかなった。住宅建設資金2000円は，住宅組合を利用して調達することにした。「前からの『主婦之友』を残らず引張り出し，住宅建築の記事を参考に」しつつ，「毎夜のように主人と二人で設計をし，ああでもない，こうでも不便と，種々考えた」すえ，23坪の家の設計図が完成。「結婚後から冗費を省いて，少しでも貯金をと心掛けてはきましたが」，土地を購入してからは「更に心を引き締め」，組合への返済とは別に月30円ずつ貯蓄し始めた。建設の翌年には，満期を迎えた据置貯金1400円を引き出し，ボーナスとあわせて完済した。
　建築後の生活：「新しい家に移ってからは，私の身体は目に見えて快くなりました。」「ほんとうに私は，ほかの奥様がお持ちになっているような流行の着物も，帯も何一つ持ってはいません。が，そのことをそんなに羞かしいとも，また欲しいとも思いません。この，静かな日光の良く入る家を持っているその上に，物質で求めることのできぬ健康を，与えられているのでございますもの。来る日来る日を，優しい良人と，愛らしい子供と一緒に，感謝の中に迎えております。」

　体を壊す前，妻は小学校教師であり，当時の言葉を使えば「職業婦人」であった。共働き世帯であったからか，借家暮らしながら，女中を置いていたのも興味深い。その女中がかぎつけた家主の目論見どおり，家族は店立てを食い，近くの借家に引っ越して持家の取得に向けて動き出す。

建売分譲住宅は一般化していなかったため，持家を取得するためには，まず土地を確保しなければならなかった。この家族は，貯めてあった自己資金で土地を取得している。当時は住宅金融が未発達であり，民間の住宅金融は償還期間が10年以下で年利も非常に高かった。この家族が建設資金を調達した住宅組合とは，戦前に用意された公的な住宅金融の仕組みであり，償還期間が長いうえに低金利で資金を借りることできる（第5章）。しかし，この家族は，その翌年には貯めてきた据置貯金で早々と完済している。「『結婚後から冗費を省いて，少しでも貯金をと心掛けてはきましたが』，土地を購入してからは『更に心を引き締め』，組合への返済とは別に月30円ずつ貯蓄し始めた」といった言葉に表れているように，ここでは持家を取得するに至るストーリーが，家計を切り盛りする主婦の甲斐性として語られている。

　ここに寄稿した妻の言葉には，「家庭」家族の理念が浮き彫りになっている。マイホームの取得やその間取りのあれこれは，家長の専決事項ではない。むしろ，妻が読み慣れた「前からの『主婦之友』を残らず引張り出し，住宅建築の記事を参考に」しつつ，「毎夜のように主人と二人で設計をし，ああでもない，こうでも不便と，種々考えた」のである。ここには，「家」家族とは異なる，水平的な夫婦関係が見て取れる。そして「建設後の生活」に見られる，「静かな日光の良く入る家」，「物質で求めることのできぬ健康」，「優しい良人と，愛らしい子供」といった言葉は，イメージとしての「田園都市」的郊外住宅地における「家庭」家族の生活の理想像そのものである[5]。

女中のいる生活

　「据置貯金と住宅組合で二千円の家を建てた経験」をつづった女性は，今は仕事を辞め，「家庭」家族の妻・母という役割を担っているのであろう。男・公共領域／女・家内領域という性別役割分業は，近代家族を特徴づけるメルクマールの一つであり，仕事（生産）の場である都心と再生産（住まい）の場である郊外の空間的分化と対応する。郊外の住宅は，主婦と

しての女性が愛する夫や子どものために家事・育児(再生産労働)を行う場として純化する。都市蟻地獄状態のもとでは、安定した再生産の単位としての家族が成立しがたく、風呂、トイレ、水道、食事など、生活の諸機能の多くが外部化・共同化されていた。戦間期には、都市においても家族が安定した再生産の単位となり、新中間層を先頭に生活の内部化が進められていった。

　産業の近代化とともに生活水準が上昇すると、新中間層の間で住まいにまつわる衛生、快適性、そして美への欲求が高まってくる。今に続く『婦人公論』、『主婦の友』、『婦人画報』に代表される婦人雑誌が隆盛となり、欧米風の料理や生活スタイル、最新の住空間デザインなどを提示することで、新中間層の住まいに対する欲望を煽り立てた。生活の洋風化が進んでくると、たとえばワイシャツのアイロンかけや銀食器の手入れのように、それまでなかった家事が登場する。近代的な家政の運営や、「子守」ではない「育児」も求められる。文化資本を蓄積した新中間層ほど、こうした変化を真正面から受け止めようとし、家庭における家事の種類と量は飛躍的に増大する。しかし、家事を省力化する家電製品や既成食品はまったくと言っていいほどない時代、主婦一人でもって増大する家事・育児に対応することは難しい。そのため、「女中払底」が社会現象となるほど、家事使用人として女中の需要が高まった。

　それ以前の女中は、花嫁修業や行儀見習の側面が強く、比較的出身階層の高い若年女性がそれなりの格式をもった家庭で女中として働き、挙措を身につけていくものであった。しかし戦間期には、農村へとその給源が明確に移行し、農村出身女性にとって女中は女工と並び立つような、明確な職業となっていった(尾高1989)。通いの女中もいたが、多くは住み込みで働いた。「中廊下のある家」がそうであるように、戦間期の新中間層向けの住宅設計図がしばしば女中室をともなっているのは、そのためである。

　1922年の時点で、世帯主が銀行・会社員、官吏、小・中学校教員などの新中間層といえる世帯では、10％以上が女中(婢僕)を置いていたのである(**表4-2**)。世帯主が公吏の世帯の収入は、官吏とさほど違わないので

表4-2　世帯主の職業別女中の有無

	世帯数	人員数	1世帯当たり人員	世帯収入(円/月)	配偶者有業率(%)	女中のいる世帯(%)
官吏	121	511	4.22	125.95	24.8	14.0
公吏	92	400	4.35	116.16	26.1	7.6
警察官	166	595	3.58	86.50	25.2	1.2
小中学校教員	126	553	4.39	147.10	32.2	31.0
銀行会社員	153	712	4.65	143.73	17.6	12.4
電車従業員	103	420	4.08	89.44	42.2	1.9
職工	185	873	4.72	104.36	31.3	2.7
雑	81	347	4.28	128.13	41.3	7.4

資料：東京府社會課『東京市及近接町村中等階級生計費調査統計編』(1922年)により作成。

あるが，女中のいる世帯はずっと少ない。世帯主が官吏の世帯は，配偶者の有業率が低いため，逆にこれが高い世帯主の職業が「雑」の世帯よりも，世帯収入が低く，必ずしも生活が楽であったとは思われない。ここから，女中の有無や妻が働くか否かといったことは，所得という経済資本のみで決まるのではなく，国家公務員と地方公務員といった社会的地位の違いにも依存していた可能性が指摘できる。サンプル数が少ないため確かなことはいえないが，世帯主が小・中学校教員の世帯において，婢僕のいる割合が最も高いのは，「据置貯金と住宅組合で二千円の家を建てた経験」の例のように，共働き世帯が多かったからかもしれない。

　牛島(2001)は，戦間期の女中の分布に関連する興味深い地図を提示している。1920年から1930年にかけては，当時の郊外である都心距離10～20km圏において，女性の無業率が急激に高まった(図4-7)。1920年の時点では，女中は山の手の旧武家地に集中しているが，1930年にかけて西側の武蔵野台地上に広がりを見せる(図4-8)。この間，東側(下町)では，女中の増加はほとんど見られない。これは，新中間層に対応する公務自由業の分布が西側に偏っていることに対応している。家計調査を用いた千本(1990)によれば，昭和初期には新中間層のみならず工業労働者の世帯においても世帯主1人の収入で家計が賄える状態になっていたという。女性の無業率がドーナツ状に高まったことは，性別役割分業を受容した

図4-7　東京市における無業の女性の分布

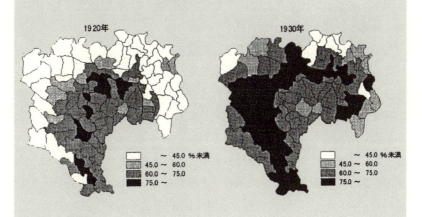

注) 14歳以上の女性人口に対する無業の女性の比率.
出典：牛島 (2001：277).

図4-8　東京市における女中の分布

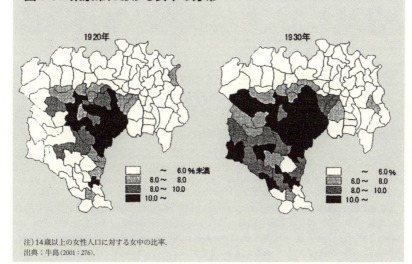

注) 14歳以上の女性人口に対する女中の比率.
出典：牛島 (2001：276).

片働き家族の浸透を表しているが，女中という「人間耐久消費財」を使った家事・育児は，山の手に集住する新中間層の19世紀型近代家庭のみに見られる生活様式であった。

　このように，戦間期の日本では，私鉄の開業が先鞭をつける形で，郊外における職住分離の住まいが登場した。その主たる居住者は，「家庭」家族にふさわしい住まいを求める新中間層であった。しかし，現実は借家住まいが大半であり，持家の取得は夫にとってはもとより，家政を預かる妻にとっても甲斐性が問われる目標であった。戦間期に新中間層によって住まわれた郊外は，戦後の大衆化された郊外につながる水脈を有する。しかし，親族でない同居者である女中の有無は，両者の決定的な違いであり，19世紀近代家族と20世紀近代家族の分岐点でもある。20世紀近代家族においては，女中は耐久消費財にとって代わられ，「文明の利器」を用いて，専業主婦が家事・育児を一手に担うことになる。

1) その鉄道部門が分離してできた目黒蒲田電鉄が，現在の東急（東京急行電鉄）の前身である。
2) 以下を執筆するにあたっては，東ほか(2001)，西山(2002)などを参考にした。
3) その改訂版が，1902年に刊行された『明日の田園都市』である。現在比較的容易に入手できる『明日の田園都市』の邦訳は，長訳（ハワード1968）と山田訳（ハワード2016）である。
4) 近藤(2008)の第1〜3章を読むと，戦間期のアパート暮らしの意味やその雰囲気を感じることができる。
5) 当時の新中間層の「理想の住まい」を実感するため，江戸東京たてもの園にある大川邸を訪ねることを勧めたい。もともと田園調布にあった住宅で，1995年まで実際に使われていた。畳の部屋のない完全に椅子座のための住宅であり，寝食分離の構造になっている。専用の客間はなく，「家庭」家族のプライベートを重視したつくりである。もちろん女中部屋もある。

[文献]

東秀紀・風見正三・橘裕子・村上暁信2001『「明日の田園都市」への誘い──ハワードの構想に発したその歴史と未来』彰国社．
内田青蔵・大川三雄・藤谷陽悦2001『図説・近代日本住宅史──幕末から近代まで』鹿島出版会．
尾高煌之助1989「二重構造」中村隆英・尾高煌之助編『二重構造』岩波書店，133-184頁．
小野浩2014『住空間の経済史──戦前期東京の都市形成と借家・借間市場』日本経済評論社．

落合恵美子1989『近代家族とフェミニズム』勁草書房。
牛島千尋2001「戦間期の東京圏における新中間層と『女中』——もう一つの郊外化」社会学評論52巻266-282頁。
片木篤編2017『私鉄郊外の誕生』柏書房。
角野幸博2000『郊外の20世紀——テーマを追い求めた住宅地』学芸出版社。
近藤祐2008『物語としてのアパート』彩流社。
祐成保志2008「『住宅』の歴史社会学——日常生活をめぐる啓蒙・動員・産業化」新曜社。
谷謙二2007「人口移動と通勤流動から見た三大都市圏の変化——大正期から現在まで」日本都市社会学会年報25号23-36頁。
千本暁子1990「日本における性別役割分業の形成——家計調査をとおして」荻野美穂・姫岡とし子・長谷川博子・田辺玲子・千本暁子・落合恵美子著『制度としての「女」——性・産・家族の比較社会史』平凡社，187-228頁。
西川祐子2000『近代国家と家族モデル』吉川弘文館。
西川祐子2004『住まいと家族をめぐる物語——男の家，女の家，性別のない部屋』集英社。
西山八重子2002『イギリス田園都市の社会学』ミネルヴァ書房。
E.ハワード著，長素連訳1968『明日の田園都市』鹿島出版会。
E.ハワード著，山田浩生訳2016『新訳　明日の田園都市』鹿島出版会。
K.ポラニー著，野口建彦・栖原学訳2009『新訳　大転換』東洋経済新報社。

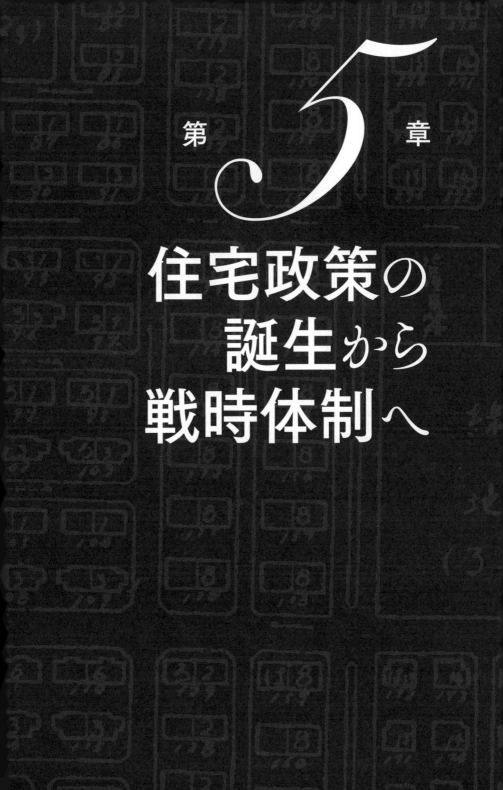

第5章 住宅政策の誕生から戦時体制へ

なぜ，住宅政策が必要か

　住宅の最も基本的な機能は，そこに住まう人に生活の基盤を提供することである。しかし，住宅が有する機能や役割はけっしてそれだけではない。バブル崩壊とともに「土地は必ず値上がりする」という土地神話が崩れたとはいえ，今もって多くの人にとって住宅は主要な資産である。住宅はシンボルとしても機能する。マイホームをもつことは，今でも社会的な地位達成の象徴である。ただし，同じ持家でも坪単価の安いプレハブ住宅と注文住宅では一見して印象が違うし，分譲マンションでも質の違いは外観にまでにじみ出てくる。住宅が立地する近隣に付与されたイメージもまた，そこに暮らす人々のステータスと結びつけて認識される。

　忘れてはならないのが，本書のタイトルと関連する「住まい」としての機能である。住宅は，生活の物的基盤（ハーヴェイ（1991）のいう消費の建造環境）であるだけでなく，そこに住まう人々に帰属意識や安心感をもたらす。通常，この帰属意識や安心感は，個人的なものであるとともに，食事や団らんなどを通じて家族が集合的に育み，共有するものである。

　ディーセント（decent）[1]な住宅は，生存というレベルを超えた社会生活を送るうえで不可欠なものである。その住宅もまた，資本主義のもとでは商品として住宅市場を通じて分配される。しかし，住宅は一般的な商品とは本質的に異なる性質をもち，その性質が市場での円滑な取引を難しくする。その名のとおり，住宅は自然の一部である土地と一体化した「不動産」であり，土地から切り離して動かすことがでない。また，有限

な土地の上に建設されるため,高層化したところで供給量には制限がある。したがって,全国的には空家が問題になるほど住宅が供給されていても,特定の地域では住宅が不足するといった事態が発生する[2]。供給量に制限があることによる希少性の高さは投機を呼び,住宅は実需を超えた高額になりがちである。そもそも住宅は一つとして同じものがないため,匿名化を前提とする市場での取引にはなじまない。

住宅は生活の基盤として不可欠であるのもかかわらず,その商品としての性質から需給の調整が困難で高価格になりがちである。そのために,市場メカニズムのみでは万人にいきわたらない。ここに住宅政策の存在意義と必要性がある。住宅政策の定義は研究者によってさまざまであるが,本書では,「住宅を量的,質的に充実させ,よりよい住まいを実現するためになされる(政府の)さまざまな取り組み」としておきたい。ここでいう政府には,地方政府である自治体も含まれる。さらに政府がカッコに入っているのは,日本では,民間企業による社宅供給や持家取得支援などが,政府による住宅政策を肩代わりしてきた経緯があるからである[3]。

第二次世界大戦後の住宅政策は,日本国憲法25条すなわち生存権を保障するための基礎として,国民すべてに住宅を保証するための枠組であると認識されている。これから見ていくように,戦前にも住宅政策は存在した。しかし大日本帝国憲法には,生存権という考え方は存在せず,住宅政策は臣民権にもとづいて施されると解釈される。臣民とは,君主に支配される人民のことであり,臣民権とは,君主から臣民に対して恩恵として与えられる権利である。基本的人権が万人に無条件で普遍的に与えられるのに対し,臣民権は臣下の礼をとるならば,という条件付きで与えられる点に根本的な違いがある。

住宅政策の起源

第3章で見たとおり,1910年頃までは,都市の居住環境は劣悪であり,年によっては死亡率が出生率を上回る都市蟻地獄といわれる状況であった。当時の都市下層は,江戸時代とさして変わらない長屋に雑居してい

た。こうした人々の生活は，明らかに何らかの支援を必要とする水準であったが，当時住宅政策と呼べるものは存在しなかった。雇用者の支弁する住宅についても，炭鉱や大工場には寄宿舎などはあったが，健康で文化的な住まいと呼べるものではなく，労働力の収容所にすぎなかった。

　住宅政策が誕生したのは，大正時代に入ってからである。この点でも，戦間期は新しい流れの発端となった。当時住宅政策を担当した官庁は内務省である。内務省は，警察，土木，衛生，地方自治など内政を担当する中央官庁であり，戦前においては絶大な権力を誇っていた。本章では，内務省が主導した住宅政策のうち，公益住宅，住宅組合，財団法人同潤会，住宅営団を中心に，戦前の住宅政策について取り上げる。途中で言及する戦時体制下の労働力統制も，内務省が中心となった行ったものである。

　住宅政策が必要である，と国家が認識するようになった経緯から話を始めよう。大都市において高かった死亡率が低下し，都市蟻地獄の状態から抜け出すことは，出生が死亡を安定的に上回り自然増が常態化することを意味する。これに従来からの社会増が相まって，大都市の人口は急激に増加した。1914年に第一次世界大戦が勃発すると，直接戦場にならなかった日本は好景気になった。ヨーロッパの出来事が日本の景気に影響を与えるという意味では，すでにグローバル化が進んでいたことになる。好景気によって工業が発展し，ますます人口の都市への集中が激化すると，必然的に住宅需要が増大し，住宅不足が深刻化した（小野2014）。

　劣悪な都市の居住環境を抜け出そうと，新中間層は郊外へと移住しつつあった。私鉄が開発した郊外住宅地は，比較的良好な居住環境を誇っていたが，郊外へ移住した人々のすべてがそうした住宅地に住まいを確保できたわけではなかった。農地などを虫食い状に開発した小規模な住宅地に移住した人も多かったのである。こうしたスプロール現象を規制する都市計画制度は，当時は存在しなかった。関東大震災が起こり，下町をはじめとして東京の既成市街地が甚大な被害を受けると，被災地を追われた人々が郊外へと押し出され，スプロール現象に拍車がかかった（図5-1）。

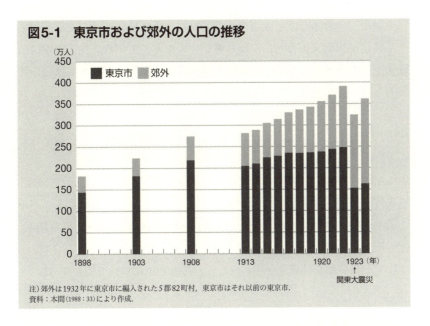

図5-1 東京市および郊外の人口の推移

注)郊外は1932年に東京市に編入された5郡82町村，東京市はそれ以前の東京市．
資料：本間(1988：33)により作成．

　1918年には，日本軍のシベリア出兵などに起因する米価の高騰から米騒動が起こる。米騒動は，富山の主婦たちの争議から始まって全国に飛び火した。これを目の当たりにした政府は，困窮する都市住民の生活について何らかの対策を取らないと，「都市暴動」が起こりかねないと考えるようになった。そうして発意された社会政策の一端として，住宅政策は誕生した。戦前の住宅政策は臣民権として天皇から与えられるものであったが，社会不安を取り除くための手段として着手された点においても，基本的人権という発想とは縁遠い。

　住宅政策の行政上の端緒は，内務大臣の諮問に対して救済事業調査会が「小住宅改良要綱(以下要綱)」を答申したことにある。要綱の要点は，①自治体などに対して住宅改良のための土地収容権やその資金調達のための起債を認めること，②自治体などが低廉宿泊所を設置すること，③自治体に不良住宅の改築命令や撤去を行う権限を与えること，④住宅改良や融資の受け皿として組合を組織する枠組を作ること，⑤許認可制度を作ったうえで官公庁や企業による従業員住宅の設置を進めること，⑥交通利便性を高めること，であった(本間1983, 1988)。

要綱は，自治体を住宅政策の直接的な担い手と位置づけ，土地収用権や不良住宅の撤去権など，かなり強い権限を与えている。住宅需要は地域の実情を反映するため，自治体主導で政策を展開することには合理性があるが，国が国民の生存権を保障する義務を負うという発想は見て取れない。また，官公庁や企業が従業員の住居を支弁するという考え方が住宅政策の萌芽期から見られ，しかもそれが政策の枠内に置かれていることは注目される。

　第6章で詳しく説明するが，戦後の住宅政策については，公営住宅，日本住宅公団，住宅金融公庫が住宅政策の三本柱とよく言われる。あえて戦前の住宅政策の三本柱という表現を使うならば，それは公益住宅，住宅組合，同潤会（1941年からは住宅営団）ということになろう。以下では，小住宅改良要綱を契機に着手されたこれらの政策について検討する[4]。

戦前の住宅政策の三本柱

●公益住宅

　要綱を承けて，1919年に最初の具体的政策として着手されたのは，公益住宅である。公益住宅は，政府が自治体などの公共団体に低利の融資をして，非営利の賃貸住宅を建設させる制度である。自治体が主体となること，非営利の賃貸住宅を供給すること，そして郵便貯金などが原資となっていることにおいて，戦後の公営住宅に通じるものをもっている。

　公益住宅は，住宅難に直面する都市の借家層を念頭に置いた住宅ではあったが，政策担当者はその質について高い理想を抱いていた。制度が発足した1919年に東京市の技師が執筆した「東京市營住宅と其一例」という論文からは，田園都市構想の影響が色濃く感じられる（福田1919）。『明日の田園都市』をいち早く翻訳し，日本に紹介したのが内務省有志であったことから，田園都市構想は住宅政策の担当者に広く浸透していたのであろう。福田（1919）は，イギリスをはじめとするヨーロッパ各国の田園都市や郊外住宅地の運営形態をいくつもの平面図とともに紹介している。

　それをふまえて福田（1919）は，住宅経営は企業や組合，自治体などさ

図5-2 荏原郡目黒村に建設予定であった東京市営住宅

出典：福田(1919：100)．

まざまな主体がなしうるが，都市の住宅難のような社会政策の課題であって営利事業として取り組むことが不適当なものについては，自治体が自ら進んで住宅経営に乗り出すべきであると主張する。東京市が特に経営に取り組むべき住宅として，①細民住宅改良および経営，②薄給者住宅経営（東京市使用人住宅経営），③上京学生宿舎と優先順位を付けて挙げている。

公益住宅の対象として最も優先順位が高いのは細民すなわち都市下層であるとする一方で，福田(1919)が具体的に提示するのは，東京市電の従業員の入居を念頭に置いた市営住宅の計画案である（図5-2）。この住宅地は，現在の田園調布や自由が丘の少し南に位置し，入居した市電従業員はここから広尾と青山に通勤することが想定されている。街路は，田園都市を思わせる曲線の周回路と南向きの住戸を作りやすい直行路を折衷して計画され，ここに上階1戸下階1戸の集合住宅616戸と独身者の寄宿舎180人分が立地する予定であった[5]。これらには，上下水道や電気，ガスが設備されている。住宅だけではなく，浴場，理髪店，商店，医院，

表5-1　昭和2年(1928)年の東京市営住宅

	家屋種類	戸数	主な間取	1戸当家賃	入居者に占める新中間層比率*
京橋区月島二号地	木造2階建	12	上3畳6畳,下3畳	27～30円	店舗向け
	木造2階建(上下別世帯)	592	4畳半,3畳	上9円,下10円	8.7
本郷区真砂町	木造2階建	40	上6畳3畳,下6畳3畳	20円**	87.5
	木造2階建	35	上6畳4畳半,下6畳4畳半	37～65円	97.1
浅草区玉姫町	木造2階建	13	上6畳,下4畳半	21～23円	―
	木造平屋建	20	6畳4畳半	19円	―
	仮住宅	18	3坪4畳半	7.5～10.5円	―
深川本村町	木造2階建(上下別世帯)	420	4畳半,3畳	上9円,下10円	5.0
深川古石場町	鉄筋ブロック2階建	57	6畳	10～14円	40.0
	鉄筋ブロック3階建	42	6畳4畳半	16円	63.4
	鉄筋コンクリート3階建	24	6畳4畳	18～21.5円	69.6

*会社員,銀行員,官吏,軍人・巡査,公吏,教員,事務員,新聞記者,医師,弁護士.
**30円の誤記か.
資料:東京市社会局(1928:106-113)により作成.

学校,集会所,郵便局,派出所,銀行出張所などの生活インフラや運動場や公園,菜園なども含む住宅地となる計画であったが,実現を見ることはなかった(大月2008)。

公益住宅は,1932年までに4万6000戸が全国で建設された。公益住宅の中には関東大震災の罹災者住宅など,真に住宅に困窮した人を対象としたものもあった。東京市営住宅についても,職工や職人が主な入居者で家賃の月額が9～10円程度のものがボリュームゾーンであった(**表5-1**)。しかし,建設戸数が示唆するように,到達できたのは都市下層を住宅難から救うという目標からは程遠い地点であった。

公益住宅は,低所得層の居住水準を現実的手段によって向上させるよ

りは，むしろ高邁な理想の実現に走ってしまったきらいがある。東京市営住宅の中には，当時としては最新鋭の鉄筋コンクリートのアパートもあったが，その建築費は木造の10倍はしたといわれている。住宅の質的向上を求めた結果，建築費がかさめば，それを反映する賃料は高くなる。1930年前後の東京府内のある不良住宅地区に暮らす世帯を例にとると，職業は，土工，人夫，行商人，職工などが中心であり，平均月収は40〜50円，平均家賃は6円である（本間1988：80）。それと比較すれば，同時期の東京市営住宅の家賃9〜10円というのは，必ずしも低廉とはいえない。家賃が30円以上の本郷区真砂町の1戸建・2戸建や，深川区古石場の鉄筋アパートに居を構えたのは，もっぱら新中間層であった。制度の理念とは裏腹に，東京市は貴重な予算を投じて，新中間層に対して借家とはいえ質の高い住居を提供する結果となった。本当に住まいに困窮している人たちには，明らかにオーバースペックな住宅であった。

このような性格の公益住宅の経営が効率的であろうはずはなく，自治体に財政負担をもたらした。そのため，公益住宅は，自治体から借家人へと払い下げられるようになっていった。1929年に昭和恐慌が起こると，社会政策の対象がより切迫した層へと多様化し，必要となる社会事業資金が増大した。その後まもなく戦時体制に入って政府の資金的余裕がなくなると，1932年に公益住宅は廃止された。

●**住宅組合**

1921年に発足した住宅組合は，国による住宅取得資金融資の制度であり，法的には1971年まで存続した。自治体の審査によって組合の設立が認められると，郵便貯金などを原資とする社会事業資金などが自治体から転貸され，それを元手に組合員が住宅を建設する。郵便貯金などを原資として持家取得資金を低利融資するという枠組は，戦後の住宅金融公庫と似通っている。しかし，住宅金融公庫が個人に融資するのに対し，住宅組合は7人以上で構成される互助的な組織を融資の受け皿とする点が異なる。組合は15〜20年の償還期間にわたって毎月出資金を回収し，返済を続ける。一定の基準を満たせば登録税や地方税が免除され，公有地の購入・貸付についての特典が得られる。

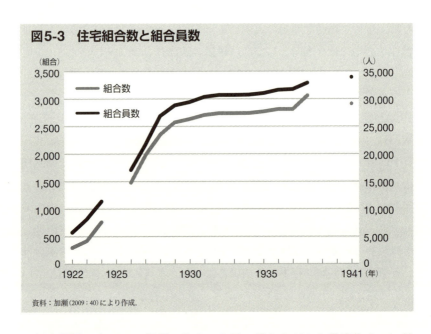

図5-3　住宅組合数と組合員数

資料：加瀬(2009：40)により作成．

　新中間層の多くは，理想の住まいを思い描きながらも借家住まいに甘んじていた(第4章)。したがって住宅組合への期待は大きかった。制度初年の1921年には，総勢5万6705人を集めた2939組合が設立を申請し，資金の要求総額は1億4000万円であった。財務省の資料によると，1921年度の一般会計歳出予算は15億9129万円であるから，国家予算の1割弱にあたる莫大な金額が要求されたことになる。しかし，シベリア出兵を継続し，軍事費が国家予算の50％を超えていたこの時代，政府は資金的な余裕に乏しかった[6]。自治体が行う組合設立の審査は勢い厳しくなり，認可されたのは約10分の1の298組合(組合員5739人)であり，融資された金額は14分の1以下の962万円にとどまった。

　シベリア撤兵以降，1930年頃までは，国家予算に占める軍事費の割合は低下し，それと並行するかのように，住宅組合・組合員数は順調に増加した(図5-3)。表5-2にあるように，東京都では多くの住宅組合が設立されていたが，大阪府は比較的数が少ないなど地域差がある。住宅組合による住宅の建設は，一概に大都市ほど活発とはいえず，1922年の時点で山形県と徳島県を除くすべての都府県において住宅組合が存在してい

表5-2 大正11（1922）年度の住宅組合数と新築融資申請

	住宅組合現在数			新築戸数と経費（新設組合申請分）			
	新設	既設	計	戸数	戸数／組合	建設費（円）	建設費／戸
北海道	38	1	39	1,417	37	2,673,150	1,886
青森県	5	0	5	48	10	96,300	2,006
岩手県	2	0	2	65	33	117,200	1,803
宮城県	9	7	16	117	13	326,840	2,794
秋田県	4	2	6	177	44	306,600	1,732
山形県	―	―	―	―	―	―	―
福島県	44	0	44	539	12	772,500	1,433
茨城県	**	**	**	24	―	72,500	3,021
栃木県	13	5	18	139	11	370,365	2,664
群馬県	6	2	8	267	45	746,825	2,797
埼玉県	0	2	2	0	―	―	―
千葉県	2	0	2	15	8	34,000	2,267
東京都	124	6	130	3,210	26	8,500,000	2,648
神奈川県	29	0	29	353	12	876,150	2,482
新潟県	1	4	5	20	20	35,000	1,750
富山県	4	0	4	60	15	130,000	2,167
石川県	11	0	11	114	10	246,600	2,163
福井県	7	0	7	115	16	245,500	2,135
山梨県	11	0	11	130	12	263,500	2,027
長野県	28	0	28	346	12	618,000	1,786
岐阜県	17	7	24	225	13	473,300	2,104
静岡県	1	0	1	30	30	75,000	2,500
愛知県	5	3	8	128	26	259,660	2,029
三重県	8	0	8	180	23	370,000	2,056
滋賀県	5	8	13	65	13	105,000	1,615
京都府	86	0	86	850	10	2,859,220	3,364
大阪府	22	2	24	404	18	969,880	2,401
兵庫県	47	6	53	649	14	2,314,000	3,565
奈良県	3	0	3	41	14	46,373	1,131
和歌山県	25	11	36	501	20	1,352,700	2,700
鳥取県	**	**	**	18	―	23,500	1,306
島根県	7	2	9	114	16	323,900	2,841
岡山県	4	2	6	93	23	304,000	3,269
広島県	12	0	12	133	11	530,400	3,988
山口県	6	2	8	97	16	235,712	2,430
徳島県	―	―	―	―	―	―	―
香川県	3	0	3	170	57	410,000	2,412
愛媛県	7	2	9	105	15	377,870	3,599
高知県	30	0	30	239	8	353,360	1,478
福岡県	26	12	38	580	22	1,554,621	2,680
佐賀県	6	0	6	117	20	445,000	3,803
長崎県	19	8	27	238	13	1,045,900	4,395
熊本県	3	7	10	68	23	227,500	3,346
大分県	9	0	9	205	23	703,500	3,432
宮崎県	39	1	40	436	11	923,600	2,118
鹿児島県	5	4	9	100	20	450,000	4,500
沖縄県	10	0	10	188	19	489,850	2,606
全国	743	106	849	13,130	18	33,654,876	2,563

注）山形県、徳島県は住宅組合なし。埼玉県は新設組合なし。茨城県、鳥取県は組合数に関するデータが欠損。建設費の全国値と各県の合計が一致しない。
資料：「住宅組合所要低利資金総額」建築雑誌 36(436)：419-420頁による。

たし，地方都市や農村にも広がりがみられる（鈴木2003；加瀬2009）。

住宅組合の典型は，同一職場や同一階層の人々，近隣居住者などによって設立されるものであった。書類作成，連絡，返済金集めに便利であること，そして一定の連帯責任への配慮があったことがその背景にある。自営業者からなる組合，足袋職人や商店員を中心メンバーとする組合もあったが（加瀬2009），大企業の従業員や公務員，教員などの新中間層を構成員とする組合が多かった。持家の建設が念頭に上る階層であることに加え，自治体が借入金の返済能力を厳しく審査したことや，組合を運営するためには制度を理解し文書作成などを無理なく行う能力が必要であったことも，新中間層への偏りと関連している。

住宅組合は，多少なりとも新中間層が「理想の住まい」を得ることに貢献し，戦前期における郊外化を後押しした[7]。それが計画的に行われればいいが，土地取得と住宅建設が個人にゆだねられていたため，住宅組合は勢いスプロールに結びつきがちであった。法律上は宅地造成も住宅組合の事業として掲げられていたが，組合員の平均的な規模が10～20人と少数であり，その零細な資金力では実現しえない事業であった。

昭和恐慌を経て戦時体制を迎えると，新中間層の持家取得を支援する住宅組合の財政面での重要度は低下し，1930年代以降は新たな組合の設立が少なくなる。景気が低迷する中，住宅組合の返済状況は悪化し，財政を圧迫するようにもなった（加瀬2009）。住宅組合は，制度としては戦後まで残存するが，運用実績は少なく，実態は1920年代の新中間層向け持家取得支援策であったといっても過言ではない。

● 同潤会

1923年に起こった関東大震災は，東京や横浜の街を灰燼と化した。1924年，内外から集まった救援金と交付金を基金として，関東大震災の災害復興を目的とした財団法人同潤会が発足した。同潤会は日本初の本格的な住宅供給機関であり，戦後の日本住宅公団に類似している。同潤会は，関東大震災の義捐金を基に作られたこともあり，当初は罹災者向けの小住宅を建設していた。その後は，東京市と横浜市において，木造の賃貸住宅，分譲住宅の建設，不良住宅改良事業などを行った。

しかし，同潤会を特徴づけるのは，何を措いても鉄筋コンクリート造りのアパートの建設である。この点でも，鉄筋コンクリートの集合住宅からなる「団地」という住まいを発明した日本住宅公団と通底している。震災をきっかけにして組織されたため，耐震および耐火性能の高い近代的住宅を建てることは，同潤会の使命であった。同潤会自身の言葉を借りれば「本會は東亞の盟主たるべき日本の中流階級の住居として，指導的なるアパートメントの建設をなすことが，我國住宅政策上極めて緊要なりと考へ」(同潤会1942：71)ていたのである。この言葉が示すとおり，同潤会のアパート事業の目標は，時代を先駆ける住まいのあり方を提示することにあった。

　同潤会アパートは，東京市に13ヶ所と横浜市に2ヶ所，計2501戸が作られたにすぎなかった(表5-3)。同潤会が設立された時点の東京市の人口は，約200万人であったから，住宅問題の解決に寄与する量ではなかった。とはいえ，「指導的なるアパートメント」のモデルとしての意義は大きく，入居希望者が殺到する状況であった。アパートには水道やガスが付設されており，台所には流し，調理台，戸棚が造りつけられていた。水洗便所を採用し，6階建てエレベータつきのマンションもあった。その間取りは，ちゃぶ台で食事を採ることを想定した茶の間と居間兼寝室からなる2Kが多かったようであり，戦後の公団住宅や公営住宅の2DKに向かう過渡的な形態であることが見て取れる(図5-4)。多様な世帯形態を念頭に置いていた点も斬新で，外国人向け，独身向け，さらには独身女性向けの大塚女子アパートも建設された[8]。耐震・耐火を旨とした同潤会アパートは重厚な軀体をもち，現役のまま21世紀を迎えたものもあったが，現在はすべて取り壊されている[9]。

　同潤会アパートは，もともと入居者として「中流階級」を念頭に置いており，実際に入居者の所得水準は高かった。1936年に行われた調査によれば，対象世帯の87.1％は世帯月収が90円以上であった(同潤会1936)。90円というと，1935年の勤労世帯の月平均実収入に相当する(90.59円，総務省統計局監修2006：264)ので，大半の世帯が平均以上の暮らしをしていたはずである。1937年の大卒の銀行員の初任給が70円(週刊朝日編1988：51)，

表5-3 同潤会の建設したアパートメント

	貸付開始	戸数	延床面積／戸		申込者数	倍率
			坪	㎡		
青山	1926年9月～1927年5月(2期)	138	13.1	43.23	1,046	7.6
中之郷	1926年9月	102	11.4	37.62	573	5.2
柳島	1926年10月～1927年10月(2期)	193	10.0	33.00	1,270	6.6
渋谷	1927年4月～1930年5月(4期)	337	10.8	35.64	3,125	9.3
清砂通	1927年6月～1929年5月(5期)	663	8.9	29.37	2,979	4.5
三田	1928年3月	68	8.7	28.71	1,648	24.6
三ノ輪	1928年7月	52	7.9	26.07	528	10.3
鶯谷	1929年5月	96	10.5	34.65	538	5.7
上野下	1929年5月	76	8.4	27.72	1,120	14.9
虎ノ門	1929年7月	64	5.3	17.49	1,068	16.7
東町	1930年5月	18	12.1	39.93	160	9.4
大塚女子	1930年6月	158	7.2	23.76	321	2.0
江戸川	1933年*	260	14.3	47.19	—	—
山下町	1927年11月	158	10.6	34.98	404	2.6
平沼町	1928年3月	118	9.7	32.01	284	2.4
計		2,501	10.1	33.33	—	—

*同潤会(1942)本文中の記載による．
注)倍率は，貸付開始時の戸数に対するものと考えられる．
資料：同潤会(1942：74-75，82-83)により作成．

図5-4 同潤会アパートメントの住戸

a. 江戸川アパートメント

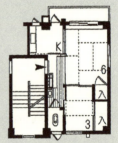

b. 代官山アパートメント

b. 中ノ郷アパートメント

出典：北川(2002：24-25)．

表5-4　1936年の同潤会アパートの世帯主職業

	人数	%
農水産および鉱業	2	0.1
商工業	550	19.1
運輸通信業	329	11.4
銀行・会社員	336	11.7
官公吏・軍人	599	20.8
医師, 教員, 宗教家	52	1.8
記者, 著述家, 芸術家	21	0.7
その他の有業者	887	30.8
無業者	108	3.7
計	2,884	100.0

資料：同潤会(1942：59)により作成.

高等文官試験に合格した大卒公務員の初任給が75円(週刊朝日編1988：67)であったことと比較すると，やはり同潤会アパート入居世帯の所得はかなり高い。世帯主の職業の面でも，明らかに新中間層といえる人が約3分の1を占めており，ここからも入居者の社会階層の高さがうかがえる(表5-4)。

同潤会によるアパートの建設が一段落した頃，日本は戦時体制に突入する。戦時体制の構築の過程で住宅難が発生すると，政府は住宅営団を設置して住宅問題に直接乗り出していく。こうして1941年に同潤会は解散され，その組織は政府が設立した住宅営団へと引き継がれた。同潤会の経営は，家賃滞納の増加や入居者の運動によって賃料の値下げを余儀なくされるなどの障害に行き当たった時期もあった(同潤会1934)が，アパートを含めた約11万5000戸の住宅の供給という実績を残して幕を閉じた。

労働市場と住宅市場の戦時統制

●労働市場

　1931年の満州事変，1932年の満州国の建国を経て，1937年に日中戦争が開戦すると，1938年には国家総動員法が制定され，総力戦遂行のために国内の人的・物的資源をすべて統制・動員・運用する体制が築かれた。物的・人的資源に加え，国民の精神をも総力戦に向けていくために，「国民精神総動員運動」がほぼ同時に開始された。白米に梅干しだけの「日の丸弁当」は，そのなかで誕生したものである。1940年には配給が始まり，生活必需品を自由に手に入れることは次第に難しくなっていった。

　人的資源としての労働力については，その質と量を正確に把握するとともに，戦時体制に向けて適正な配置が目指された。国勢調査が行われるようになった背景には，欧米列強と肩を並べるためには，国力の基礎である人口を正確に把握することが必要との考え方があったことを想起したい(第2章)。1939年には，国民能力申告令により，国民の職業能力の登録が始まった。当初は医師や技術者など，特別な能力をもつ人のみが登録の対象であったが，その対象は事実上働くことができる国民全体に拡大され，誰でも国家の求めに応じて徴用できる体制が整った。

　労働移動率は1920年代に低下傾向を示したが，1930年代には激しい労働移動が再燃した(ゴードン2012)。戦後の日本の労働市場の特徴として，ホワイトカラーのみならず，ブルーカラーに対しても年功賃金が適用されてきたことが挙げられる。勤め続ければ賃金が上がる年功賃金があったからこそ，終身雇用とも呼ばれる長期安定雇用が定着したのである。ところが戦時体制以前の労働市場では，ブルーカラーには年功賃金が適用されておらず，自分の技能を頼み，条件の良い職場を求めて頻繁に移動する渡り職人が少なくなかった。**表5-5**に集計された労働者の多くは大企業に勤務していたと考えられるが，転職経験をもつ人が多く，直近に雇用された労働者の方が転職経験者の割合が高まっていることがわかる。

　労働移動率が高いと，安定した労働力の配置とそれにもとづく熟練の

表5-5 重工業労働者の転職経験率（1938年）

産業	1937年6月30日以前の採用者		1937年7月1日～38年採用者		転職経験ある者の比率	転職経験なき者の比率	労働者総数（人）
	転職1回以上	転職経験なし	転職1回以上	転職経験なし			
金属精錬	33.7	66.3	49.7	50.3	45.3	54.7	97,653
圧延工場	50.3	49.7	58.1	41.9	58.2	41.8	48,624
電線	48.2	51.8	52.5	47.5	49.6	50.4	9,366
ガス・水道	53.5	46.5	70.4	29.6	58.5	41.5	39,624
電気器具	44.2	55.8	58.5	41.5	48.6	51.4	46,211
造船	63.4	36.6	72.8	27.2	66.0	34.0	88,317
車両	67.9	32.1	66.6	33.4	67.6	32.4	24,895
合計					57.3	42.7	354,690

出典：ゴードン（2012：161）．

形成が困難になり，戦時体制を支える物資の安定的供給が難しくなる。そこで，不急産業への労働力の流出を阻止し，軍需産業が必要な労働力を得られるようにするため，従業員雇入制限令（1939年），青少年雇入制限令（1940年），従業員移動防止令（1940年）などの統制が出されたが，抜け道があったために十分に機能しなかった。従業員雇入制限令と同時に賃金統制令も出された。賃金統制令は，最低賃金や年功賃金など，戦後も続く国家による労働市場の調整の起源となったとされる。

賃金統制が敷かれると，それが徹底していた軍需産業から統制が緩い不急産業へと労働力が流れるようになった。そこで労務需給調整令（1941年）によって，国民職業指導所の紹介か承認のない就職・転職を禁じ，重要な産業に労働力を配置する体制を整えた。さらに勤労動員に法的根拠を与えるいくつかの法律によって，未婚女性や学生の徴用が進んでいった。こうして，人々の仕事のあり方は，労働市場において個人と雇用主が契約を結ぶ雇用から，国家が戦争遂行の目的で行う徴用へと変わっていった。

●住宅市場

軍需産業への労働力の動員は，工業都市への人口集中を生み，住宅不足の深刻化を招いた。京浜工業地帯の都市では，特に人口集中が短期間

のうちに進んだ。川崎市，横須賀市，横浜市など，京浜工業地帯の中心都市では，日中戦争開戦後のわずか数年間で人口が激増した。これらの都市への軍需産業の集中は，戦後の京浜工業地帯の発展の基礎となった。東京市でも，1930年代を通じて，主に新市域において世帯数の急増がみられ，スプロール現象をともなう郊外化が進展した（**図5-5**）。これと並行して空家率が急速に低下し，日中戦争開戦後には空家がほとんどない状態となった。空家率は3％を下回ると需給がスムーズに行われなくなるとされる（本間1983：379）ことからすると，太平洋戦争前夜の時点で東京市における住宅不足は危機的な状況にあったといえる。

供給が少なくなれば，当然価格は上昇する。東京市では，住宅不足が投機的な土地取引をあおる結果となり，取引価格が急上昇した（**図5-6**）。また，圧倒的な売手の優位を背景に，家主は借家の賃料を引き上げた。こうした状況に対処しようと，1939年には地代家賃統制令が出され，借家業者の家賃つり上げの防止が図られた。この法律は，地代や家賃をある時点で固定するものであったが，住宅が商品化されている事実を無視して市場原理に逆らう乱暴な統制であった。その反動として，家主がヤミ家賃を要求して借家人に立ち退きを迫ることが頻発した。住宅が絶対的に不足しているため，借家人の立場は弱く，ヤミ家賃を要求されても泣き寝入りせざるをえない状況だったのである。

そこで，政府は1941年に借地借家法を改正して借家人の立場を保障し，正当な理由なく立ち退きを迫ることを禁止した。借地借家法が現在も借家人の権利を強く保護していることの起源は，戦時体制下の著しい住宅不足にある。ただ，この時期に関していうと，借家人の権利を強く擁護した結果，借家経営は成り立ちにくくなり，借家を供給するインセンティブが奪われた。こうして住宅不足はさらに深刻化の道をたどった。

政府は，住宅供給そのものの統制にも乗り出す。建設資材の不足とその高騰を背景に，1939年には木造建物建築統制規制が出され，一般の住宅は建坪30坪以下に制限された。1938～1940年については，労務者住宅3ヶ年計画が策定され，原則として工場や会社が従業者の住宅を建設することとされ，単体で困難な場合には，複数の企業が出資して住宅会

図5-5　東京市における世帯数と空家率

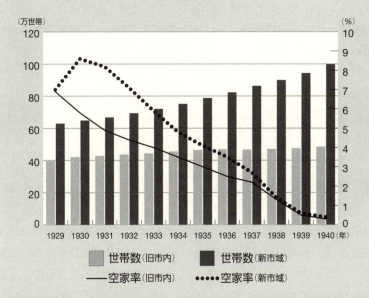

資料：小野(2006：79)により作成．

図5-6　東京市における土地取引

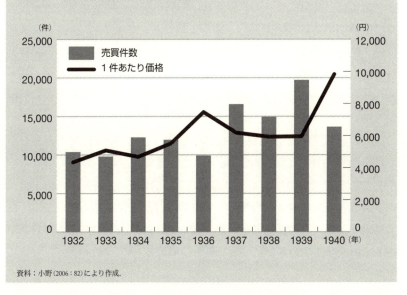

資料：小野(2006：82)により作成．

社を設立し，事業に当たるものとされた。企業は，賃金統制令に阻まれて賃金インセンティブに訴えることできないため，労働者に対して社宅という形で住宅を保障することに力を入れた。加えて，住宅手当や通勤手当を支給することで実質的な賃上げを図り，労働者を引きつけようとした[10]。従業員に社宅を供給したり，交通費を支給したりするのは，日本企業の特徴であり，諸外国ではあまり見られない。現在では削減される傾向にあるとはいえ，日本企業に特有の福利厚生もまた，戦時統制に端を発しているのである。

● **住宅営団の設立**

しかし住宅不足はさらに深刻化し，戦時体制の維持に支障が出てきた。そこで政府は，1941年に住宅営団を設立し，住宅の直接供給に乗り出す。住宅営団は，全国的かつ計画的に住宅供給を行うために設立された国家機関としては日本初のものである。同潤会は住宅営団に吸収合併する形で消滅し，同潤会が管理していた住宅の管理は住宅営団に引き継がれた。

住宅営団の具体的な使命は，住宅難の著しい都市部，特に工業都市を中心に，5年間に約30万戸の住宅を建設することであった。それ以前の住宅政策は，結果的にその対象が新中間層に偏った陣容であったが，戦時国策機関である住宅営団は，中小工場などに勤務する「労務者其ノ他庶民ノ住宅ノ供給ヲ図ルコトヲ目的[11]」としていた。一方，大企業の従業員の住宅については，なるべく事業主に住宅を建設させる方針であったとされ(本間1983)，住宅政策の一翼を企業が担うという，小住宅改良要綱から続く体制は踏襲されている。

建設が計画された30万戸の内訳は，20坪，15坪の住宅20万戸については分譲，10坪のもの10万戸については賃貸とされ，分譲での供給が中心であった(本間1983)。そうする理由は，分譲「することがその土地への愛着心と其の居住する場所についての責任感を生ぜしめ思想安定上にも効果があり，借家関係の争いを無用ならしめ，また国家の重要資源である家屋及び住宅の管理について最も効果あるものと考へられる[12]」からであるという。

住宅営団は，戦時体制を維持するために必要にして充分な住宅を効率

的に供給することを使命としていた。しかし住宅営団を支えたテクノクラートたちは，戦時体制への貢献という目的には回収できない理念をもって，任務に当たっていたようである。そのためか，住宅営団の開発した技術や空間設計は，その後の住まいのあり方に大きな影響を与えるものを含んでいた。

　住宅の大量生産工法としてのパネル式組立構造の住宅，今でいうプレハブ住宅の開発は，その一例である。プレハブ住宅は，規格化された部材を工場で生産・加工することで，建築現場での加工を最小限にする組立式の住宅である。大工や職人が出征して不足するなかで，一定した質の住宅を，なるべく安く，短期間に大量に供給するために，住宅営団は住宅の工業製品化を模索し，行き着いたのがパネル式組立構造であった。戦時中で物資は不足していたが，パネル式組立構造は急場しのぎの住宅を粗製濫造することを目指したものでは必ずしもなかった。住宅營團研究部規格課(1942)によると，風洞を使った強度実験などを繰り返し，台風のような突風にも十分耐えうる設計になっていた。

　また，住宅営団の住宅には，食寝分離，就寝分離が取り入れられていることも特徴である。この考え方は，当時住宅営団技師であり，後に京都大学に転じた西山夘三の「住み方調査」にもとづいている。食寝分離とは，文字どおり寝る部屋と食事をとる部屋を分離することである。就寝分離とは，生活の基本条件の一つで，家族の性別や年齢に応じて寝室を分けることである。西山は，住民が居住空間の制約の中で食寝分離を達成しようと工夫していること，また，夫婦と一定年齢以上の子どもならびに一定以上の年齢に達した異性の子ども同士が同じ寝室で寝ることを避けようとしていることを，実態調査を通じて見出した。典型的な住宅営団の住宅は，食寝分離，就寝分離ができるように設計されている（**図 5-7**）。そこには総力戦のため軍需工場が交代制のもとで24時間操業していたという事情もある。父親が夜勤に出る時などに，子どもの寝ている部屋を通ることなく食事をし，出勤することができる構造なのである。食寝分離と就寝分離は，戦後に建設された日本住宅公団の団地の間取りにも引き継がれ，現在では家族向け住宅の設計における基本原則となっ

図5-7　同潤会の寝食分離型住宅の標準平面図

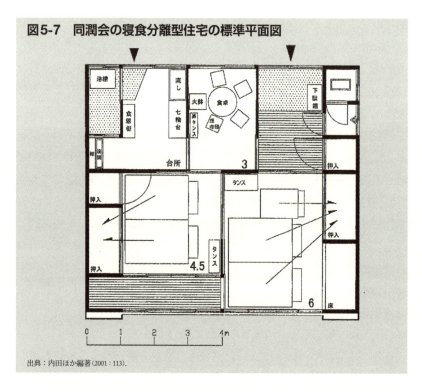

出典：内田ほか編著(2001：113).

ている。

　住宅営団が建設した初期の住宅地の中には，当時の街区を引き継いだまま現在に至り，部分的に建設当時の姿をとどめた住宅が残存していることもある。「住宅営團の全貌」という論文(市浦1943)には，住宅営団が千葉県船橋市に整備した住宅地である夏見台の平面図が載っている(**図5-8**)。現在でもその区画はほぼ同じであり，船橋駅へのアクセスはバスによる立地条件にもかかわらず，空家はほとんど見当たらない。増築やメンテナンスが施されてはいるものの，建築当時の雰囲気を残す住宅もまだ発見できる(**図5-9**)。郊外住宅地における住民の高齢化や空家の増加が問題になっている現在，住宅営団の開発した夏見台は，住宅地の持続可能性を考えるうえで興味深い調査対象になりうる[13]。

　高い理念に支えられていた住宅営団であったが，戦争が激化すると，質の問題以前に供給できる住宅が日増しに少なくなっていった。住宅営

図5-8　千葉県船橋市夏見台の区画

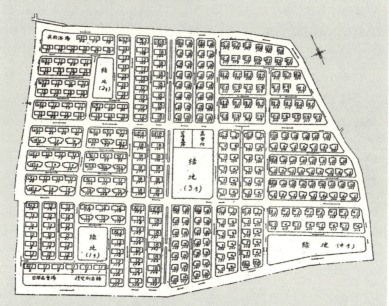

出典：市浦（1943：617）．

図5-9　夏見台に残存する住宅営団時代の面影を残す住宅

注）左上の写真は図5-8の3号緑地（現公園）と南北に走る中央分離帯のある道路．
2018年11月筆者撮影．

団は5年間で30万戸の住宅を供給することを目標としてきたが，設立からGHQによる解体までの5年間で実際に建築した住宅は13万9100戸であった(内田ほか編著2001)。しかし同潤会が1924年から1941年にかけて供給した戸数と比較すれば，戦時下にしてはかなり健闘したと評価してもよいだろう。加えて，プレハブ住宅などの建築技術の発展や，食寝分離・終身分離を前提とした空間設計など，住宅営団がのちの住まいに残した足跡には，建設戸数では測れない意義がある。

戦前の住宅政策のまとめ

次章で戦後の住宅政策について論じるのに先立ち，戦前の住宅政策の特徴について整理しておく。戦前の住宅政策は，人口転換による都市蟻地獄からの脱出と資本主義の発展の帰結として，住宅不足が深刻化するとともにスプロール現象が発生するなかで着手された。社会政策としての住宅政策は，住宅問題の矢面に立つ低所得者に向けられるべきであるが，戦前の住宅政策の主たる対象は，もっぱら新中間層になってしまった。公益住宅や同潤会の事例から推察すると，むしろ内務官僚が目指したのは，田園都市構想に立脚した住宅地開発や，耐震耐火住宅の建設を通して，「理想の住宅」像を提示することであったのではないか。それは，住宅の質的改善につながるモデル的な意味はもっていたとしても，住宅不足を量的に解消する手段とはならなかった。また，都市計画という観点を欠いた個別的政策であったため，スプロール現象といった都市構造上の問題にも無力であった。

戦間期に生まれた住宅政策は，昭和恐慌から戦時体制へと至る過程で変質を遂げ，住宅は戦時体制を支える労働力を再生産するために不可欠のインフラとして統制の対象となった。住宅営団のテクノクラートたちが高い理想を持っていたとしても，住宅の量的確保や質的向上(維持)は，国家にとっては目的ではなく，戦争遂行のための生産力を維持する手段でしかなかった。戦後に生存権が確立されるに至って，ようやく住宅政策は「健康で文化的な最低限度の生活」の拠点を普遍的に保証する手段で

あると同時に，それ自体が目的としての意味をもつようになる。

1) 適切な日本語訳が見つからないので，あえて英語を使う。
2) 本書では，空家に関する問題を扱っていないが，人口減少下にある現代の日本では，重要な社会問題の一つに数えられる。詳しくは由井ほか編(2016)を参照されたい。
3) 企業が従業員に対して行う住宅施策は，肯定的な側面ばかりではない。ILOは1961年の労働者住宅勧告(第115号)において，「使用者がその労働者に直接住宅を提供することは，たとえば，事業所が通常の人口集中地から遠距離にある場合又は業務の性質上労働者をただちに就業させなければならない場合のようなやむを得ない事情のある場合を除き，一般的に望ましくないことを認識すべきである」としている。これは，居住の権利が従業員であることとセットである場合，従業員は解雇によって住居を同時に失うことを恐れ，使用者への従属性を強めてしまうからである。第11章では，これに関連した事象を扱う。
4) 戦前の住宅政策の詳細は，本間(1983, 1988)が網羅的に整理しており，参考になった。
5) この図面について，大月(2008：81)は，「こうした曲線の多用は恐らく，レッチワースを設計したレイモンド・アンウィンの"Town Planning in Practice"の影響を大きく受けたものだと思われる」としている。
6) 実際，**表5-2**の資料には「豫算緊縮の方針を採つて居る折柄，斯る莫大な支出は到底期待することを得ぬから，大體十分の一内外に切詰められるものと豫想されて居る」と記されている。
7) これも大都市圏に限ったことではないようである。たとえば函館では，住宅組合による持家取得が路面電車沿線での郊外化と密接に関連していた(鈴木ほか2003)。戦間期の函館の郊外化の様子については，デジタル版『函館市史』が当時の新聞などを引用して描いている(http://archives.c.fun.ac.jp/hakodateshishi/tsuusetsu_03/shishi_05-02/shishi_05-02-07-01-01-02.htm 2018年9月3日閲覧)。
8) 江戸川アパートメントには，浴室やラジエータが付いた住戸が7戸造られ，外国人，外国人を伴侶とする人，外国帰りの人々を対象としていた(橋本ほか編2011)。また，影山(2000)は，大塚女子アパートにおける独身女性の暮らしと，それに対する社会のまなざしについて貴重な情報を提供している。
9) 2006年に竣工した表参道ヒルズは，1927年に完成した同潤会青山アパート(2003年解体の跡地に建設された。青山アパートの一角を再現した商業施設「同潤館」が，わずかに往時の名残をとどめている。
10) 谷(2004)は，戦時期の通勤手当の普及によって，所得に食い込まない形で交通費を負担できるようになったことが，スプロール的郊外化の一因であったことを実証している。のちには，通勤手当を支給することも統制の適用を受けるが，現物支給は統制外であったことから，企業は定期券などの現物支給を行うようになった。
11) 住宅営団法による(https://www.digital.archives.go.jp/DAS/meta/Detail_F0000000000000038730

2018年10月25日閲覧）．
12) 本間（1983：386）による加藤（1941）の引用による．
13) 住宅営団大阪支所が開発した住宅地については，増改築や住民の変遷に関する研究がすでに見られる（塩崎2009ほかなど）．

[文献]
市浦健1943「住宅營團の全貌」建築雑誌57(702) 614-618頁．
内田青蔵・大川三雄・藤谷陽悦2001『図説・近代日本住宅史——幕末から近代まで』鹿島出版会．
大月敏雄2008「まちなみ図譜・文献逍遙(其ノ9)福田重義「東京市営住宅と其一例」『建築雑誌』大正8年7月号」家とまちなみ27巻2号77-82頁．
小野浩2006「日中戦争期の東京における労務者住宅問題——統制経済下の住宅市場」立教経済学研究60巻2号71-97頁．
小野浩2014『住空間の経済史——戦前期東京の都市形成と借家・借間市場』日本経済評論社．
加藤陽三1941「住宅対策の進展II」警察研究5号（未見）．
加瀬和俊2009「戦前日本の持家推進策——住宅組合制度の歴史的意義」社會科學研究58巻3・4号35-57頁．
影山穂波2000「1930年代におけるジェンダー化された空間－同潤会大塚女子アパート」人文地理52巻321-340頁．
北川圭子2002『ダイニング・キッチンはこうして誕生した——女性建築家第一号　浜口ミホが目指したもの』技報堂出版．
A. ゴードン著，二村一夫訳2012『日本労使関係史—— 1853-2010』岩波書店．
塩崎賢明・三宅毅・田中貢2009「住宅営団による住宅地開発と住環境の形成」住宅総合研究財団研究論文集35号25-36頁．
鈴木貴仁・角野幸博・池上重康2003「函館における戦前期『住宅組合』の展開と郊外住宅地形成」日本建築学会計画系論文集71(601) 183-189頁．
週刊朝日編1988『値段史年表——明治・大正・昭和』朝日新聞社．
住宅營團研究部規格課1942「パネル式組立構造に就いて」建築雑誌56(687) 453-464頁．
総務省統計局監修2006『新版日本長期統計総覧　第4巻』日本統計協会．
谷謙二2004「戦時期から復興期にかけての東京の通勤圏の拡大に関する制度論的考察——住宅市場の変化・転入抑制および通勤手当の普及の観点から」埼玉大学教育学部地理学研究報告24号1-26．
東京市社会局1928『東京市社会局年報　第8回』柏書房（1992年復刻『東京市社会局年報　4』）．
同潤会1934『同潤会十年史』同潤会．
同潤会1936『アパート居住者生計調査報告書——昭和十一年』同潤会．
同潤会1942『同潤会十八年史』同潤会．
D. ハーヴェイ著，水岡不二雄監訳1991『都市の資本論——都市空間形成の歴史と理論』青木書店．
橋本文隆・内田青蔵・大月敏雄編2011『消えゆく同潤会アパートメント——同潤会が描いた都市の住まい・江戸川アパートメント』河出書房新社．
福田重義1919「東京市営住宅と其一例」建築雑誌33(391) 81-102頁（頁は91までしか打たれていない）．
本間義人1983『現代都市住宅政策』三省堂．
本間義人1988『内務省住宅政策の教訓』御茶ノ水書房．
由井義通・久保倫子・西山弘泰編2016『都市の空き家問題　なぜ？どうする？——地域に即した問

題解決にむけて』古今書院。

第6章 戦後住宅政策の始まり

焼け野原と建築家の希望

　1945年8月15日のポツダム宣言受諾により，太平洋戦争は終結する。あとに残されたのは，焼け野原だけであった。アメリカ軍は東京都のなかでも人口密度の高い地域を重点的に爆撃したため，空襲の被害は山の手よりも下町で特に大きかった。下町の建て込んだ木造家屋は，焼夷弾による空襲でことごとく焼失してしまった。
　その焼け野原の中にあって，建築家たちの住まいへのまなざしは明るく，希望に満ち溢れていた。元住宅営団の技師であり，後に京都大学教授に転じた西山夘三は，「これからのすまい――住様式の話」（西山1947：132）で，戦後の新しい住まいの理想を次のように語っている。

> 　一つの住宅の中には，一夫婦以上住まない。そしてその夫婦が中心となってその子供たちとだけで住まいを營むということになると，そこでの私生活空間の確立という問題は非常に單純になる。まず一番中心になるのは夫婦の私生活である。次に，子供達が大きくなって來るにつれ，それぞれの自主的生活を營ませるため，又勉學やその他の靜作業のための個人的な隔離生活である。そしてそれだけである。
> 　前者からは更に，夫と妻の別々の私生活というものが派生して來るが，住まいのヘヤ割としては二つのものを別個に作る必要度は低い。

　ここでは，拡大家族が否定され，夫婦と子どものみからなる核家族が

理想の家族形態とされている。とりわけ重視されているのが,「夫婦の私生活」という言葉で表現された愛情に基づく夫婦の絆である。子どもたちが成長した暁には,自立のためのプライベートな空間として「子供部屋」が必要であるとしている。夫婦別々の部屋は必要ないとしているところに,やや古さを感じざるをえないが,ここで西山の念頭に置かれているのが,「家庭」家族であり,20世紀型近代家族であることは間違いないであろう。

　西山の理想は,全国民の住まいを「家」家族の空間から「家庭」家族の空間へ変えていくことであったといえる。ここで重要なのは,全国民のというところである。戦間期には,新中間層が登場し,「家庭」家族にふさわしい「理想の住まい」を求め,それに対して私鉄を中心とするディベロッパーは,ハワードによる田園都市の理念を換骨奪胎した郊外住宅地を提案した(第4章)。しかしそれは,あくまでもエリートのホワイトカラー層という限られた人々の動きでしかなかった。のちに見ていくように,戦後民主主義のもとでは,「家庭」家族が国民全体にとっての「標準」と位置づけられ,それにふさわしい住宅が政策的にも模索されていくことになる。

　もう一つ,女性初の一級建築士となった浜口ミホの「日本住宅の封建制」(浜口1949:160)を紹介しておこう。浜口は,女性の立場から戦前の日本の住宅について,次のように述懐する。

　　「家」という観念を中心として,人間がその下で身をちゞめ,息をひそめて生きてきたのが,家父長制的な封建社會の生活であつた。そしてその「家」の物體的表現が住宅であつた。つまり住宅は住む人間自身のためというよりは「家」のためのものであつた。そのような住宅では玄關・座敷・床の間といった「家」の格式的・装飾的要素が大きく重く現れてきて,居間・寝室・臺所・便所といった住む人間自身に必要な機能的要素はあわれにちいさくおし潰されていた。

　伝統的な日本家屋の空間設計は,住む人間にとっての利便性よりも接

客を重視したものであり、家父長制的な「家」家族のためのものであった。浜口は、それを住まう主体本位の、文字通りの住まいに変えようというのである。浜口の考えによれば、接客本位から生活本位への転換は、格式主義を否定し、機能主義を追求することにつながる。

浜口は和室と洋室の混在しているような住宅、つまり椅子式と座式の二重生活を否定した。そして、第一次大戦後ドイツの建築にならい、ヴォーン・キュッヘを提案した(北川2002)。これは、第一次世界大戦に敗戦した後のドイツにおいて考案されたもので、居間Wohnraumと台所Kücheを一緒にしたものである。家父長制的な「家」家族が住まう日本の住宅では、女性の居場所として割り当てられる台所が一段下の空間とみなされ、日の当たらない北側に押し込められてきた。浜口は、食事(団らんの場)と合体させることで、台所が格下の生活空間とみなされることが解消され、女性の社会的地位の向上につながると考えた。機能主義の観点からも、炊事と食事の場が一体化していれば、家事労働の効率化につながる。この考え方は、後にダイニング・キッチンとして日の目を見る。

西山と浜口に共通しているのは、戦後の「あるべき住宅」の姿を思い描くにあたって、そこに住まう主体である、「あるべき家族」像を想定していることである。さらに言えば、敗戦を契機に、日本社会は家族もろとも変わらなければならず、家族が変わるからには、家族が住まう住宅も変わらなければならないという建築家の信念が見て取れる。問題は、それをどのようにして実現するかであった。

庶民の住まいの現実

建築家たちは来るべき住まいについて明るく語ったが、現実の住宅難は手が付けられない状況であった(表6-1)。終戦直後の1945年8月の住宅不足戸数は、空襲による破壊が210万戸、強制疎開の取り壊しが55万戸、海外引き上げによる需要が67万戸、戦時中の供給不足が118万戸であった。ここから戦争による死亡での需要減30万戸を差し引いても、全国で420万戸の住宅が不足していたのである。

表6-1　1945年8月の住宅不足戸数

戦争による不足	空襲による破壊	210万戸
	強制疎開の取り壊し	55万戸
	海外引き揚げの需要	67万戸
	戦時中の供給不足	118万戸
	計	450万戸
戦争死による需要減		30万戸
差し引きの住宅不足		420万戸

資料：本間（1983：403）により作成．

　こうした状況に直面して，政府も応急的な住宅政策を打ち出す（本間1983）。もはや質の問題は後回しにせざるをえず，住宅の量的な不足を少しでも解消することが目下の課題となった。政府はひとまず罹災都市応急簡易住宅建設要綱を打ち出し，半額国庫補助によって越冬住宅として応急簡易住宅を自治体に建設させる計画を立てた。国庫補助があるとはいえ，物資も労働力も不足するなかで住宅を建設することは，自治体にとっては無理な相談であり，計画戸数30万戸のうち達成できたのは4万3000戸であった。住宅緊急措置令は，焼け残ったビル，兵舎，学校などを住宅に転用するための法的枠組であり，後には住宅所有者に対して住宅の開放を命令できるようになった。しかし住宅への転用3万8000戸，開放は1947〜49年の間にわずか5119戸にとどまった。もはや戦争は終わったのであり，民主主義のもとでは，私有財産である住宅を強制的に開放させることは事実上不可能であった。その他，人口10万人以上の都市への転入制限，不要不急の建築の制限など，さまざまな政策を繰り出した。

　しかし資金，人材，資材のいずれにおいても乏しいなかで行われた応急的な住宅対策は，どれも実効性に乏しく，ことごとく焼け石に水に終わった。これは，戦後復興の過程において傾斜生産方式という，大きな経済循環をもたらすことが期待される基幹産業を重視した復興策が採用されたこととも密接にかかわる。傾斜生産方式においては，基幹産業で

ある鉄鋼と石炭に国が持てる資材・資金を重点的に投入し，生産力を増強させることで，インフレーションを収束させようとした。これに対応して，乏しい住宅用の資金や建設労働力も，復興基盤となる食糧増産用の開拓地入植住宅や炭鉱住宅，産業労働者用の住宅建設へ回されたのである。

かくして政府は，国民経済が復興すれば国民の生活はよくなるという経済学の理論が正しいという前提のもとで，後者よりも前者を優先する政策をとったため，終戦直後の都市における住宅不足への対応は人々の自助努力に任された。終戦直後の1945年9月の時点では，東京都区部の「縁故先」居住者は68.7万人に上った（小野2013）。非常時にはまず身内などの縁故を頼ることになろうが，この数字は人口の28.5％にも相当する。終戦直前の1945年6月の時点で東京市73万世帯の内，約7万3000世帯，24万人が防空壕で生活しており，終戦後の秋の時点でも約5万世帯が防空壕での生活を続けていたという（西山1952）。焼け残った資材を使い，自力でバラックを建てる人たちの営みは，スラム・スクォッター地区を同時多発的に発生させた（本岡2015）。

「汽車住宅物語」というブックレットを開くと，圧倒的な住宅不足の中，鉄道の客車やバスなど本来住宅でないものが盛んに住宅に転用されたこともわかる（渡辺1993）。「汽車住宅」の間取り図を見ると，4畳半1間ながらテレビが置かれ，「プロレスをよく観た。力道山ファン」とある（図6-1）。このことから，「汽車住宅」は，1950年代半ばでも依然として現役であり，しかも家計にテレビを買うだけの余裕がある家族の住まいであったことがわかる。

西山（1952：16）は，都市住民が直面する住宅難を，「無住宅者と優住宅者の極端な不均衡」と「低劣な居住状態の激化と特異な居住形態の出現」に集約されるとしている。「特異な居住形態」が出現した最大の原因は，人間にとって住宅が欠くべからざる生活の基盤であるにもかかわらず，戦争による破壊によってこれが著しく不足したからである。しかし西山（1952：64）は，「住宅難は決して戰爭だけが引き起こしたものではない。それは實に現在の資本主義社會の構造から必然的に生まれてくる」こと

図6-1 汽車住宅

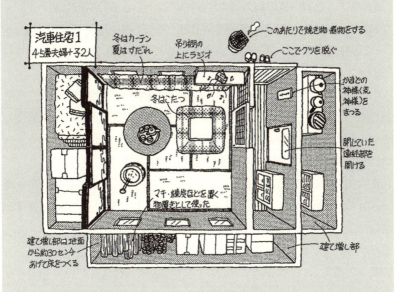

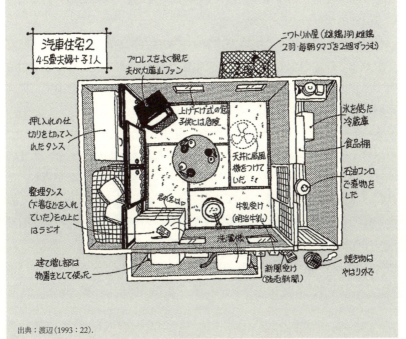

出典：渡辺(1993：22).

を鋭く見抜く。資本主義が住宅難を必然的に引き起こすことについて，西山（1942：139-140）は戦前の時点ですでに以下のように指摘していた。すなわち「金融業者・貸家業者・建築業者・及び地主の夫々獨自な活動」を「一つの住宅供給といふ事實に結實させる」「營利的動機」が「一般都市住民の住む住宅」を「不斷に不良化させる」のである。資本主義のもとでは，住宅は商品化され，住宅市場において利潤目的のために売買されている。そうすると，販売しうる労働力をもたない人や，自らの労働力を販売しても十分な賃金を得られない労働者は，市場原理によって「低劣な居住状態」や「特異な居住形態」へと追いやられることになる。

　資本主義は住宅問題を必然的にともなう。だからこそ，住宅政策が要請される。資本主義の発展とともに，戦前の日本でも，住宅問題が体制維持の観点から看過できないほど深刻になり，住宅政策が着手されるきっかけとなった。しかし，住宅問題の解消にはほとんど寄与しないまま戦争に突入した。戦時体制における住宅政策の位置づけは，住宅を拠点とする労働力の再生産が円滑に進まないと，戦争遂行の障害になるという消極的なものでしかなかった。

　戦後の日本国憲法では，第25条において生存権が規定されるに至った。すなわち「すべて国民は，健康で文化的な最低限度の生活を営む権利を有する」のであり，「国は，すべての生活部面について，社会福祉，社会保障及び公衆衛生の向上及び増進に努めなければならない」のである。憲法において，生存権を保証する主語が「国は」と明記されている以上，政府は，「健康で文化的な最低限度の生活」にふさわしい住宅をすべての国民に対して保証する義務がある。不十分な点を多々残しながらも，これから説明する公営住宅，公団住宅，住宅金融公庫を3本の柱とする戦後の住宅政策が，戦前のそれに比べてはるかに強固であったのは，国家の原理原則を示した憲法を基礎として構築されたからである。以下では，「戦後住宅政策の3本柱」について，具体的にみていこう。

表6-2　不足住宅数（1955年3月1日現在）

住宅不足数	非住宅および同居世帯	97万世帯
	狭小過密居住世帯	71万世帯
	危険老朽住宅	116万戸
	計	284万戸
新規住宅需要	普通世帯増に伴うもの	18万世帯
	災害減失に伴うもの	2.8万戸
	老朽化に伴うもの	5万戸
	計	25.8万戸
	合計	309.8万戸

資料：経済企画庁『昭和30年　年次経済報告』により作成．

戦後住宅政策の3本柱

●住宅金融公庫

　戦後日本の住宅政策の3本柱のうち，最初に成立したのは住宅金融公庫である。根拠法である住宅金融公庫法に「住宅金融公庫は，国民大衆が健康で文化的な生活を営むに足る住宅の建設に必要な資金で，銀行その他一般の金融機関が融通することを困難とするものを融通することを目的とする」[1]とあるように，住宅金融公庫は，憲法25条が保障する生存権に明確な根拠を持ち，持家取得の資金を融通する政策的枠組であった。

　戦後5年が経過していたとはいえ，住宅金融公庫が設立された時点において，深刻な住宅不足はまったくといっていいほど改善していなかった。5年後の1955年でも，300万戸以上の住宅が不足している状態であり（**表6-2**），日本の住宅政策は，質はともかく量的な不足を解消しようとする戸数主義に走らざるをえなかった。1950年は，朝鮮戦争が勃発し日本が特需によって高度経済成長への糸口をつかんだ年でもある。しかし，復興は緒に就いたばかりであり，政府には直接供給によって住宅不足を解消するだけの資金的余力がなかった。そこで，経済的に余裕のある階層に住宅建設資金を低利で融資し，持家の自力建設を促す政策から着手

したのである。この手法は，戦前の住宅政策でいえば住宅組合に類似する。住宅金融を端緒とした時点で，戦後の住宅政策が「持家主義」の路線をたどることは運命づけられた。

　住宅金融公庫は，郵便貯金などからなる財政投融資資金を資金源に，住宅建設のために長期の低利融資を行ってきた。今でこそ，銀行は超長期固定金利の住宅ローンを用意しているが，1970年代に入るまで，銀行の住宅ローンは一般化していなかった。そのため，退職金であこがれのマイホームを実現するという人も少なくなかった。そういう時代にあって，固定金利で長期融資が受けられる公庫の存在は貴重であった。住宅金融公庫は，長期安定雇用を前提とした制度であった。住宅金融公庫は固定金利で35年返済のローンを提供してきたが，これは長期安定雇用が保障されていなければ到底できないことであった。

　2007年3月までに，住宅金融公庫の融資によって建設された住宅は2000万戸に上る。住宅金融公庫は，日本の住宅政策の根底にある持家主義と戸数主義の推進に貢献してきたのである。住宅の建設は国民経済に与える影響が大きい。そのため，住宅金融公庫は，住宅政策のみならず，住宅取得資金を貸し出すことで景気を下支えする経済政策としての役割も担ってきた（第10章）。戦後50年以上にわたって，住宅金融公庫は日本人のマイホームの夢を実現してきたが，特殊法人改革の流れに抗することはできず，2007年4月をもって廃止され，住宅金融支援機構がその業務を引き継ぐことになった。

● **公営住宅**

　公営住宅とは，県営住宅，市営住宅，区営住宅といった，国庫の補助を受けつつ，自治体が主体的に建設する賃貸住宅である。住宅金融公庫が設立された翌年，1956年に公営住宅法が成立し，自治体による住宅の直接供給が住宅政策の中に制度化された。公営住宅法は，「国及び地方公共団体が協力して，健康で文化的な生活を営むに足りる住宅を整備し，これを住宅に困窮する低額所得者に対して低廉な家賃で賃貸し，又は転貸することにより，国民生活の安定と社会福祉の増進に寄与することを目的とする」[2]ことを謳っており，住宅金融公庫と同様に，この政策が生

存権に立脚していることを示している。

　国の援助のもとで自治体が住宅を整備するという公営住宅のしくみ自体は，戦前の公益住宅と似通っている。しかし，結果的に新中間層向けの（オーバースペックの）住宅を志向しがちであった公益住宅とは異なり，公営住宅は「住宅に困窮する低額所得者」向けの福祉住宅であるとの立場を明確にし，入居者に対して収入の上限が設定された。1996年までは，公営住宅は1種，2種に分かれており，2種はより住宅困窮度の強い低所得層に向けられていた。とはいえ，設立当初は，2種は世帯収入の第Ⅱ五分位まで，1種であれば第Ⅳ五分位まで入居可能であった。低所得層に向けた福祉的な住宅であるとはいっても，1種であれば家族世帯のほとんどが，建前上は入居資格をもっていたことになる。ここで家族世帯と断るのは，公営住宅は障害者や生活保護者などの例外を除き，原則として単身での入居を認めてこなかったからである。

　公営住宅には戸建や長屋建のものもあるが，大都市圏では複数棟の集合住宅が団地を形成している場合が多い。集合住宅タイプの公営住宅は，その間取りにおいて画期的であった。初期公営住宅51C型は，公営住宅や公団における集合住宅の標準をなす2DKの祖型である（**図6-2**）。35㎡という面積的制約と，食寝分離と就寝分離の達成を両立させようとしたところに，台所と食事スペースが一体化したダイニング・キッチンが登場する契機があった。今日まで続く，nLDKという住空間の基本的設計がここに誕生したのである。

　公営住宅の建設戸数は，高度経済成長とともに増加し，1960年代後半から70年代前半の最盛期には全国で年間10万戸あまりが建設された（**図6-3**）。オイルショック以降は，建設費の高騰や地価上昇による用地取得難によって，公営住宅の新設戸数は低迷した。1980年代半ば以降は，公営住宅の供給は建替が中心となり，ストックはほとんど増えなくなった。第10章で詳述する公営住宅法の改正などにより，公営住宅のストックは2005年をピークに減少局面に入っており[3]，2014年時点での公営住宅の管理戸数は全国で195.9万戸，住宅ストック全体のわずか3.2%にすぎない[4]。ただし，公営住宅は自治体が主体的に整備するものであるため，住

図6-2 公営住宅51C型プラン

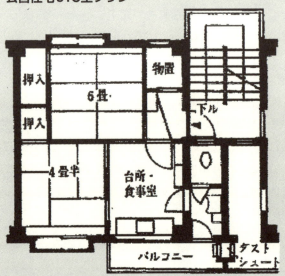

出典:鈴木ほか(2004:13).

図6-3 公営住宅の建設戸数

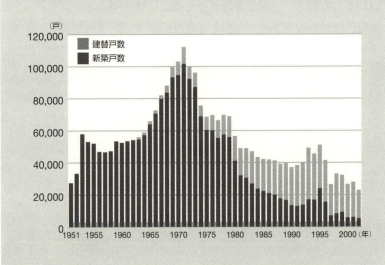

資料:国土交通省資料により作成.

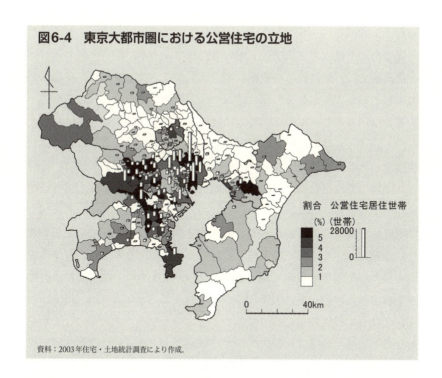

図6-4 東京大都市圏における公営住宅の立地

資料:2003年住宅・土地統計調査により作成.

宅事情や住民のニーズ,財政や社会福祉に対する考え方の自治体による違いを反映し,整備状況には地域差がある(図6-4)。

公営住宅は,福祉住宅でありながら,事実上国民のほぼ全体を対象とする住宅政策として始まったが,次第に世帯収入の制限は厳しくなった。1996年に行われた公営住宅法の改正により,1種と2種の区分がなくなり,入居条件は第Ⅰ四分位以下と相当に厳しくなった。1990年代は失われた10年といわれるほど景気が低迷した時期であり,大都市圏を中心に公営住宅入居希望者が増加した時期であった。同時に国や自治体の財政状況も厳しくなったため,新たな公営住宅の供給は難しい状況にあった。そこで,収入基準を厳しくすることで入居者を絞り込もうとしたのである(第10章)。

● 公団住宅

住宅政策の三本柱の最後を飾ったのは,1955年に設立された日本住宅公団である。引き続き著しい住宅不足に見舞われている状況のなかで,

政府は1955年に住宅建設10ヵ年計画を打ち立てた。当時，住宅建設が困難であった最大の原因は，宅地の取得難であった。住宅不足の著しい大都市圏では，無計画に小規模な宅地開発がなされ，スプロール現象が激化していた。住宅金融公庫は個人に住宅取得資金を貸し付ける制度であるから，スプロールの促進要因にはなりえても抑制する効果はもちえない。公営住宅は各自治体が計画的に整備するものであるが，自治体の範囲を超える広域的な宅地開発は不可能である。日本住宅公団は，そうした課題に取り組むべき公的住宅供給機関として，戦前の住宅営団を参考にして設立された。

根拠法である日本住宅公団法には，「日本住宅公団は，住宅の不足の著しい地域において，住宅に困窮する勤労者のために耐火性能を有する構造の集団住宅及び宅地の大規模な供給を行うとともに，健全な新市街地を造成するための土地区画整理事業を施行することにより，国民生活の安定と社会福祉の増進に寄与することを目的とする」[5]とある。ここからわかるとおり，公団は，設立当初から鉄筋コンクリートの集合住宅が立ち並ぶ「団地」の建設という使命を帯びていたといってよかろう。

公団がターゲットとしたのは，自力で持家が取得できる層(公庫がカバー)と低所得層(公営住宅がカバー)の中間層であった。公団の成立により，日本の住宅政策は国民のほぼすべてをその対象に収めることとなった。公団の大きな功績としては，大都市圏における新しい住まいのあり方として，「団地」や「ニュータウン」を発明したことにある。公団は，主として大都市圏郊外に，約128万戸の住宅を建設してきた(**図6-5**)。東京都の多摩ニュータウン，愛知県の高蔵寺ニュータウン[6]，神奈川県の港北ニュータウンなど，農地や山林を切り開いて1つの市を凌駕する人口を抱える正真正銘のニュータウンを建設するプロジェクトの多くは，公団が事業主体となるか，公団の関与によって達成された(**表6-3**)[7]。こうしたプロジェクトを予算の制約内で実現するためには，これまでにない建築技術の開発が不可欠であり，公団はそれにも取り組んだ[8]。

公団が提示した新しい住まいのあり方は，ミクロなレベルでも大きな影響力をもっていた。畳にちゃぶ台の生活に代わり，椅子座での生活を

図6-5 公団住宅（現UR住宅）の分布

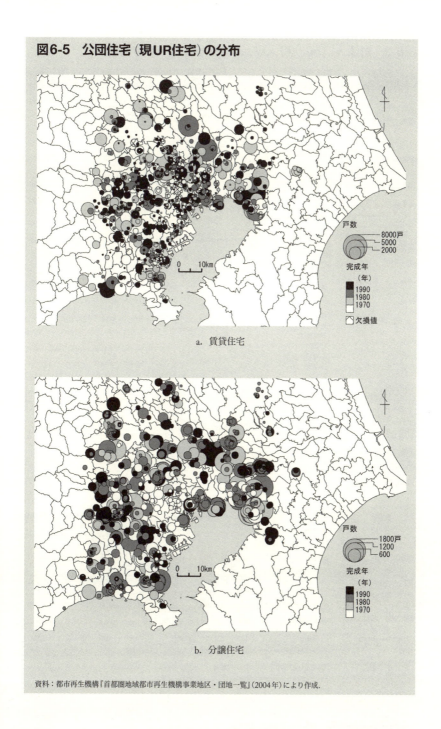

a. 賃貸住宅

b. 分譲住宅

資料：都市再生機構『首都圏地域都市再生機構事業地区・団地一覧』(2004年)により作成．

表6-3　計画人口50,000人以上の大規模ニュータウン開発

地区名	所在地	施行面積(ha)	事業主*	事業手法**	事業年度	計画戸数(戸)	計画人口(人)
多摩ニュータウン	東京都多摩市 稲城市 八王子市 町田市	2,861	東京都 各市町村 都市機構 公社 組合	新住 区画整理	1964～2005	62,148	340,330
多摩田園都市	東京都町田市 神奈川県横浜市 川崎市 大和市	3,207	組合	区画整理	1959～2005	18,183	305,329
港北ニュータウン	神奈川県横浜市	1,341	都市機構	区画整理	1974～2004	56,320	220,750
泉北ニュータウン	大阪府堺市 和泉市	1,557	大阪府	新住 公的一般	1965～1982	54,000	180,000
つくばエクスプレスタウン	茨城県つくば市 つくばみらい市 埼玉県八潮市 三郷市 千葉県柏市 流山市	2,296	都市機構	区画整理	1993～2029	51,090	162,000
千里ニュータウン	大阪府吹田市 豊中市	1,160	大阪府	新住 一団地	1960～1969	37,330	150,000
けいはんな学研都市	京都府京田辺市 木津川市 精華町 大阪府枚方市 四條畷市 奈良県奈良市	1,844	都市機構 公社 民間 個人	区画整理 開発許可	1970～2014	36,744	145,770
千葉ニュータウン	千葉県船橋市 印西市 白井市	1,930	都市機構 千葉県	新住	1969～2013	45,600	143,300
神戸三田国際公園都市	兵庫県神戸市 三田市	1,853	都市機構 兵庫県	新住 区画整理	1971～2014	37,892	141,700
千葉市原ニュータウン	千葉県千葉市 市原市	974	都市機構	区画整理	1977～2002	34,900	130,000
西神ニュータウン	兵庫県神戸市	1,324	神戸市	新住	1971～2015	35,900	116,000
須磨ニュータウン	兵庫県神戸市	895	神戸市 都市機構 組合	新住 区画整理 一団地	1961～1996	29,800	113,000
筑波研究学園都市	茨城県つくば市	2,696	都市機構	新住 区画整理 一団地	1968～1998	26,278	106,200
むさし緑園都市	埼玉県川越市 鶴ヶ島市 東松山市 坂戸市	818	都市機構	区画整理	1970～2011	24,606	94,000
常総ニュータウン	茨城県常総市 取手市 守谷市 つくばみらい市	781	都市機構	区画整理	1971～2014	20,610	87,500
高蔵寺ニュータウン	愛知県春日井市	702	都市機構	区画整理	1965～1981	20,600	81,000
浦安Ⅰ期	千葉県浦安市	874	千葉県	公的一般	1961～1996	20,000	71,000
竜ヶ崎ニュータウン	茨城県龍ケ崎市	671	都市機構	区画整理	1977～2000	17,710	70,000
稲毛海浜ニュータウン	千葉県千葉市	428	千葉県 千葉市	その他	1969～1983	17,400	64,000
成田ニュータウン	千葉県成田市	482	千葉県	新住	1968～1986	16,000	60,000
板橋	東京都板橋区	332	都市機構	区画整理	1966～1971	17,050	60,000
志段味ヒューマンサイエンスタウン	愛知県名古屋市	761	組合	区画整理	1983～2018	―	55,000
検見川海浜ニュータウン	千葉県千葉市	343	千葉県	公的一般	1970～1985	13,600	50,000

*都市機構とあるのが，日本住宅公団を意味する。
**事業手法における新住とは，新住宅市街地開発事業を意味する。
資料：国土交通省資料により作成（http://www.mlit.go.jp/totikensangyo/totikensangyo_tk2_000065.html　2018年9月5日閲覧）。

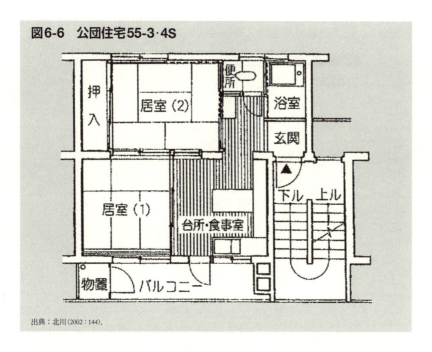

図6-6　公団住宅55-3・4S

出典：北川（2002：144）．

念頭に置いた公団2DKは，比較的所得の高い，若いサラリーマン世帯の人気の的となった[9]。2DKのプランは，基本的には公営住宅の51Cと同じだが，福祉的な意味合いの強い公営住宅よりもより広い階層を対象にした公団住宅として供給されたことにより，より大きな影響力をもつことになった（**図6-6**）。団地住まいのサラリーマン世帯は「団地族」と呼ばれ，高度成長期を象徴する存在であった。

　団地族とは，どのような世帯だったのだろうか。1960年に入居を開始した常盤平団地（千葉県松戸市）の最初期の入居世帯を見ると，世帯主の3分の2は都心勤めのサラリーマンで，年齢は20〜30歳台，夫婦2人か幼い子どもとともに入居している（**表6-4**）。毎月勤労統計によると，1960年の東京都における平均現金給与月額（事業所規模30人以上）は，2万7350円であるから，団地族は年齢の割には高給取りであったとみてよい。前住地は都心部と西部以外の東京都区部が多く，居住地移動研究のセオリーどおり，都市圏の同一セクター内における外向的な移動が卓越していたことになる（中澤・川口2001）。その少なからぬ部分は，非大都市圏の「家」

表6-4 松戸市常盤平団地入居世帯の属性

		人(世帯)	%
本人勤務先所在地	東京都区部中心部*	319	66.8
	東京都区部全域	457	95.8
本人前住地	東京都区部中心部	77	16.1
	東京都区部西部**	77	16.1
	その他の東京都区部	227	47.6
	東京都区部全域	381	79.9
入居予定人数	2人	202	42.3
	3人	130	27.2
世帯形態	夫婦のみ	193	40.4
	夫婦と幼児(0～5歳)	107	22.4
本人年齢	20歳台	205	43.0
	30歳台	203	42.6
世帯月収	3.0～3.5万円未満	158	33.1
	3.5～4.0万円未満	116	24.3
本人職業	被雇用者(民間)	269	56.4
	被雇用者(官公)	64	13.4

*千代田区，中央区，港区，台東区，文京区．
**中野区，杉並区，世田谷区，目黒区．
注)1960年9月までに入居した477世帯に関するデータ．
資料：青木(2001：125)により作成．

図6-7 公団の住宅建設戸数

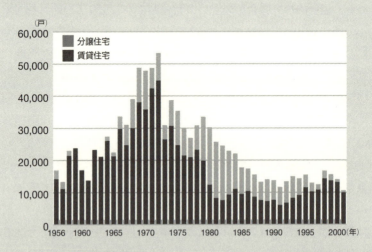

注)日本住宅公団の後継組織による建設を含む．
資料：本間(2004：198)により作成．

家族を離れて大都市圏に移住し，常盤平団地で「家庭」家族を形成する途上にあったのであろう。そして，子どもの誕生や成長を迎えるにつれて，次なるステップである戸建持家の取得を目指し，常盤平の周辺もしくはより都心から離れたところに転居していったと予想される(第8章)。

　高度成長期，公団は順調に住宅供給戸数を伸ばしてきた(**図6-7**)。高度成長期に主に手掛けてきたのは賃貸住宅の供給であったが，1960年代後半からは分譲住宅の建設も積極的に行うようになる。オイルショックとともに，日本住宅公団は，1981年に住宅都市整備公団へと組織改編が行われ，都市再開発なども手掛けることになる。やがてバブル崩壊によって再開発用地が不良債権化すると，今度は1999年に都市基盤整備公団へと再編される。そして2004年には都市再生機構へと再編され，基本的に住宅の新規供給を行うことはなくなった。

日本の住宅政策の歴史

　前章と本章を通じて，駆け足で日本の住宅政策の歴史を見てきたことになる。これを簡単に整理しておこう。大日本帝国憲法には，基本的人権である生存権の規定はなく，住宅政策は臣民権にもとづく恩寵として与えられたにすぎない。ただ，内務官僚がハワードの著作をいち早く紹介したことに表れているように，住宅政策の担い手が人々によりよい住まいを提供したいという理念を持ち合わせていたことは確かである。その理念が先行してしまったことにより，戦前の住宅政策はかえって不完全なものとなり，深刻な住宅難にはほとんど効力を示しえなかった。住宅政策の手段という点では，自治体による住宅の直接供給(公益住宅)，住宅金融(住宅組合)，住宅供給専門機関の設立(同潤会，住宅営団)と戦後に見られるものは戦前におおむね出そろっていたといえる。

　終戦直後の著しい住宅不足のなかで日本国憲法が公布・施行され，そこに生存権が規定されると，住宅政策は「健康で文化的な最低限度の生活」の基盤を保障する重要な意味をもつこととなり，政府は「戦後住宅政策の3本柱」によって生存権の理念を具現化しようとした。西川(2004)は

1955年の日本住宅公団の設立をもって,「住宅の55年体制」が成立したと指摘した。「住宅の55年体制」は,自民党の安定政権という「政治の55年体制」のもとでの高度経済成長,そして「20世紀型近代家族」あるいは「家庭」家族の規範化・標準化という「家族の55年体制」(落合1997)と密接不可分の関係にある。

　持家主義に傾斜していたとはいえ,「住宅の55年体制」とは,3本柱によって支持された住宅政策の軒下に,ほぼすべての国民が納まる体制であった。それでも,この体制からこぼれおちてしまう人々はいた。なぜなら,「住宅の55年体制」が想定する家族像は,「家族の55年体制」の定義する「標準家族(世帯)」だったからである。標準家族とは,サラリーマンとして働く夫,専業主婦,子どもが2人という核家族であり,「家庭」家族に他ならない。設立当初からかなり長い間,3本柱をなす政策のいずれもが単身者を対象外としていたことが示すように,「住宅の55年体制」は,社会階層の点では全国民をカバーしているように見えて,標準ではないライフコースの人が制度から抜け落ちてしまう構造だったのである。

　社会階層について付け加えると,「戦後住宅政策の3本柱」は,それぞれの政策対象の違いを通じて,住宅階級(Housing Class)を生み出してきたことも無視できない(由井1999)。つまり,公営住宅は低所得者の住まい,公団住宅はこれから持家へとステップアップしていくであろう若い家族の住まい,公庫による持家はマイホームの所有を実現したゆとりある家族の住まい,という序列づけに結びついてしまった。住宅は土地に固着した不動産であるから,そうした序列が可視化され,場所が特定されることも事態を厄介にする。

　住宅が商品として所有され,住宅市場で売買されている以上,空家の増加が焦眉の課題となる現在においても,ディーセントな住宅が全国民に行き渡ることはない。都市の地下街や公園の片隅にホームレスと呼ばれる人々を見つけることは難しくないし,高齢単身者が身を寄せる簡易宿泊施設などが火災に遭遇する痛ましいニュースはなくならない。それにもかかわらず,1990年代以降,日本の住宅政策は,3本柱のすべてが

事実上折れてしまったとでもいうべき変化を経験したのである。1990年代と比べて平均所得は大きく目減りし,「健康で文化的な最低限度の生活」の基盤である住宅を確保するうえで,支援を必要とする人はむしろ増えたにもかかわらず,である。この経緯については第10章で詳しく説明する。

1) http://www.shugiin.go.jp/internet/itdb_housei.nsf/html/houritsu/00719500506156.htm (2018年10月19日閲覧)。
2) http://elaws.e-gov.go.jp/search/elawsSearch/elaws_search/lsg0500/detail?lawId=326AC1000000193&openerCode=1 (2018年10月19日閲覧)。
3) 国土交通省住宅局資料による (http://www.mlit.go.jp/common/001139782.pdf 2018年9月5日閲覧)。
4) 2013年住宅・土地統計調査による。
5) http://www.shugiin.go.jp/internet/itdb_housei.nsf/html/houritsu/02219550708053.htm (2018年10月19日閲覧)。
6) 谷 (1997) は,高蔵寺ニュータウンにおいて戸建持家を取得した世帯を対象に,ライフコースの概念を意識的に導入して居住経歴を分析しており,類似した研究の嚆矢として一読を勧めたい。
7) 公団が事業主体となっていない千里ニュータウンや泉北ニュータウンでも,公団住宅は多数建設された。
8) 日本住宅公団とその後継組織の行った建築技術開発については,以下が参考になる (https://www.ur-net.go.jp/architec/pnf/ing_report_ken/pdf/ing_ken.pdf 2018年9月5日閲覧)。
9) まだ多くの家庭がちゃぶ台で食事を採っており,家具としてのダイニングテーブルが普及していなかった昭和30年代の公団住宅では,ダイニングテーブルが備品として備え付けられていたという (青木2001)。

[文献]
青木俊也 2001『再現・昭和30年代団地2DKの暮らし』河出書房新社。
落合恵美子 1997『新版 21世紀家族へ——家族の戦後体制の見かた・超えかた』有斐閣。
小野浩 2013「1940年代後半の戦災都市における住宅復興——戦後統制下の住空間の創出と分配」社会経済史学79巻191-212頁。
北川圭子 2002『ダイニング・キッチンはこうして誕生した——女性建築家第一号 浜口ミホが目指したもの』技報堂出版。
鈴木成文・上野千鶴子・山本理顕・布野修司・五十嵐太郎・山本喜美恵 2004『「51C」——家族を容れるハコの戦後と現在』平凡社。
谷謙二 1997「大都市圏郊外住民の居住経歴に関する分析——高蔵寺ニュータウン戸建住宅居住者

の事例」地理学評論70巻263-286頁。
中澤高志・川口太郎2001「東京大都市圏における地方出身世帯の住居移動――長野県出身世帯を事例に」地理学評論74巻685-708頁。
西川祐子2004『住まいと家族をめぐる物語――男の家，女の家，性別のない部屋』集英社。
西山夘三1942『住宅問題』相模書房。
西山夘三1947『これからのすまい――住様式の話』相模書房。
西山夘三1952『日本の住宅問題』岩波書店。
浜口ミホ1949『日本住宅の封建制』相模書房。
本間義人1983『現代都市住宅政策』三省堂。
本間義人2004『戦後住宅政策の検証』信山社。
本岡拓哉2015「1950年代後半の東京における『不法占拠』地区の社会・空間的特性とその後の変容」地理学評論88巻25-48頁。
由井義通1999『地理学におけるハウジング研究』大明堂。
渡辺裕之1993『汽車住宅物語――乗り物に住むということ』INAX出版。

第7章 向都離村と集団就職の時代

> 時代設定と問題設定

　前章でみたように，終戦直後の政府には劣悪な住宅事情に手を付けようにも余力がなかった。1950年に住宅金融公庫が，1951年には公営住宅が，1955年には日本住宅公団が順次登場し，ようやく戦後日本の住宅政策の3本柱が整うことになった。それとほぼ同時期に，日本経済は高度成長期に突入する。

　戦後の日本において高度成長期とされるのは，おおむね1955～1973年であり，昭和でいえば30～40年代に相当する。日本の戦後復興とそれに続く経済成長は，それまで世界に類を見ないほどの急速な成長であり，「東洋の奇跡」と呼ばれた。高度成長期が始まった1955年には「改憲・保守・安保護持」を掲げる自由民主党と，「護憲・革新・反安保」を掲げる日本社会党の二大政党体制のもとで「55年体制」が確立し，政治的にも安定期を迎える。

　高度成長期のGDP成長率は年平均10％程度であったが，1973年に第一次石油危機が起こると多くの先進資本主義国が経済成長率の低下を経験し，日本経済も安定成長期へと移行する(**図7-1**)。それでも，年平均4％程度という日本のGDP成長率の水準は，他の先進国に比べれば高かった。そのため，『ジャパン・アズ・ナンバーワン』(ヴォーゲル1979)がベストセラーになったことが象徴するように，日本経済の「強さ」に対する関心は弱まることなく継続した。

　1991年にバブル経済が崩壊すると，経済成長率は大きく低下し，間も

図7-1 GDP実質成長率の推移

資料：国民経済計算，内閣府SNAにより作成．

なく55年体制も崩壊して経済のみならず政治的にも混乱の時期が到来した。低成長期に入って以降の年平均GDP成長率は約1％であり，経済成長率がマイナスに陥る年度も散見される。好景気といわれる年度でもGDP成長率はせいぜい2％であり，高度成長期はおろか，安定成長期と比べても明らかに低水準である。

日本が未曽有の高度経済成長を経験できた理由については，内外の多くの論者がさまざまな説明を加えている。しかし，安価で良質な労働力が存在したことは，高度経済成長の理由の一つとして，衆目の一致するところであろう。高度成長期は，労働力，より正確には労働力をもった労働者が，非大都市圏から大都市圏に集中していく時期でもあった（図7-2）。1960年代前半の東京圏は，年間30万人を超える転入超過を記録し続けたのである。

大都市圏への労働力の流入は，高度成長期の終焉とほぼ時を同じくして急減する。15年以上にわたる大都市圏の大幅な転入超過は，なぜこれほどまでに劇的な幕切れとなったのか。単に経済成長率が低下したとい

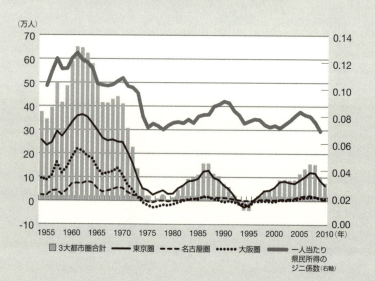

図7-2 三大都市圏の転入超過数と所得の不平等度

東京圏：埼玉県，千葉県，東京都，神奈川県，名古屋圏：岐阜県，愛知県，三重県，大阪圏：京都府，大阪府，兵庫県，奈良県．
注）ジニ係数は不平等度を測る指標の1つで，0～1の値をとり，値が大きいほど不平等度が大きくなる．
資料：国立社会保障・人口問題研究所『人口統計資料集』および県民経済計算により作成．

うだけでは説明しつくせない事情がそこにはある．

本章では，高度成長期のなだれを打つような向都離村と，高度成長期の終わりを画するその幕切れをめぐって，大きく4つの問題設定をし，それに解答する形で論を進める[1]．

第1の問いは，「大都市圏に流入したのは，どういう人たちだったのか」である．具体的には，彼／彼女らは，いつ頃生まれ，どういう属性をもっていたのかを問う．

第2の問いは，「なぜ，彼／彼女らは，大都市圏に移動したのか」である．おおざっぱに言えば経済的理由から移動したわけであるが，これを非大都市圏側の要因と大都市圏側の要因に分けて，資料に即して整理する．

第3の問いは，「どのようにして，彼／彼女らは大都市圏に移動したのか」である．人口移動の分析で伝統的に使われてきた重力モデルは，万

有引力の法則を人口移動に当てはめ、都市の魅力が人を引き付けるために人口移動が起こると想定するが、それは単なるアナロジーに過ぎない[2]。高度成長期に発生した非大都市圏から大都市圏への人口移動の多くは、就職を理由としていた。しかし、職探しをしようにも、当時はインターネットやスマートフォンなどという便利なものはなかった。人々は、いったい何を頼りに就職先を見つけたのであろうか。

第4の問いは、「1970年頃を境に、大都市圏への転入超過が急減したのはなぜか」である。これは非常に考えさせられる結論となるので、後に詳しく論じることにしたい。

人口転換と潜在的他出者（第1の問い）

図7-3は、1960年国勢調査による都道府県間の年齢階級別人口移動率である。現実の人口移動は、移動距離が短距離になるほど発生頻度が高くなるが、本章が問題としているのは非大都市圏から大都市圏へ向かう長距離の移動であるため、ここでは都道府県間の移動に限定している。1990年以降の国勢調査では5年前の常住地を前住地とみなしているが、1960年国勢調査では1年前の常住地を尋ねているので、ここで示されるのはおおむね過去1年間の移動率である[3]。現在、移動率が最も高いのは20歳台前半であるが、高度成長期には中卒や高卒での就職が多かったため、僅差ではあるがこの時点では10歳台後半の移動率の方が高い。

10歳台後半から20歳台前半に長距離移動のピークがくることから逆算すると、高度成長期に大都市圏に流入してきたのは、1930〜50年頃に生まれた人々であると予想できる。この年代に生まれ、非大都市圏から大都市圏へと移動した人々を、人口転換との関連において人口学的に位置づけたい。

人口転換とは、ある国や地域の自然動態が、社会や経済の発展にしたがって「多産多死」から「多産少死」をへて「少産少死」へという段階をたどるという経験則である。多産多死の状態では、出生率と死亡率はともに高止まりしており、人口の自然増加がほとんど見られない。異常気象

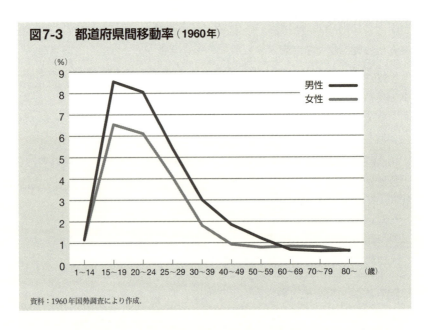

図7-3　都道府県間移動率（1960年）

資料：1960年国勢調査により作成．

や災害への対応力が十分でないうえ，疫病や紛争などもたびたび発生するため，出生率や死亡率の年変動も激しい．

　衛生観念が浸透し，医療が発達してくると，高い水準の出生率を維持したまま，死亡率（特に乳幼児死亡率）が先行して低下し，多産少死に至る．この局面では，「人口爆発」と呼ばれるほどに人口が急増することもある．さらに生活水準が上昇すると，出生率は低下を始めるが，高水準の人口増加はしばらく継続する．生活水準がさらに上昇し，産児調整によって少ない子どもに手をかけて育てるようになり，少産少死の段階に至る．

　伝統的な人口転換理論においては，合計特殊出生率は置換水準(2.1)付近で停滞し，静止人口に至るとされてきた．しかし日本を含む多くの先進国では，合計特殊出生率は置換水準を継続的に下回っている．このような変化は，第2の人口転換（ヴァン・デ・カー2002）と称されている．第2の人口転換の要因は，結婚や出産にまつわる規範の変化に求められる．結婚や出産が人生における選択肢の一つにすぎなくなると，未婚率が上昇するとともに，結婚したとしてもそれが必ずしも世代の再生産と結びつかなくなる．とりわけ，仕事などを通じた自己実現をより重視する女

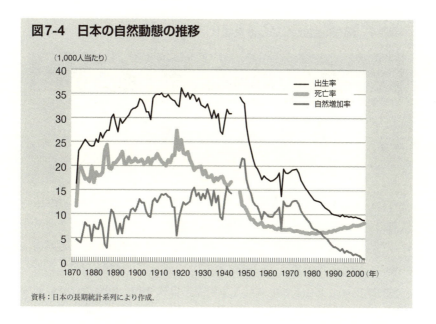

図7-4 日本の自然動態の推移

資料：日本の長期統計系列により作成．

性が増え，女性のリプロダクティブヘルス・ライツが尊重されるようになってきたことが重要である．

　図7-4が示すとおり，日本は多産多死から多産少死を経て少産少死へという一連のプロセスを，約25年間というきわめて短い期間に圧縮された形で経験した．それをふまえ，伊藤(1984)は，人口転換と対応させて，多産多死世代，多産少死世代，少産少死世代の3世代を設定し，高度成長期に発生した大都市圏への大量の人口流入を説明している(表7-1)．多産多死世代に相当するのは，1925年以前に生まれた人々である．1925年以前の夫婦は平均5人の子どもをもうけたが，当時の日本は多産多死の状態から脱却しておらず，乳幼児死亡率が高かったため，そのうち成人する子どもの数は約半分の2.5人にすぎなかった．

　それぞれの家族がイエの継承を目指すとすると，その実現のためには，平均的にみて1組の夫婦あたり2人の子どもが成人し，さらに次の世代を再生産する年齢まで生き残っていればよい．一方でイエを継ぐことができない子どもたちは，雇用労働の機会が乏しい非大都市圏では生活の糧を得ることができないため，地元を離れざるをえない．この他出せざる

表7-1 潜在的他出者からみた世代区分

世代区分 (出生時期)	世代の性格	親の出生時期	親からみた平均出生児数	コーホート生残率 (男40歳まで)	成人子ども数	潜在的他出者(率)
1925年以前	多産多死	1890～1905年	5	約50%	2.5	0.5 (20%)
1925～50年	多産少死	1905～1930年	4.8→2.3	70～80%	約3	1 (33%)
1950年以降	少産少死	1930年以降	2.2	約95%	2	0 (0%)

出典：伊藤(1984：34)を一部改変。

をえない子どもたちを，伊藤(1984)は「潜在的他出者」と呼んだ。1925年以前に生まれた多産多死世代では，成人する子ども数は2.5人であるから，潜在的他出者は1組の夫婦あたり0.5人，子ども全体に占める割合は20％ということになる。

　1925年から1950年に生まれた多産少子世代では，出生数はやや減少したが，乳幼児の死亡率も大幅に低下したため，成人する子どもの数は夫婦あたり3人に増加した。つまり潜在的他出者は，夫婦あたりでみると倍増(0.5人→1人)し，子ども全体の3分の1が潜在的他出者ということになる。1950年以降になると乳幼児死亡率はさらに低下するが，いわゆる「2人っ子規範」が浸透したため，ほとんどの夫婦は潜在的他出者をもたなくなる(少産少死世代)。高度成長期に大都市圏に流入したと考えられる1930～50年頃に生まれた人々は，前後の世代に比べて多くの潜在的他出者を抱えていた多産少子世代にまさに該当する。そして，潜在的他出者の少ない少産少死世代が就職や進学の時期を迎えたちょうど1970年前後に，大都市圏への人口流入が激減したことがわかる[4]。

　第1の問いには，次のように答えることができよう。高度成長期に非大都市圏から大都市に流入した人たちの中心は，1930～50年頃に生まれた人たちであり，非大都市圏では跡継ぎになる見込みが薄かった人たちが中心である。跡継ぎということと関連して，多産少子世代では，続柄が次男以下の方が長男よりも他出率が高かった(山口2002)。非大都市圏出身者の他出率の絶対水準は長男であってもかなり高いが，長男の場合には，いったん転出しても地元にUターンする割合が，次男以下よりも高

かった (江崎2002)。

　高度成長期には，就職を機に他出した非大都市圏出身の女性も多かったが，絶対量は男性の他出者の方が多かった。そのため，若年期の人口分布に関して，男女の間でギャップが生まれていた。このギャップを解消する働きを担ったのが，結婚を契機とする女性の移動であった (中川2001)。多産少子世代の非大都市圏出身の女性には，結婚時に離家し大都市圏郊外に直接流入する人が少なくなかったのである (谷1997)。

非大都市圏のプッシュ要因と大都市圏のプル要因 (第2の問い)

　第2の問い，「なぜ，彼/彼女らは，大都市圏に移動したのか」に移ろう。人はさまざまな思いを抱いて，さまざまな理由から移動する。本質的に異なる移動を労働力移動に回収し，移動元地域と移動先地域の賃金あるいは失業率の格差や，移動の費用と便益の比較によってこれを説明しようとする経済主義にとらわれる事は危険である。しかし，資本主義の下では，大部分の人が労働者として自らの賃金を労働市場で販売し，それによって得た賃金で生活していることは厳然たる事実である。ここでは，高度成長期の非大都市圏から大都市圏への移動をあえて労働力移動とみなし，第2の問いに答えることとする。

　労働力移動の要因について考える時には，プッシュ要因とプル要因に分けて考えると整理しやすい。プッシュ要因とは移動元地域が移動者を押し出す要因のことで，プル要因とは移動先地域が移動者を引き寄せる要因のことである。

　まず，非大都市圏のプッシュ要因を考えよう。高度成長期が始まった1955年頃，人口転換の過程で発生した多産少死世代が教育期間を終える時期となり，農村では潜在他出者が増加した。高度成長期以前，労働力の主たる担い手が多産多死世代であった時期にも，農村に潜在的他出者は存在したが，結婚までは実家に残って農業を手伝うのが普通であり，潜在的他出者が大都市圏への他出者として顕在化することは少なかった。

　加瀬 (1997：25) は，高度成長期のとば口に当たる時期，山形県の農家の

次男・三男に職を与える一種の労働キャンプに収容され，砂防工事に従事していた若者たちの詩を紹介している。そこからは，イエの持駒として親に従う若者の焦燥感が伝わってくる。

「『家でこげなごとばりしてで俺はなじょなるんだ』
　しつような程までにこういってきたのだが
『今までおがしてもらって親の言うことを聞かんにえか百姓さえしていれば喰ってえがれる』
　……反発してももがいても自分ひとりでは食べられない
　焼けるようなじれったさ『家を飛び出したい』
　そんなことだけを考えていた
　……人はよく指摘し　何かを叫び　何かを訴える
　だが施策がない　あっても空転だけのことなのだ」

　高度成長期は，大都市圏において重化学工業化が進むのと同時に，農村において機械化の進展や圃場整備，新品種の導入などにより，農業の労働生産性が向上し，省力化が進んだ時期でもあった。農業の労働生産性が上がったとはいっても，大都市圏の製造業との生産性格差は大きく，農業の相対賃金はかえって低下した。これらが農村側のプッシュ要因である。こうして余剰労働力化した農家の次男以下は，文字どおりの潜在的他出者となり，より高い賃金，よりよい生活を求めて大都市圏へと移動を始めたのである。言い換えれば，潜在的他出者が大都市圏への他出者として顕在化したのが，高度成長期だったのである。
　戦前であれば，潜在的他出者にとっては，北海道への開拓や植民地への入植も移動先の選択肢となった。食糧増産が至上命題であった終戦からしばらくの間は，条件が悪くこれまで農地として利用されてこなかった土地に入植して開拓する動きもあった。また，横浜や神戸から移民船に乗り，南米などに新天地を求めた人もいた。こうした人々の経験は，戦後の歴史の一齣として記録し，語り継いで行くべきである。しかし，高度成長期に農村で発生した余剰労働力の大部分を受け止めたのは，あ

くまでも国内の大都市圏であった。
　加瀬(1997：62)は，跡継ぎ以外が新たな生活を求めて次々に都会へと出ていくなかで，取り残される長男の苦悩が見て取れる「生活綴方」の例も紹介している。

　　「『俺東京さえぐ』『俺も東京』『俺も出てぐ』二三男は動き出した
　　　この重労働の生産
　　　──軽労働であるサラリーマンを夢見ながら」
　　「でも二三男よ二三男の労働，仕事は変わっても，俺たち長男だけは変わらないのだ
　　　二三男そして俺達が今まで続けてきた『炭やき』，その炭焼を俺たちは相変わらず続けなければならない
　　　……残された落第生のように，モノ云うことのできぬ牛馬と同じく」
　　「でも，俺たちは都会に出る事を考えない。そう自分に言いきかせている。長男だからと……二三男よ，長男は君たち以上に悲しいのだ」

　農業の労働生産性向上による潜在的他出者の顕在化という非大都市圏のプッシュ要因を指摘することは易しい。それよりも重要なのは，そのプッシュ要因が誰に対しても等しく働いたわけではないことであり，諸個人を労働力という量的存在に還元することの危険性を改めて認識することである。
　大都市圏の側のプル要因については，簡単に見ておくにとどめる。高度経済成長の足掛かりとなったのは，1950年に始まった朝鮮戦争によって日本がアメリカ軍の出撃基地となったことである。いわゆる朝鮮特需によって景気が浮揚し，日本経済は本格的な高度成長の軌道に乗ることになる。日本の高度経済成長は，大都市圏をエンジンとして国民経済全体が牽引される形で進んできたといってよい。その中心となったのは，成長しつつあった重工業を中心とする製造業であり，その急速な成長により，大都市圏では深刻な人手不足が発生した。それを大都市圏側のプル要因として非大都市圏から多くの人口が流入するようになると，増加

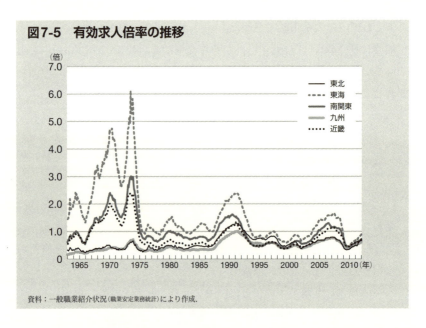

図7-5 有効求人倍率の推移

資料：一般職業紹介状況（職業安定業務統計）により作成．

した人口によって商業やサービス業の需要も増加し，人手不足はさらに激しくなった．

　高度成長期の有効求人倍率を見ると，東北と九州では1はおろか0.5を割り込んでおり，労働市場そのものが十分に展開していない状況であったことがわかる（図7-5）．これに対して三大都市圏の有効求人倍率は優に1を上回り，特に製造業が集積している東海の有効求人倍率が突出している．こうした地域格差の存在が，非大都市圏から大都市圏への大量の人口移動を引き起こしたのである．

　かくして第2の問い，「なぜ，彼/彼女らは，大都市圏に移動したのか」については，農村の側のプッシュ要因と，大都市圏の側のプル要因から，ひとまず答えることができたものとする．

新規学卒労働市場の制度化（第3の問い）

　第3の問い，「どのようにして，彼／彼女らは大都市圏に移動したのか」にあらかじめ簡単に答えておくと，地元を離れた非大都市圏出身者のほ

とんどは，一般に「集団就職」と呼ばれる制度の仲介によって，大都市圏に移動したということになる。山口（2016）が詳しく説明しているように，「集団就職」とは，正確には「広域職業紹介制度」「集団赴任制度」「集団求人制度」という別々の制度の複合体である。

●ナショナルな労働市場？

集団就職の中核をなす広域職業紹介制度の起源は，公営職業紹介所の開設を定めた職業紹介法（1921年）にさかのぼる。1925年には，18歳未満の少年職業紹介について特別な取り扱いをすることが定められ，小学校の新規学卒者を主たる対象とするものとされた（菅山・西村2000）。戦間期にあたるこの時期，特に大都市圏では，小学校を卒業した少年が教育と仕事との隙間の期間に行き場を失い，失業と転職を繰り返していることが「少年不良化」の温床になっていると懸念されていた（菅山2000）。「少年不良化」がもたらしかねない，思想と治安両面の悪化を防ぐためには，学校と職業の間断なき接続が有効であると考えられたのである。

1938年の職業紹介所の国営化は，戦時体制を支える労働力を適正に再配置するための布石であり，その統制は新規学卒労働市場にも強く及んだ。小学校は就職を希望する生徒の希望（県内／県外を含む）を調査し，求人については職業紹介所が調査する。それらは県庁を通じて厚生省に報告され，厚生省はそれらの情報を取りまとめて各県に流し，労働力需給の地域的平準化を促すという仕組みであった。

戦後，義務教育が中学校までに延長されると，これまでの制度を流用する形で新規学卒労働市場が制度化され，4月の新卒一括採用が定着していった。大都市圏と非大都市圏との間に存在する労働力需給の空間的ミスマッチを解消しようと，1947年には需給調整会議が開始され，1961年にはより合理的で効率的なマッチングを目指して新規学校卒業者需給調整要綱が制定された。こうして，新規学卒労働市場は，実態はともかく少なくとも制度的には，高度経済成長を支える労働力をナショナルなスケールでマッチングする場として成立した。

高度成長期前半には，中卒者が新規学卒労働市場の主役であったが，高度成長期後半になると，進学率の上昇によって中卒就職者は激減し，

主役の座を高卒者に譲ることになる。新規高卒者に対する職業紹介は，新規中卒者に対するものとは若干異なる。中卒者については，生徒の特性を把握している教員が生徒の適職探しの手助けをするが，建前上職業紹介はすべて職業安定所を通じて行われた。一方高卒者については，学校が求人票を直接受け付け，本来企業が実施すべき就職者の選抜をも高校が事実上代行し，職業紹介を行うことが可能である。現在では，高卒就職者は高卒者の20％程度にまで減少してしまったが，高卒就職の現場ではほぼ同様の制度が踏襲されている。

　労働力というきわめて特殊な商品が分配される場である労働市場は，経済学の理論が想定する自由市場とはかけ離れている。高度成長期，中学校・高校の就職担当教員は，生徒がより良い就職先を得られるように，企業訪問や求人開拓を繰り返した。人手不足に悩む求人側も，主要な労働力供給県に連絡員を置くなどして，学校訪問を頻繁に行っていた。県単位での求人・求職開拓も活発に行われた。学校側にとっては生徒のより良い就職先を継続的に確保するため，求人側にとっては安定的に労働力を確保するため，新規学卒労働市場においては生徒の就職を通じた実績関係がことのほか重視される。中卒にせよ，高卒にせよ，新規学卒労働市場では，担任や進路指導の教員が生徒の就職先の決定に大きな影響をもつ。優良就職先との信頼関係を崩さないようにと，学校は無理な説得をしてでも優秀な生徒を送り込もうとし，結果として希望に添わない企業への就職を余儀なくされる事例も発生した。生徒が二股をかけた就職活動をすることを禁じた「一人一社制」が採られたのも，求人側との信頼関係を重視したためである。実績関係が重視された背景には，出身地を離れて就職するにあたり，先輩が働いている就職先の方が安心できるという生徒の側の事情ももちろんあった[5]。

　実績関係にもとづく求人側と求職側の結びつきに沿って就職が行われる結果，特定の求人地域と求職地域の結びつきが構築されていく。重力モデルが示すように，人口移動を含めた空間的相互作用は距離に反比例して減少するというのが常識である。ところが，愛知県への新規中卒就職者の移動元地域を見ると，男女ともに中京圏やその周辺よりもむしろ

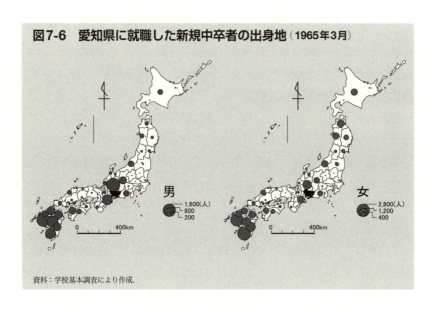

図7-6 愛知県に就職した新規中卒者の出身地（1965年3月）

資料：学校基本調査により作成．

九州や東北の，それも縁辺地域が多い（図7-6）。これは，愛知県と長崎県のように県レベルでの結びつきが形成されていたこと（山口2016）や，人手不足にあえいでいた愛知県の企業が，東北や九州の中学校や高校，職業安定所をまわるなどして，求人開拓に努め，実績関係の構築に成功した結果である。

　日本の新規学卒労働市場において最大のカテゴリーは，いまでは大卒労働市場となっている。理系の大学・大学院卒者については，いまでもみられる学部や学科，研究室を通じた推薦による就職が，非大都市圏から大都市圏への研究開発技術者の集中をもたらしてきた（中澤2008）。文系大卒者に関しては，いまでは大学の就職支援部局や教員がマッチングに直接関与することは少ないが，高度成長期には大学の関与による就職が広範にみられたという（本田2005）。つまり高度成長期とは，学歴にかかわらず，学校と企業の密接な結びつきをめぐって，新規学卒労働市場がナショナルなスケールで制度化された時代であったといえる。しかしここでいうナショナルとは，あくまでも制度の及ぶ空間スケールを言っているにすぎない。新規学卒労働力は，気体分子のようにランダムに動いていたわけでも，大都市圏の所得機会という重力に引き寄せられていった

159　　　　　　　　　　　　　　　　　　向都離村と集団就職の時代

わけでもない。新規学卒者は求人や求職にかかわるさまざまな主体の実践によって編み上げられた関係性に沿って移動し、その総体がナショナルな労働市場という幻影を浮かび上がらせていたとみる方が適切である。

● **集団赴任制度と集団求人制度**

労働力の本質は人間の肉体的・精神的能力であるため、それをもつ労働者から切り離して労働力だけを流通させることができない。したがって通勤圏を超える範囲で労働力を移動させる場合には、労働者を新たな生活の拠点へと移動させる必要がある。集団赴任制度は、新卒一括採用という制度の要請にもとづいて、大量の労働力を労働者ごと一度に移動させるための交通に関する制度である。

集団赴任の交通機関としては、バスや船、時代が下ると飛行機が用いられることもあったが、最も有名なのは臨時列車すなわち「集団就職列車」である。列車の窓から身を乗り出した「集団就職者」を見送る不安そうな家族の写真や、上野駅に降り立ち、教員に引率されて緊張した面持ちで歩く「集団就職者」の写真を目にしたことがある人も多いだろう。山口(2016)が明らかにしているように、集団就職列車の起源は戦時統制下における少年職業紹介に求めることができる、1962年度からは、日本交通公社が全国一律に実施するに至り、「計画輸送」という言葉が使われるようになった。最後の集団就職列車が走ったのは、1975年のことであった。

集団求人制度とは、商店街振興組合などの「地域別団体」や同業者組織である「業種別団体」が集団求人団体となり、集合的に新規学卒者を採用する制度である。これは、大企業と比較すると賃金や福利厚生の面でどうしても見劣りする中小企業や商店が、人手の確保という課題に対して歩調を合わせて取り組むものであった。加瀬(1997)のように、集団求人こそ、集団就職を特徴づけるものとみるむきもあるが、制度化された新規学卒労働市場における集団求人の位置づけは、量的にみればけっして大きなものではない(山口2016)。

制度化された新規学卒労働市場は、労働力の空間的ミスマッチを架橋する労働市場の媒介項(中澤2016)として機能し、日本の高度経済成長を支

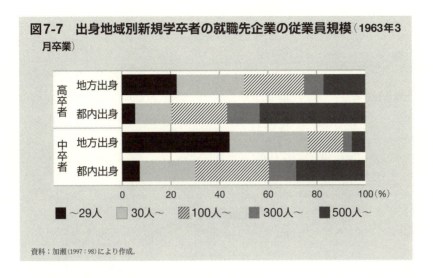

図7-7　出身地域別新規学卒者の就職先企業の従業員規模(1963年3月卒業)

資料：加瀬(1997：98)により作成．

えてきた。非大都市圏の新規学卒者からすれば，インターネットや携帯電話はおろか，固定電話すら一般家庭に普及していないなか，学校や職安が就職を仲介してくれることによって，見知らぬ大都市圏で職探しをしなくても済んだことになる。しかし，同じ東京都に就職した新規学卒者を比較すると，非大都市圏出身者の就職先の従業員規模は大都市圏出身者に比べて明らかに小さい(**図7-7**)。条件の良い職は，すでに大都市圏出身者によって占められており，埋まらない求人が非大都市圏出身者によって埋められたことになる。新規学卒労働市場は，知識や技術といったスキルとは無関係な出身地という属性に沿って労働力を振り分ける，きわめて不公正な制度であったといわざるをえない。

地理学と身体（第4の問い）

最後の問い「1970年頃を境に，大都市への転入超過が急減したのはなぜか」に移ろう。この問いは，「1950年頃を境に多産少死から少産少死に移行したのはなぜか」と言い換えられる。合計特殊出生率の軌跡は，この時期の多産少死から少産少死への移行がいかに急なものであったかを示している(**図7-8**)。合計特殊出生率は，戦時期に出征によって一時低下

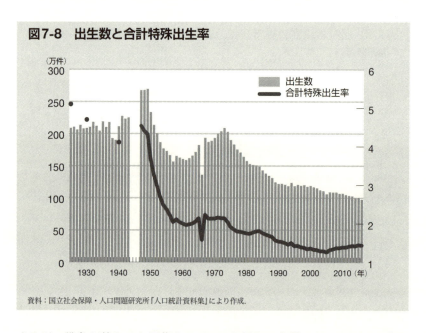

図7-8 出生数と合計特殊出生率

資料：国立社会保障・人口問題研究所『人口統計資料集』により作成.

するが，戦争が終わると回復をみせ，4を超える水準となった。この高まりが第1次ベビーブームであり，このときに生まれたのが「団塊の世代」である。しかし1950年頃を境に合計特殊出生率は急減し，置換水準(2.1)でしばらく停滞を続けた。そして，1970年代前半の第二次ベビーブームに際してわずかに上向いて以降は，置換水準を大きく下回る状況が続いている。ここでの問題は，1950年頃からの合計特殊出生率の急減が何によってもたらされたのかである。

多産少死から少産少死への転換をもたらした最大の要因は，人工妊娠中絶の一般化である。人工妊娠中絶は，1948年に優生保護法(現在は母体保護法)によって実質的に合法化された。優生保護法においては，「妊娠の継続又は分娩が身体的又は経済的理由により母体の健康を著しく害するおそれのあるもの」については，人工妊娠中絶ができるという規定があり，特に経済的理由という部分が拡大解釈を可能にした。それは，敗戦にともなう過剰人口と社会的混乱に対応するために，国家による生政治[6]として実施された側面もあった。

人工妊娠中絶の浸透は速やかであり，高度成長期初期の年間実施件数

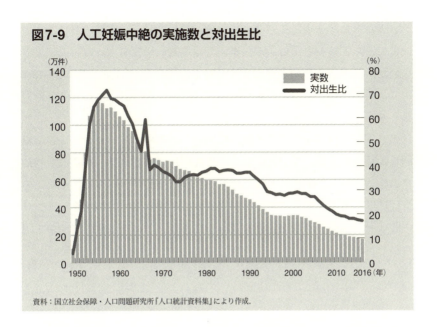

図7-9 人工妊娠中絶の実施数と対出生比

資料：国立社会保障・人口問題研究所『人口統計資料集』により作成．

は100万件を超えている（**図7-9**）。1957年には出生数100に対する人工妊娠中絶実施数が70を突破するほどであった。かくして日本の人口転換は，きわめて短期間のうちに完了し，人口規模の大きな多産少死世代が人口移動の主役となる期間は，そう長くは続かなかった。このように，非大都市圏から大都市圏への人口移動が急減した原因をたどると，人々が中絶によって「望まない出生」を抑制したことに行き着くのである。

　高度成長期の終焉と，新しく労働市場に参入する世代が多産少子世代から少産少死世代に交代した時期は，ちょうど対応していた。そのため，高度成長期が終わるのとほぼ同時に，非大都市圏から大都市圏への労働力移動は激減した。もし出生率の低下が起こらず，高度成長期が終わっても非大都市圏出身者が大都市圏に所得機会を求め続けていたとしたら，大都市圏は余剰労働力にあふれ，失業率の上昇などの社会問題が避けられなかったはずである。裏を返せば，人工妊娠中絶が一般化し，多産少死から少産少死への人口転換が起きていたからこそ，日本はその後も安定成長を維持することができたのかもしれないのである。

　ここで訴えたいのは，人口転換という社会の大きな転換を，そしてナ

ショナルなスケールでの労働力移動の大きな変動を，女性の身体が引き受けてきたという事実である。本書では理論的に立ち入った議論はできないが，スケールは地理学にとって最も重要な概念の一つである（Herod 2010）。地理学は，グローバルから超国家連合——国家——州——都道府県——市区町村——生活空間——居住空間（住まい）を経て身体まで，いずれの空間スケールをも扱える懐の広い学問である。どのスケールが特権的な地位にあるということはなく，それぞれの空間スケールは重層的に絡み合っている。そのことは，最もミクロな空間スケールである女性の身体に関わるポリティクスと意思決定が，国民経済に対応するマクロな空間スケールの行く末に影響を及ぼしてきた，という本章の結論から明らかであろう。

1) 本章の内容に関連する研究として，中澤（2007）も参照されたい。
2) 重力（空間的相互作用）モデルを説明する紙幅の余裕は，本書にはない。基本的な知識は，杉浦（1989）の第3章から得られる。
3) 「おおむね」というのは，過去1年間に複数回移動した場合，すべての移動がカウントされるわけではないからである。
4) もちろん，若者の大都市圏への人口流出がなくなったわけではない。丸山・大江（2008）は，1950年代後半以降に出生したコーホートでは，むしろ潜在的他出者仮説を超える人口の流出がみられることを明らかにした。
5) 新規学卒労働市場における一連の制度は，非大都市圏から大都市圏への就職に限らず，非大都市圏から非大都市圏への就職においてもみられた。高度成長期の福井県の織物産地では，大規模な機屋が職安や自治体と協力して，北海道や九州の産炭地などから集団就職者の受入に努めていた。詳しくは，中澤（2015）を参照されたい。
6) 生政治とは，ミシェル・フーコーが提示した概念である。臣民を殺す権利をもっていた君主に対し，近代以降の政治権力は，むしろ国民の生を管理・統制する方向へと転換したとする。生権力は，監獄や学校，工場などにおける身体を対象とした規律訓育から，次第に出生率や死亡率の統制による適正な人口規模の維持や，公衆衛生や健康の維持・向上による国民の質的向上など，生自体の管理へと比重を移していくという（フーコー1977，2007）。

[文献]
伊藤達也1984「年齢構造の変化と家族制度からみた戦後の人口移動の推移」人口問題研究172号

24-38頁.

D. J. ヴァン・デ・カー著, 福田亘孝訳 2002「先進諸国における『第二の人口転換』」人口問題研究58巻1号22-56頁.

E. F. ヴォーゲル著, 広中和歌子・木本彰子訳 1979『ジャパン・アズ・ナンバーワン——アメリカへの教訓』TBSブリタニカ.

江崎雄治 2002「Uターン移動と地域人口の変化」荒井良雄・川口太郎・井上孝編『日本の人口移動——ライフコースと地域性』古今書院, 15-33頁.

加瀬和俊 1997『集団就職の時代——高度成長のにない手たち』青木書店.

菅山真次 2011『「就社」社会の誕生——ホワイトカラーからブルーカラーへ』名古屋大学出版会.

菅山真次・西村幸満 2000「職業安定行政の展開と広域紹介」苅谷剛彦・菅山真次・石田浩編『学校・職安と労働市場——戦後新規学卒市場の制度化過程』東京大学出版会, 65-112頁.

杉浦芳夫 1989『立地と空間的行動』古今書院.

谷謙二 1997「大都市圏郊外住民の居住経歴に関する分析——高蔵寺ニュータウン戸建住宅居住者の事例」地理学評論70巻263-286頁.

中川聡史 2001「結婚に関わる人口移動と地域人口分布の男女差」人口問題研究57巻1号25-40頁.

中澤高志 2007「戦後日本の地域構造・都市構造と労働力・世代の再生産に関する一考察」経済地理学年報53巻153-172頁.

中澤高志 2008『職業キャリアの空間的軌跡——研究開発技術者と情報技術者のライフコース』大学教育出版.

中澤高志 2015「高度成長期の地方織物産地における『集団就職』の導入とその経緯——福井県勝山市の事例から」地理学評論88巻49-70頁.

中澤高志 2016『労働の経済地理学』日本経済評論社.

M. フーコー著, 田村俶訳 1977『監獄の誕生——監視と処罰』新潮社.

M. フーコー著, 高桑和巳訳 2007『安全・領土・人口』筑摩書房.

本田由紀 2005『若者と仕事——「学校経由の就職」を超えて』東京大学出版会.

丸山洋平・大江守之 2008「潜在的他出者仮説の再検討——地域的差異とコーホート間差異に注目して」人口学研究42号1-19頁.

山口覚 2016『集団就職とは何であったか——〈金の卵〉の時空間』ミネルヴァ書房.

山口泰史 2002「地方の時代と若年層の地元定着」荒井良雄・川口太郎・井上 孝編『日本の人口移動——ライフコースと地域性』古今書院, 35-52頁.

A. Herod, 2010. *Scale*. New York: Routledge.

第 8 章

多産少子世代のライフコースと郊外化

> ライフサイクルとライフコース

　前章では，高度成長期に大量の人口が非大都市圏から大都市圏へと流入したことに関連して，次のような知見が得られた。高度成長期に大都市圏へと移動した人たちは，1930～50年頃に生まれた多産少子世代であり，この世代には跡継ぎになれない潜在的他出者が多く存在した。当時，農村では余剰労働力が増大し，反対に大都市圏では急速な経済成長とともに労働力需要が拡大していた。この労働力需給の空間的ミスマッチを架橋し，非大都市圏から大都市圏への円滑な移動を可能にしたのが，新規学卒労働市場における集団就職の制度であった。大都市圏の大幅な転入超過は，高度成長期の終焉とともに退潮する。その直接の原因は，人工妊娠中絶による「望まない出生」の抑制が急速に一般化したことで，短期間のうちに人口転換が行われ，もはや潜在的他出者がほとんど消滅したことに求められる。

　高度成長期に大都市圏に流入した人のなかには，出身地にUターンした人も少なくなかった(江崎2002)のだが，本章では大都市圏に定着した人に焦点を当て，その定着のプロセスを掘り下げる。また，大都市圏への大量の人口流入が大都市圏および国民経済全体に何をもたらしたのかについても検討する。

　本章の内容の前提として，まずライフサイクルとライフコースについて説明する[1]。ライフサイクルは，もともと生物学の概念であり，生命をもつものの一生に見られる規則的な推移のことを指す。チョウが産んだ

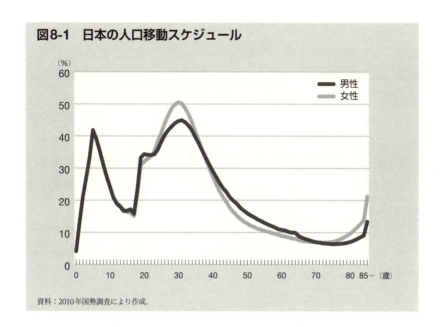

図8-1 日本の人口移動スケジュール

資料：2010年国勢調査により作成．

　卵が孵化して幼虫になり，幼虫が脱皮を繰り返して大きくなり，さなぎになり，そしてまたチョウになって卵を産むといった，輪廻のようなサイクルである。もちろん人間も，生まれてから死ぬまで，一定の生物学的変化を示す。しかし人間のライフサイクルの場合には，生物学的変化のみならず，制度や規範との関係が重要になってくる。すなわち，進学，就職，結婚，子どもの誕生，退職といったライフイベントの連鎖として，ライフサイクルを把握する。ライフイベントを経験する年齢は，制度的に決まっていたり，特定の年齢において経験することが規範化されていたりすることが多いため，ライフサイクルは人生を形作るパターンとして理解されてきた。

　ライフサイクルと人口移動の発生には密接な関係がある。**図8-1**のような，年齢別の移動率を示すグラフは人口移動スケジュールと呼ばれ，その形状に関する研究がなされている(石川2001，2018：第6章など)。10歳台後半以前の人口移動は，ほとんどが親に伴われての移動(随伴移動)であるが，小学校入学を控えた6歳での移動率の高さが目を引く。移動率は，就職や進学の時期を迎える10歳台後半から20歳台前半にかけて，男女

とも高まる。進学や就職に起因する移動は，非大都市圏から大都市圏に向かう長距離の移動になりやすく，多産少子世代はちょうどその時期を高度成長期に迎えたのであった。短距離の移動も含めると，移動率は20歳台前半から30歳台前半にかけて最も高くなる。この年齢層では，結婚による移動が男性よりも活発であることを反映して，女性の移動率が男性を上回っていることが特徴である。

　それ以降，退職期を迎えるまでは，移動率は低下を続ける。転勤や単身赴任を経験する人の割合は男性の方が高いため，この期間の移動率は男性が女性を上回る。後期高齢者になると，移動率が急激に高まる反騰現象 (Otomo 1981) がみられる。高齢になるほど移動率が高くなることから，これは子どもの住居への呼び寄せや施設入所，入院などによる移動を反映していると考えられる (平井 2007)。高齢期の移動率の高まりは，他の先進国でも観察されるが，移動率が上昇し始める年齢がもっと若く，リゾート地や田舎での暮らしを求めての引退移動が多く含まれる点で，日本とは異なる (田原 2007)。

　ライフサイクルの概念は，時代や地域といった文脈を考慮しない一般的な人生を想定している。このようにライフサイクルが人生を画一的に捉えてきたことに対する批判として登場した概念が，ライフコースである。かといって，個人の人生の個別性を追い求めるのではなく，特定の人口集団の人生を特徴づける要素に注目するのが，ライフコースの特徴である。ライフコースの概念では，とりわけ同時出生集団 (コーホート) を分析単位として，それぞれのコーホートを特徴づける3つの効果に着目する (谷 1997)。

　ライフコースの概念でも，ライフイベントにまつわる年齢規範が人生に与える効果を考慮する (年齢効果)。しかし，晩婚化・非婚化の進展が示すように，規範の拘束力や影響力が変化することを想定する。ライフコースでは，ある時代に起こった重大な歴史的出来事にも注意を払う (時代効果)。東日本大震災の発生は，同時代の人々に大きな影響を与えた。しかし，この出来事を何歳の時に経験したかによって，そのインパクトのあり方はまったく異なる。仮に，「震災によって人々の絆が意識され，若者

の結婚に対する意識が高まった」ということが実際にあったとしても，その影響は高齢者に対して結婚というライフイベントを引き起こす効果はほとんどない。こうした年齢効果と時代効果の交錯した効果が，コーホート効果である。

　ライフコースは社会学の概念であり，通常は上記3つの効果しか考慮しない。しかし，東日本大震災をどこで経験したかが決定的に重要であることから明らかなように，地域の与える効果はけっして無視できない。本章に関連付けるならば，高度成長期を都市で迎えたのか，農村で迎えたのかも，その人の人生のあり方を大きく左右する。したがって地理学におけるライフコース研究は，通常の3効果に地域効果を加え，それぞれの世代の人生の特徴を，歴史的・社会的背景のみならず，地理的背景との相互作用のもとでとらえようとするべきであろう[2]。

東京圏居住者割合による3つの世代

　第7章において，高度成長期に大都市圏に流入した人々は，おおむね1930～1950年頃に生まれた少産少死世代が中心であったと結論づけた。それはけっして間違いではないのだが，各コーホートの各年齢時点での東京圏居住者割合を示す図8-2によると，少し違った世代区分が得られる。ここで0～4歳時点での東京圏居住者割合は，それぞれの世代の東京圏出身者の割合を示していると考えてよい。0～4歳時点での東京圏居住者割合（東京圏出身者割合）と，成人して以降の東京圏居住者割合の組合せを基準にすると，ここに示したコーホートは3つの世代に分類できる。

　第Ⅰ世代は，1926～30年出生までの世代であり，東京圏出身者割合，成人後の東京圏居住者割合ともに低い。第Ⅱ世代は，1931～35年出生から1956～60年出生までの世代であり，東京圏出身者割合は低いが，進学・就職にともなって東京圏居住者割合が大きく上昇する。1930～50年頃に生まれた多産少子世代はここに含まれる。1950年代に生まれた人たちは，少産少死世代に分類され，潜在的他出者はほとんどいなくなっているはずであるが，やはり進学・就職を機に東京圏居住者割合が大幅に

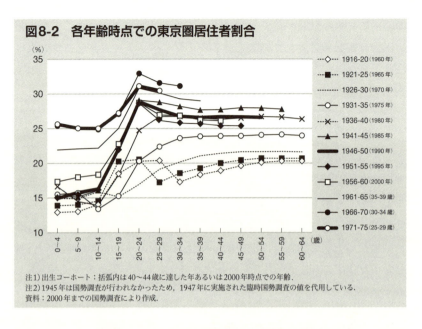

図8-2 各年齢時点での東京圏居住者割合

注1) 出生コーホート：括弧内は40～44歳に達した年あるいは2000年時点での年齢．
注2) 1945年は国勢調査が行われなかったため、1947年に実施された臨時国勢調査の値を代用している．
資料：2000年までの国勢調査により作成．

上昇する。人口転換にもとづく潜在的他出者仮説の予測とは異なり，理論的には潜在的他出者がいなくなっても若者の大都市圏への転入が続いたからである（丸山・大江2008）。第Ⅱ世代は，戦後に開発された郊外住宅地の最初の住民となることが多かった。そのことに力点を置いて，本書では郊外第一世代という表現を使うことがある。第Ⅲ世代は，1961～65年出生以降の世代であり，0～4歳の時点ですでに東京圏居住者割合が高い。それ以前の世代と違って，親の代において東京圏居住者割合が高まっていたため，生まれた時点で東京圏居住者割合が大きくなっていた世代である。第Ⅲ世代には，親に相当する第Ⅱ世代が住み着いた郊外で生まれ育った人が多いため，本書では郊外第二世代と呼ぶことがある。

　第Ⅱ世代から団塊の世代（1946～50年出生）を，第Ⅲ世代から団塊ジュニア世代（1971～75年出生）を選び出して，東京圏居住者のライフコースに関係するいくつかの指標を示す（表8-1）。団塊の世代では，30歳台前半の時点で男性でも約70％が結婚していたのに対し，団塊ジュニア世代では，有配偶者が少数派である。世帯形態についても，団塊の世代は60％近くがいわゆる「家庭」家族を形成していたのに対し，団塊ジュニア世代では

表8-1　東京圏の団塊の世代と団塊ジュニア世代の有配偶率と世帯形態

		団塊の世代 (1946〜50年生)	団塊ジュニア世代 (1971〜75年生)
30〜34歳の 時点	有配偶率(男女計)	78.4	52.5
	男性有配偶率	70.6	45.5
	女性有配偶率	86.4	60.0
世帯主が 30〜34歳の世帯	単独世帯	19.4	42.8
	夫婦のみの世帯	11.4	17.2
	夫婦と子供から成る世帯	58.0	31.6

東京圏：埼玉県，千葉県，東京都，神奈川県．
資料：国勢調査により作成．

単独世帯が最も多くなるなど，世帯形態が多様化している。ライフコースの同質性が高いことから，団塊の世代においては結婚をはじめとするライフイベントの年齢規範がかなり強力に作用していたことがうかがえる。これに対して団塊ジュニア世代では，ライフコースの複線化が進み，同時出生集団としてのコーホートを特徴づけるライフコースが見出しにくくなっている。もっとも，ライフコースにおける地域効果を考えれば，同じ団塊の世代であっても大都市圏に定着した人と非大都市圏に定着・帰還した人とでは，ライフコースは大きく異なるはずである。本章では，大都市圏に定着した人の軌跡を追うことに焦点を当てることにし，非大都市圏での住まいと仕事については次章で扱う。

大都市圏内での居住地移動

　高度成長期に大都市圏に流入した人々は，家族の形成と成長にともなう居住空間の拡大欲求に突き動かされるように，住宅の住み替えを行った。そのことは，非大都市圏から大都市圏への移動に少し遅れて大都市圏内での移動者数がピークを迎え，その後も高い水準を保っていたことに表れている(図8-3)。高度成長期，進学や就職を契機として大都市圏に転入してきた非大都市圏出身者の典型的な住まいは，都心周辺のアパー

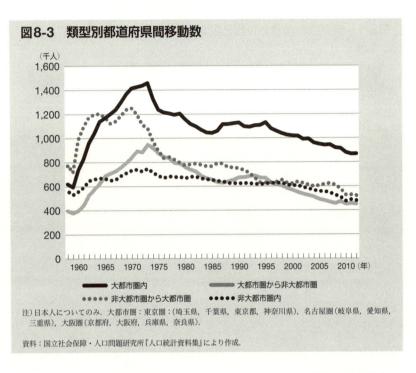

図8-3 類型別都道府県間移動数

注：日本人についてのみ．大都市圏：東京圏（埼玉県，千葉県，東京都，神奈川県），名古屋圏（岐阜県，愛知県，三重県），大阪圏（京都府，大阪府，兵庫県，奈良県）．

資料：国立社会保障・人口問題研究所『人口統計資料集』により作成．

トか下宿，あるいは寮であろう（図8-4）。しばらくすると下宿や寮を出たり，少し広いアパートに引っ越したりしたであろう。結婚すると，独身寮に入っていることはできないし，単身者向けのアパートでは手狭なので，もう少し広い賃貸アパートなどに引っ越す。子どもが生まれると，より広い物件へ引っ越すか，あるいは分譲マンションや戸建住宅の取得を考えることになる。子どもが成長し，それぞれの部屋が必要になれば，増築で対応したり，より広い住宅を探したりするだろう。

居住スペースを広くするには，より高い賃料や住宅価格を負担する必要がある。地価の変動を反映して，賃料や住宅価格は都心から離れるに従って下落するため，居住空間の拡大を求める移動の主流は，都心から郊外へと向かう外向的な移動とならざるをえない。

日本の地価は，オイルショック後の一時期を除いてバブル崩壊まで，賃金上昇率を超えるペースで上がり続けた（図8-5）。地価が上がり続けるという「土地神話」は，ある時期までは「真話」であった。待っていると住

図8-4　大都市圏内での住居経歴の模式図

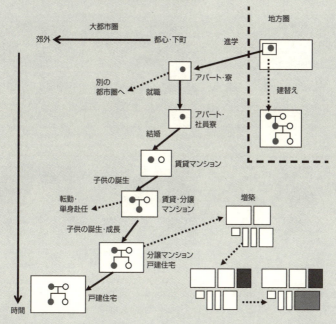

筆者作成.

図8-5　日本の地価変動率と製造業名目賃金

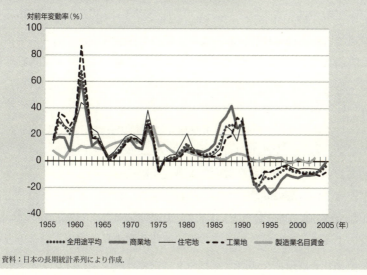

資料：日本の長期統計系列により作成.

図8-6 各コーホートの20歳台（上段）と40歳台（下段）における分布

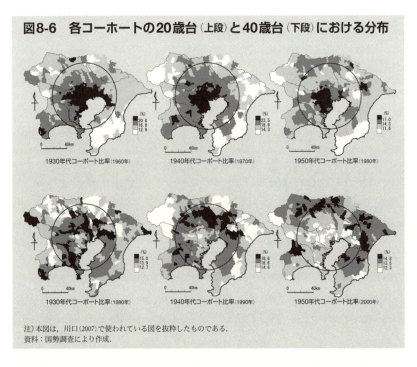

注）本図は，川口（2007）で使われている図を抜粋したものである．
資料：国勢調査により作成．

宅は今よりも高くなってしまうことから，持家志向があおられ，誰もがいち早くマイホームを取得しようと目指す．**図8-6**を見ると，1930年代コーホート，1940年代コーホート，1950年代コーホートとも，20〜29歳時点での分布はさほど変わらない．前の世代が抜けたアパートや寮に順次入居していったからであろう．しかし持家を取得すると，移動性は大きく低下する．そして住宅という商品は，一定の土地を必ず占有し，既存の住宅に重ねて建設することはできない．必然的に後から住宅市場に参入した世代ほど，都心からより遠くに押し出されていくことになる．その帰結として，大都市圏のフロンティアは外側へと拡張を続けた，東京圏において人口増加率が最大になった距離帯は，時とともに都心から遠ざかっていった（**表8-2**）．1990年代前半に人口増加率が最大となった都心距離50〜60km圏というと，1都3県の最外縁部に相当する．

このように，高度成長期からバブル崩壊までの日本では，賃金上昇を超えるペースで地価が上昇を続けるという条件の下，人々がライフコー

表8-2　人口増加率が最高となった距離帯の推移（東京圏）

期間	距離帯
1950～1955年	10～20km圏
1955～1960年	10～20km圏
1960～1965年	20～30km圏
1965～1970年	30～40km圏
1970～1975年	30～40km圏
1975～1980年	40～50km圏
1980～1985年	40～50km圏
1985～1990年	40～50km圏
1990～1995年	50～60km圏
1995～2000年	20～30km圏

資料：国勢調査により作成．

スの進展とともにより広い居住空間を求めて居住地移動をしたことによって，大都市圏が外側へと拡大した．職住分離の進展により，都心と郊外が分離して都市圏が成立するという変化は，戦間期にすでに見られた（第4章）．しかし戦間期において郊外の住民となったのは，エリート層に相当する新中間層のみに限られていた．そのため，戦間期の郊外化は都心から20km圏以内が中心で，ほとんどの住宅地は現在の東京23区の範囲内で開発された．戦後の高度成長期を通じて，郊外での生活は大衆化した．だからこそ，東京圏における郊外化の波は都心から60kmにまで及ぶこととなった．

第7章では，地理学における空間スケールの重要性と，異なる空間スケールの重層的連関について言及した．以上の分析からも，大都市圏へと流入した個人がライフコースの進展とともにより広い居住空間（住まい）を求めるミクロな動きと，大都市圏の外延的拡大というマクロな変動という，異なるスケール間の連関が理解できよう．つまり，個人の人生の営みは，さまざまな制約の中にありながら，地域構造や都市構造を変えていく力をもっているのである．

マイホームと国民経済

　多産少子世代がこぞってマイホームを目指したことは，国民経済にどのような影響を与えたのであろうか。大量の人口が流入したことの当然の帰結として，高度成長期の大都市圏では住宅の建設ラッシュが起こった。この間，住宅着工戸数に占める三大都市圏の割合は60％前後で推移し，郊外の外延的拡大が住宅着工戸数の伸びをけん引したことを物語る（**図8-7**）。「人生最大の買物」である住宅の建設ラッシュは，国民経済にも大きな影響を与えた。そのことは，GDPに占める民間住宅投資の割合が住宅着工戸数とパラレルに上昇していることからも分かる。GDPに占める民間住宅投資（土地は含まない）の割合は，最も高いときで10％弱に達している。高度成長期を支えた人々の住まいとなった住宅は，住宅市場で取引されるきわめて高額な商品として，国民経済において大きな存在感を示したのである（中澤2007）。

　郊外化が引き起こした住宅建設ラッシュは，住宅金融の発達とも関わっている。高度成長期の後半までは，民間金融機関は産業向けの融資を優先させており，個人向けの長期融資は十分に整備されていなかった。そのため，1950年に設立された住宅金融公庫は，住宅取得を目指すサラリーマン層にとって頼みの綱であった（第6章）。1960年代には，総額の1/3を積み立て終わったところで住宅を建設し，残りを月賦支払いとする割賦住宅も大きな実績を残した。1970年前後になると，民間金融機関は住宅専門金融会社（住専）[3]を次々に設立し，住宅ローンが整備され始めた。こうした住宅金融の発達は，生産年齢人口中心の人口構成によって達成された高い貯蓄率と，終身（長期安定）雇用と年功賃金に特徴づけられる日本的雇用体系に支えられていた。

　住宅建築は産業としてきわめて広い裾野をもっており，他産業の生産を誘発する効果が大きい。産業連関表によると，1975年の住宅建築の逆行列係数は2.129であった。これは，住宅建築に1億円の投資があると，他産業に1.129億円の波及効果があるということである。これほど経済波及効果が大きいのは，住宅が耐久消費財の器，ハーヴェイ（1989-1990）

図8-7　住宅着工戸数とGDPに占める民間住宅投資の割合

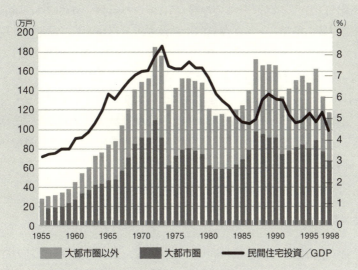

資料：住宅着工統計，国民所得統計により作成．

図8-8　主要耐久消費財の普及率と新設着工住宅戸数

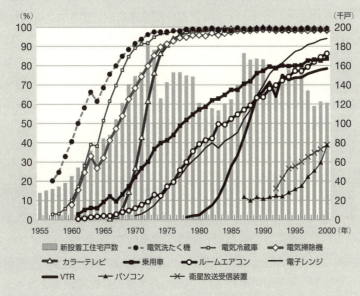

資料：消費動向調査，住宅着工統計により作成．

の言葉を借りれば,「消費の建造環境」だからである。電気冷蔵庫,電気洗濯機,白黒テレビの「三種の神器」に代表される耐久消費財は,新設住宅着工戸数の増加とともに爆発的な普及を遂げた(図8-8)。安定成長期に至ってもカラーテレビ,クーラー,乗用車(カー)の「新三種の神器(3C)」など,新たな耐久消費財が生活に組み込まれていった。マイホームを手に入れた郊外第一世代は,生産過程に労働力を供給するだけでなく,活発な消費を通じた再生産過程によっても高度経済成長を支えた。それを基盤として,電機産業や自動車産業が国民経済をけん引する主導産業として確立したのである。

「従業員としてのライフコース」と「自営業主としてのライフコース」

　新規学卒労働市場は,終身雇用,年功賃金,企業別組合を三種の神器とする日本的雇用の入り口であった。新規学卒労働市場において首尾よくこの門をくぐり,さらには出身地で暮らすことを犠牲にして,転勤の辞令を甘んじて引き受ける覚悟があれば,安定した雇用のもとでよりよい暮らしを期待することができた。こうして成立したライフコースを「従業員としてのライフコース」と呼ぼう(中澤2008)。

　「従業員としてのライフコース」は,1950年代の激しい労使対立への反省として生まれた。この時期,雇用者はしばしば解雇という強権的手段で労働力需給のミスマッチを解消しようとし,労働者の激しい反発を招いた。「終身雇用」が定着したのは,雇用者は可能な限り従業員の雇用を保証する代わりに,労働者はいったん就職した企業に勤続し,勤勉に働くという双務的取引として成立したといわれている(仁田2003)。日本企業の特徴である,OJTを通じて従業員に企業特殊的な技能を身につけさせる人事労務管理や,入社当初は賃金を低めに設定し勤続に応じて賃金が上昇する年功賃金は,終身雇用と密接に関連している。

　従業員に対して寮や社宅の提供,住宅取得資金の低利融資,従業員向けの住宅開発,通勤手当の支給といったさまざまな住宅施策を行ってきたことも,日本企業の特徴である(大本1996)。企業の住宅施策もまた,従

業員の定着を目指したものであり，やはり持家主義が既定路線であった。家族を抱えてローンを組み，持家を取得した従業員は，一層勤勉に働くことが期待できる。独身寮や社宅の入居費は市価に比べて安く，そこへの居住期間は持家取得資金の蓄積期間と位置づけられた。高度成長期には通勤手当が普及したため，郊外のフロンティアが外延化しても，夫が長距離通勤を我慢できさえすれば，通勤費の心配はほぼなくなった。企業の住宅施策は従業員の確保と帰属意識の向上に寄与し，長期勤続を前提とした人的資源管理を補完した。

「従業員としてのライフコース」は，性別役割分業に深く根差しており，基本的に男性のみに用意されたライフコースであった。企業は次世代を含めた再生産費をカバーする家族賃金を支払うかわりに，女性に家事や育児の役割を割り当て，女性をキャリア形成の場から排除した。専業主婦となった女性は，洗濯機や掃除機といった家電の助けを借りて，家事・育児労働を家庭へと内部化していった。こうして高度成長期には，特に郊外において，女性労働力率は明瞭なM字カーブを呈するようになる。

高度成長期には，いわゆる「3歳児神話」や専業主婦規範が確固たる力をもっていたため，多くの女性は「従業員の『妻としての』ライフコース」を歩むことをいとわないばかりか，むしろそれを志向した。しかし，仮に希望したとしても，女性が「従業員としてのライフコース」を歩む機会は，民間企業においては事実上閉ざされていたのである。また，住宅取得の場所は年を追って都心から遠くなり，家事や育児の主たる担い手である女性が長時間を費やして都心まで通勤することはそもそも不可能であった。郊外居住は，女性に「空間的足かせ(spatial entrapment, England 1993)」をはめる結果となり，再就職の機会は自宅周辺でのパート労働に限定された(川瀬1997)。

ところで，高度成長期の大都市圏においては，「従業員の『妻としての』ライフコース」に再生産を委ねた「従業員としてのライフコース」の比重が一方的に高まっていったというのは，事実誤認である。東京都では，1960年から1965年にかけて，男性の非雇用者率は確かに減少しており，「従業員としてのライフコース」の浸透が見て取れる(**表8-3**)。しかし女性

表8-3 東京都における非雇用者率の推移

(%)

	男性		女性	
	全産業	製造業	全産業	製造業
1960年	22.3	16.2	22.8	15.5
1965年	15.8	10.8	25.4	19.5
1970年	26.3	22.8	27.9	25.6
1975年	28.2	25.5	30.4	30.1
1980年	29.1	26.5	30.6	31.5
1985年	26.4	24.2	25.2	24.8

注)非雇用者は,民間の役員を含む.
資料:国勢調査により作成.

については,この期間に非雇用者率が増加している。さらに1965年から1970年にかけては,男性の非雇用者率が急激な上昇に転じ,以降は男女とも1980年まで非雇用者率は上昇を続けたのである。

これは,自営業主となる人々が増加したことを示す。もちろん,高度成長期の大都市圏では,向都離村を経験した多くの若者がサラリーマン化することで,「従業員としてのライフコース」を歩む人の絶対量は増えた。その一方で,「自営業主としてのライフコース」を歩む人もまた増加したのである。東京都について男性の雇用者率を地図化してみると,「自営業主としてのライフコース」の卓越空間は,いわゆる下町であり,「従業員としてのライフコース」が卓越する郊外とのコントラストは明瞭である(図8-9)。

第7章の図7-7をもう一度見ると,都内出身の新規学卒者の約半数が従業員500人以上の大企業に職を得ているのとは対照的に,都外出身者の約半数は従業員30人未満の中小企業に就職している(加瀬1997)。短期間に圧縮された経済成長を経験した日本では,国民経済の内部に近代的大規模企業と前近代的で家族経営的な中小零細企業が著しい所得格差をともなって併存する二重構造が典型的に見られる(中村・尾高1989)。非大都市圏出身者は,大都市圏出身者が近代的大企業の雇用機会を選んだ後,未充足のまま残った前近代的中小企業の雇用機会をあてがわれていたと

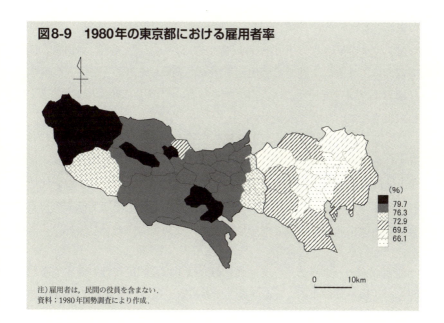

図8-9 1980年の東京都における雇用者率

注）雇用者は，民間の役員を含まない．
資料：1980年国勢調査により作成．

いっても過言ではない。

　家族経営の中小企業の従業員は，家族賃金も，年功賃金も，労働組合による保護も，システマティックなスキル形成も望めない。しかし，親方について見よう見まねで仕事をすれば，手に職を付けることができる。彼らにとっては，身につけた腕一本で独立することが，キャリアにおける目標になった。高度経済成長による需要の拡大はその目標にとって追い風となったし，当時の中小企業の経営者の中には，従業員の独立を後押しする気風を持った人も多かった。こうして高度成長期においては，経済の二重構造に対応して，「従業員としてのライフコース」と「自営業主としてのライフコース」が並立したのである。

　住まいに対する価値観の表象

　住宅双六とは，高度成長期における都市住民の住み替えの軌跡を双六になぞらえたものであり，1973年1月3日の朝日新聞に掲載された「現代住宅双六」に起源を有する[4]。これは，始原の空間である母親の子宮をふ

り出しとして，「寮・寄宿舎」，「木造アパート」，「公団・公社アパート」などのマスが配され，その上りは「庭つき郊外一戸建て住宅」である。住宅双六は，住まいに関する価値観を巧みに表象したものとして，高度成長期および安定成長期には人口に膾炙した。何が住宅双六のリアリティを裏書きしていたのであろうか。

　リアリティの大前提は，都市住民の多くがライフコースの進展に合わせて住み替えを経験してきたという事実にある。現代住宅双六のレイアウトと同様に，都市住民も基本的には居住遍歴のなかで少しずつ居住環境を向上させてきた。そして上りである庭付き郊外一戸建て住宅を得ることが，都市住民にとって確かに実生活上の目標と意識されていたことが，住宅双六という比喩のリアリティを確実なものにした。

　住宅双六のリアリティを支えた真の立役者は，国民が自力で住宅を建設し，住居を確保することを前提とする持家主義の住宅政策であった（第6章）。戦後住宅政策の三本柱のうち，持家取得資金を低利融資する住宅金融公庫が真っ先に立ち上がったのは，戦後日本の住宅政策の展開を象徴するものであった。すでに述べた通り，企業の住宅施策も持家主義に彩られていた。公営住宅と公団住宅という公共住宅の直接供給も，ほどなく住宅政策のメニューに加えられた。とはいえ，現代住宅双六の公営住宅と公団・公社アパートのマスに「当たり」の文字が躍っていることが暗示する通り，住宅供給に占める割合は小さく，入居資格を満たしたうえで抽選に当たった幸運な人が入居できたに過ぎない。また，民営借家の供給を促進する手段はほとんど講じられず，とりわけ家族向けの民営借家は今日に至るまで質・量ともに貧弱なままである。

　住宅双六という比喩が受け入れられたということは，人々がいつかは自分も庭付き郊外一戸建を得られるのだという確信めいたものを持っていたということである。一方で，「上がり」が千葉県になるのか，埼玉県になるのかは「出たとこ勝負」で，たまたま売り出しがあった住宅地が「上がり」となることも多かった。たまたまとはいえ，家を買った人は，「ここが自分たち家族にふさわしい『上がり』だ」と思える何かを欲する。その欲求が生み出したのが，おびただしい数の○○が丘や○○台という地

図8-10 「が丘」「台」が付く町丁名の分布と標高

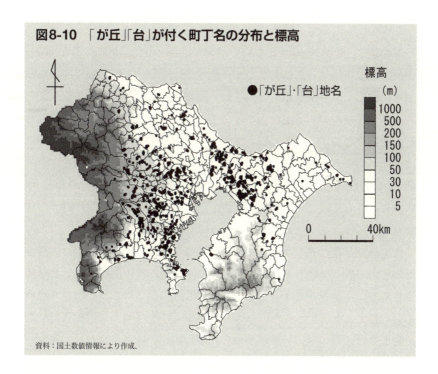

資料：国土数値情報により作成．

名だったのではないか（**図8-10**）[5]。

　本章のいう第Ⅱ世代，郊外第一世代に当たる人々が構成した核家族は，水平的な夫婦関係やマイホーム主義にもとづき，新たな価値観や消費性向を持つとされ，マーケティングの世界では「ニューファミリー」と呼ばれた。ニューファミリーの「ニュー」たるゆえんは，端的にいえば旧来の「家」家族とは異なる「家庭」家族であることに求められる。非大都市圏の「家」家族を離れ，大都市圏で「家庭」家族を形成した人々の住まいとしてふさわしいのは，「新しい」場所であろう。そう考えたディベロッパーや広告代理店が，土地の持つ自然特性や歴史性を反映した地名をはぎ取って，〇〇が丘，〇〇台という地名に付け替えたのであろう。〇〇の部分には，緑，朝日（旭），希望，光，草木の名前など，未来へと伸び行くイメージが冠される。今となっては時代がかった感じがするこれらの地名は，ニューファミリーには子育ての場所として成功裏に受け入れられたとみてよい。

こうした地名の付け替えは,「場所の商品化」という文脈でとらえることができる。匿名の売り手と買い手が規格化された商品を取引するといった理念的な市場はどこにもないが,土地に固着し,一つとして同じものがない住宅を扱う住宅市場は,これと最もかけ離れた位置にある。歴史的地名が完全な固有名詞か否かはさておき,それが土地のもつ固有性と密接に関連していることは確かである。一方,○○が丘,○○台と聞けば大体どのような場所か想像できることから,こうした地名はもはや一般名詞といってよい。住宅メーカーによって建てられる住宅に加え,地名においても,名実ともに,郊外住宅地は規格化された商品に近づけられたのである。

　住宅の商品化は戦後に始まったことではないが,かつて住宅は,買うものというよりは建てるものであった。戦間期の新中間層が自分たちにふさわしい住宅を建てようと,夫婦で繰り返し話し合い,間取りを決めていったことを想起されたい(第4章)。戦後も建売住宅が一般化していない時期には土地のみの分譲が多かったが,敷地の広さに合わせて間取りはおおむね決まっていた。ほどなく建売住宅が一般化すると,住宅の規格化はさらに進んだ。

　歴史性をはぎ取られた同じような土地に,規格化された住宅が並んで売られる状況になると,住宅の属性が客観的な尺度で表現されるようになり,住宅は「物件化」した(若林1998)。固有性を失った土地は,都心への通勤利便性という尺度に直され,都心からの同心円と鉄道の沿線からなる構造の中に位置づけられる。そのうえで,一つひとつの住宅は,交通,価格,面積,間取り,構造,築年数,車庫の有無,などといった物件情報として,住宅情報誌や広告に記載される。都市住民は,今売りだされている物件の中から,自分たちが求める条件の物件を探し出して購入することになる。

　双六では,勝負を投げてしまわない限りいつかは必ず上りに到達できるはずだが,どの程度の人が住宅双六の上がりに到達できたのであろうか。2005年の住宅・土地統計調査によれば,高齢期の持家世帯率は80%を超えている。少なくとも団塊の世代より上の世代については,多

くの人が上がりにたどり着いて，名実ともに「郊外第一世代」になったといえそうである。

振り返れば，日本の都市地理学は郊外第一世代を対象とした研究から得た知見を標準とみなす傾向があった。日本の大都市圏がバブル崩壊まで外延的膨張を続けてきたことから判断すれば，それは故あることである。しかし，結果として視野狭窄に陥ってしまったことを反省しなければならない。筆者も含め，「自営業主としてのライフコース」をたどった人たちのことすら，射程に収めることができていなかったのである。住宅双六が高度成長期・安定成長期の大都市圏における居住経歴の力強い表象であったことは紛れもない。しかしそれは，すでに真の意味での「現代」住宅双六ではなくなっている。第12章では，もはや1つの双六としては表象しえなくなった少産少死世代のライフコースについてみていくことになる。

1) ライフサイクルとライフコースについては，中澤（2008）の第2章も参考にされたい。
2) 中澤・神谷（2005）はこのことに着目し，特定の地域を出身地とする人口集団が示す特徴的なライフコースを，ローカル・ライフコースと呼んだ。
3) 住宅金融専門会社は，バブル崩壊によって不動産の担保価値が大きく目減りし，莫大な不良債権を抱えることとなる。このことは「住専問題」として政治問題化し，結局公的資金の投入によって処理された。詳しくは佐高（1996）などを参照されたい。
4) 住宅双六に関しては，中澤（2014）を参照されたい。
5) 関連して，若林幹夫の次の言葉を引用しておく。「土地を命名するとは，ある土地空間を人間の社会生活との関係において捉え，位置づける作業，人間の社会との関係において土地空間を対象化し，社会的に領有する象徴的な行為である」（若林1998：43）。

[文献]
石川義孝2001「人口移動スケジュールの変化からみた人口移動転換——日本・スウェーデン・カナダの事例」石川義孝編著『人口移動転換の研究』京都大学学術出版会，207-255頁。
石川義孝2018『流入外国人と日本——人口減少への処方箋』海青社。
江崎雄治2002「Uターン移動と地域人口の変化」荒井良雄・川口太郎・井上孝編『日本の人口移動——ライフコースと地域性』古今書院，15-33頁。
大本圭野1996「居住政策の現代史」大本圭野・戒能通厚編『講座現代居住1　歴史と思想』東京大学出版会，89-120頁。

加瀬和俊1997『集団就職の時代——高度成長のにない手たち』青木書店.
川口太郎2007「社会経済的人口属性からみた大都市圏空間構造の変遷」明治大学人文科学研究所紀要60号53-76頁.
川瀬正樹1997「世帯のライフステージから見た千葉県柏市における既婚女性の通勤行動の変化」地理学評論70巻699-723頁.
佐高信1996『住専問題の本質』岩波ブックレットNo. 396.
谷謙二1997「大都市圏郊外住民の居住経歴に関する分析——高蔵寺ニュータウン戸建住宅居住者の事例」地理学評論70巻263-286頁.
田原裕子2007「引退移動の動向と展望——団塊の世代に注目して」石川義孝編著『人口減少と地域——地理学的アプローチ』京都大学学術出版会, 43-67頁.
中澤高志2007「戦後日本の地域構造・都市構造と労働力・世代の再生産に関する一考察」経済地理学年報53巻153-172頁.
中澤高志2008『職業キャリアの空間的軌跡——研究開発技術者と情報技術者のライフコース』大学教育出版.
中澤高志2014「住宅双六」藤井正・神谷浩夫編著『よくわかる都市地理学』ミネルヴァ書房, 175頁.
中澤高志・神谷浩夫2005「女性のライフコースにみられる地域差とその要因——金沢市と横浜市の進学高校卒業生の事例」地理学評論78巻560-585頁.
中村隆英・尾高煌之助1989『日本経済史6 二重構造』岩波書店.
仁田道夫2003『変化の中の雇用システム』東京大学出版会.
D. ハーヴェイ著, 松石勝彦・水岡不二雄訳1989-1990『空間編成の経済理論——資本の限界』大明堂.
平井誠2007「高齢者による都道府県間移動の地域性」石川義孝編著『人口減少と地域——地理学的アプローチ』京都大学学術出版会, 129-147頁.
丸山洋平・大江守之2008「潜在的他出者仮説の再検討——地域的差異とコーホート間差異に注目して」人口学研究42号1-19頁.
若林幹夫1998「イメージのなかの生活」内田隆三編『情報社会の文化2 イメージのなかの社会』東京大学出版会, 21-47頁.
K. England 1993. Suburban Pink Collar Ghettos: The Spatial Entrapment of Women? *Annals of the Association of American Geographers* 83: 225-242.
A. Otomo 1981. Mobility of elderly population in Japanese metropolitan areas. 人口学研究4号23-28頁.

第9章

安定成長期・低成長期の非大都市圏

> 安定成長期の非大都市圏をめぐる人口移動

　これまでの各章は，ほとんどが大都市圏を舞台にした内容であったが，本章の主たる内容は，安定成長期以降の非大都市圏における仕事の変容である。すでに述べたように，高度成長期には非大都市圏から大都市圏へと大量の人口が移動したが，オイルショックが起こるのとほぼ同時に，非大都市圏から大都市圏への人口流入は激減する。これは人工妊娠中絶の実質的合法化による人口転換を背景として，進学・就職といったライフイベントを迎える年齢層が「多産少死世代」から「少産少死世代」へと移行したことに起因する(第7章)。

　1970年代後半になると，非大都市圏と大都市圏との間の人口移動がほぼ均衡し，「地方の時代」という言葉がもてはやされた。社会的にも，拡大・成長一辺倒になった結果，公害や環境破壊を引き起こしてしまった高度成長期への反省から，生活様式や価値観を見直す動きが強まった。こうした動きはアカデミズムにも反映され，地域主義に関する議論が活発化した(清成1978；玉野井1979など)。地方政治においては，反公害や福祉政策，憲法擁護を訴える革新首長が次々と誕生し，委任型集権制から参加型分権制へという目標が掲げられた。

　非大都市圏から大都市圏への転出超過が沈静化した背景には，非大都市圏出身者の動向の変化がある。まず，進学や就職をきっかけに大都市圏に転出する傾向が弱まり，若年期の出身地定着率が上昇したことが挙

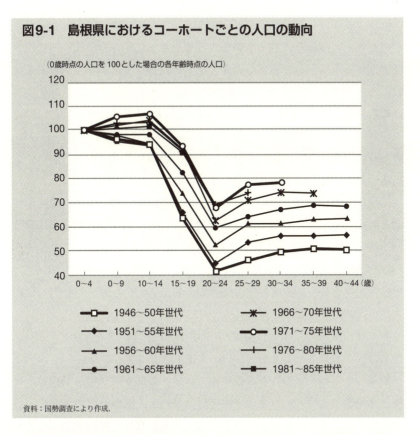

図9-1 島根県におけるコーホートごとの人口の動向

資料：国勢調査により作成.

げられる（山口2002）。所得機会が相対的に乏しく，高度成長期には多くの潜在的他出者が転出を余儀なくされた島根県を例にとって説明しよう（**図9-1**）。0～4歳を100とした場合，最も転出者が多く，人口が減少するのは，いずれの世代でも20～24歳の時点である。1946～50年出生世代すなわち団塊の世代では，0～4歳を100としたときの20～24歳の人口は41.6であり，およそ60％が県外に出ていた計算になる。この値は世代が若くなるにつれて上昇し，1971～75年出生すなわち団塊ジュニア世代になると，67.6となり，約2/3が地元に残るようになっている。バブル経済へと向かう1980年代に半ばには，東京圏の転入超過は再び大きくなったが，コーホートごとに見ると，一貫して出身地定着率は上昇してきたのである。ただし，近年になってこの傾向は変化している。

進学，就職時の出身地定着傾向に加え，人口のUターン現象も顕在化してきた。いったん進学・就職で大都市圏などに出ても，比較的短期間で帰還する人の割合が増大したのである。長野県と宮崎県の出身者を比較した大規模なアンケート調査によれば，若い世代ほどUターン率が高い傾向が明瞭である（江崎2002）。この調査によれば，いずれの世代でも，大卒者に比べて高卒者のUターン率が高いが，その差は縮まっており，最も若い世代（1967～69年出生）では，学歴にかかわらず三大都市圏への他出者の70％以上が帰還していることになる。

　出身地定着傾向やUターン現象が強まった背景には，大都市圏側の要因と非大都市圏側の要因の両方が作用している。高度成長期には，非大都市圏と大都市圏の間に著しい有効求人倍率や賃金の格差があった（**図7-2，7-5参照**）。しかし安定成長期になると，有効求人倍率の差は縮小し，所得のジニ係数も高度成長期に比べて小さくなっている。一言でいえば，大都市圏側のプル要因が弱くなったのである。

　非大都市圏側の要因としては，「少産少死世代」が成人を迎え，長男・長女時代が到来したことが大きい。大都市圏ではすっかり「家庭」家族が一般化したといえども，非大都市圏ではイエ規範が隠然として残り，後継ぎを確保しようという意識が働く。とはいえ，次男三男の出身地定着率やUターン率も上昇しているので，長男・長女時代の到来とイエ規範の残存のみで説明を片付けるわけにはいかない。それに，いくら出身地での暮らしを希望しても，所得機会がなければ生活は立ち行かない。

　「地方の時代」を演出したのは，非大都市圏への製造業の展開であった（岡橋1997；末吉1999；友澤1999）。それによって非大都市圏において所得機会が増大し，出身地でライフコースを歩むための経済基盤が整ったのである。高度成長期には，労働力が非大都市圏から大都市圏に移動したが，安定成長期になると，逆に雇用機会が大都市圏から非大都市圏に移動する潮流が発生したと表現してもよい。

　製造業の非大都市圏への分散は，政府の産業再配置政策に後押しされていた（根岸2018）。国土政策のステージに対応させると，安定成長期はおおむね三全総の時期に当たる（**表9-1**）。定住圏構想はこの時期を特徴づけ

表9-1　全国総合開発計画の概要

	策定年	目標年	開発方式
全国総合開発計画（全総）	1962	1970	拠点開発方式 新産業都市，工業整備特別地区
新全国総合開発計画（新全総）	1969	1985	大規模プロジェクト構想 苫小牧，むつ小川原，志布志湾
第三次全国総合開発計画（三全総）	1977	おおむね10年	定住圏構想 テクノポリス構想
第四次全国総合開発計画（四全総）	1987	おおむね2000	多極分散型国土 リゾート法，頭脳立地法
21世紀国土のグランドデザイン（五全総）	1998	2010〜2015	多軸型国土（国土軸） 多自然居住地域 リノベーション，うみ業

資料：国土交通省のウェブサイトなどにより作成．

る政策である。これは全国に雇用機会と居住機能が備わった圏域である定住圏を整備し、大都市圏への一極集中を緩和させるという計画である。テクノポリス構想も類似の理念に拠っており、核都市を中心に産学住の機能を具備したテクノポリスを建設し、ハイテク産業を非大都市圏に根付かせようとしてきた（伊藤1998）。安定成長期は、国土政策を通じて、高度成長期に顕在化した地域格差や、大都市圏の過密／非大都市圏の過疎の解消が模索された時代であった。

　非大都市圏への進出が目立ったのは、衣服や電機といった加工組立型製造業である。ハイテク産業というよりは、むしろ労働集約的なこれらの製造業が、安価な労働力を求めて非大都市圏へと展開していくプロセスが、いかなる経済地理を作り出したのかを見ていこう。

企業内地域間分業，地域的生産体系，地域労働市場

　国が産業再配置政策という音頭をとったとしても、それが実現するか否かは基本的に営利企業の経済合理的な意思決定にかかっている（根岸2018）。高度成長期が終わって経済成長率の鈍化するなかで、企業はコスト削減による競争力強化を迫られた。しかし経済のグローバル化は緒に

就いた段階であり,目下「世界の工場」となった中国はおろか,ASEAN諸国への進出もさほど本格化していなかった。電機やアパレルの大手企業は,量産体制が確立した製品については,労働費の安い非大都市圏に設立した生産子会社や分工場で生産し,本社や研究所,マザー工場など,高度な知識・技術をもった労働力を要する機能を大都市圏に残存させる空間的分業[1]を国内で築き上げた。末吉(1999)にならい,この体制を企業内地域間分業と呼ぼう(図9-2)。

それぞれの地域に立地した分工場や生産子会社は,自身を頂点として一定の範囲内に下請・孫請企業,さらには内職などを階層的に組織して,地域的生産体系を創り上げる。地域的生産体系において,分工場や生産子会社のすぐ下に位置する一次下請については,域外資本によって非大都市圏に設立されることが多い。しかしそれ以下の階層になると,出稼に代わる冬季の現金収入を得ることを目指す農家や,技術を身に着けた分工場の従業員がスピンオフによって創業したものが中心となる。余剰労働力の発生という地域課題に直面していた自治体や農協は,農外雇用機会の創出を目指して,農家による創業を側面から支援した(末吉1999)。

地域的生産体系が編成された地域においては,地域的生産体系のもつ階層性に対応して,労働力需要も階層化される(図9-3)。分工場や生産子会社は,新規学卒者を正社員として採用し,彼/彼女らに対しては年功賃金を適用することも多かった(田代ほか1975)。これが一次下請,二次下請になると,日給月給制となり,賃金水準も下がっていくとともに,兼業農家が労働力供給の主体となる。地域的生産体系の底辺に近づくほど,女性労働力の比率が上がり,最底辺の内職となると,出来高で働く女性がほとんどとなる。このように,「地域的生産体系の階層的な労働力需要に対して,個別地域の労働力構成(これ自体も階層的)を前提に,労働力供給がなされる場」のことを,末吉(1999:22)は地域労働市場と呼んでいる。地域労働市場の概念は,農業経済学に発祥するが,経済地理学におけるの地域労働市場の定義は,農業経済学のそれとは性質を異にする。この点については,本章の最後に改めて言及する。

製造業の進出が引き起こした地域労働市場の展開は,地域差をとも

図9-2 企業内地域間分業と地域的生産体系との関連

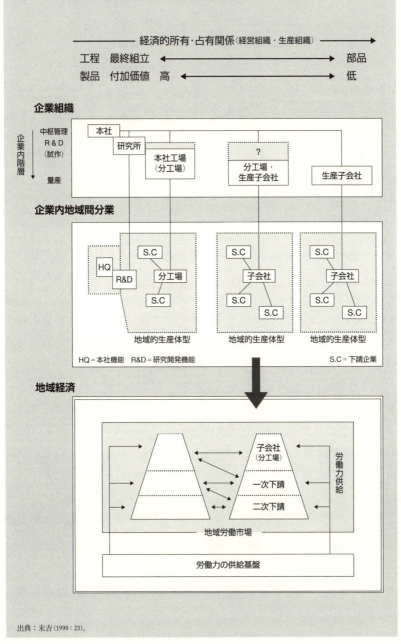

出典：末吉(1999：23).

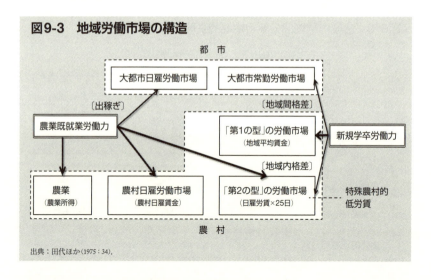

なって進んだ。安価な労働力を求めていたとはいえ，加工組立型製造業は国土の最縁辺部を目指したわけではなく，まずは大都市圏の外延部へと広がっていった。次いで重要な受け皿となったのが，南東北である(図9-4)。東京圏への距離が近いことに加え，1970年代以降東北自動車道が順次整備されるなど交通条件も整っていたことから，1985年の時点において，九州や四国に比べて女性の製造業従事者割合が高い。

当時の平均的な出産年齢に相当する25～29歳の女性労働力率を見ると，北海道を除く東北日本が太平洋ベルトや西南日本に比べて際立って高い(図9-5)。このパターンは，三世代同居世帯割合のパターンとかなりよく一致する(図9-6)。このような家族形態の地域的差異は，東北日本と西南日本の文化的な違いを背景としていると考えられる(熊谷編著1997a，b)。三世代同居世帯では，親世代の女性が家事や育児を分担することで，子育て期の女性就業率が促された。次節の舞台である最上地域は，農村工業化にともなって世代間役割分業と多就業構造に特徴づけられる多世代同居世帯が広く成立した典型的な地域だったのである。

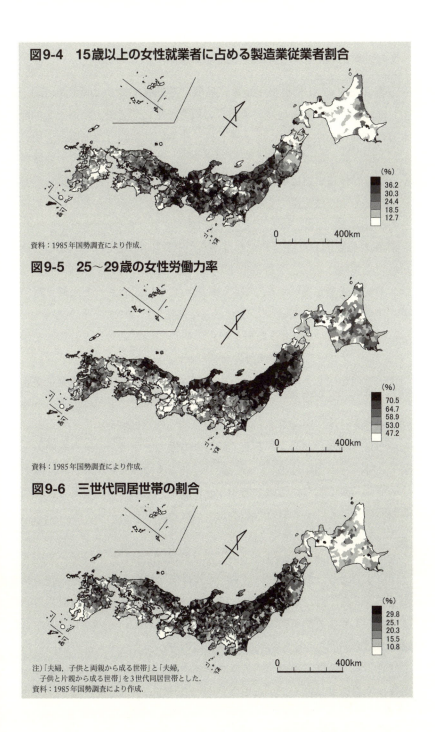

図9-4 15歳以上の女性就業者に占める製造業従業者割合

資料:1985年国勢調査により作成.

図9-5 25〜29歳の女性労働力率

資料:1985年国勢調査により作成.

図9-6 三世代同居世帯の割合

注)「夫婦,子供と両親から成る世帯」と「夫婦,子供と片親から成る世帯」を3世代同居世帯とした.
資料:1985年国勢調査により作成.

農村工業化を生きる：山形県最上地域の事例

　末吉(1999)は，山形県最上地域に展開した電機工業と衣服工業に関して，地域的生産体系と地域労働市場の概念を用いて労働力の需要と供給双方の階層性を明らかにした。そして，企業内地域間分業の概念を用いることで，最上地域における一事例研究を，マクロな国民経済の地域構造と結びつけることに成功している。さらに兼業農家が農業労働と農外就業にどのように労働力を振り分けており，家計の構造がどうなっているのかも明らかにしている。

　筆者は，末吉(1999)を参考にしながら，中澤(2012)とそれに対応する放送教材を製作したことがある。その際，最上地域において，当時もメリヤス工場に勤務していたMさん(女性)と，すでに閉鎖された電機工場に長く務めたKさん(男性)にインタビューを実施した(**表9-2**)。その経験を生かして，末吉(1999)による農村工業化の構造的把握に対して，ここでは個人のライフコースによる肉付けを試みたい。

　新庄盆地を中心とする山形県最上地域は，稲作を主体とする農業が盛んであるが，豪雪地帯であるため，かつては農閑期に出稼に出る人も多い地域であった。1960年代後半以降，圃場整備や機械化の進展によって大量の余剰労働力が発生すると，低賃金労働力を求めて電機や衣服の生産子会社，分工場が進出し始め，農業以外の所得機会が増加した。最上地域では，典型的な女性職である衣服に加え，電機についても音響・映像機器の製造といった弱電系が多かったため，農家の女性労働力が進出企業の主たるターゲットであった。

　工場の立地が進むと，Mさんのような農家の主婦層が一足早く製造業に従事するようになり，次いであとつぎ世代の男性も地元で農外就業をするようになった。そのことは，最上地域においては，女性の製造業従業者数が男性よりも早く増加してきたことに表れている(**図9-7**)。男性の場合，製造業よりもむしろ建設業従業者の方が多く，非大都市圏においては公共事業を通じた財政トランスファーによって作り出された雇用が重要な所得機会になっていたことがわかる(梶田1998，2005)。一方で，地

表9-2　最上地域で製造業に従事した人に対する聞き取り調査メモ

Mさん（女性）：1971年設立のニット工場に創業間もないころから勤務

- ●入社したころの仕事内容：メリヤスのミシン縫製の進行役．縫製したものをそろえる仕事
- ・他の社員に助けてもらわないと仕事がこなせないくらい生産量が多かった
- ●結婚出産後，家事は同居する義母に分担してもらい，育児と工場での仕事に専念
- ・周りもみんな似たような環境だったので，そういうものだと思っていた
- ・小さいながらも，義母と夫が農業をやって，家計を助けていた
- ●社員のほとんどが農家だった
- ・農繁期，4日も5日も休まれることがあり，生産に支障が出る．そうすると，みんなで残業して穴埋めをした
- ・春の田植えは時期がある程度決まっているが，秋の稲刈りは天気次第．「今日天気がいいから」と休まれると，生産量が落ちて大変
- ●入社したころは大ロットで同じものを1日中作っていたが，いまは小ロットで，同じ人がいろいろな工程を覚えていろいろなものを作っている
- ・調査したときには，現場で中国から来た技能実習生が働いていた

Kさん（男性）：1967年設立の電気機械生産子会社に高校卒業後入社

- ●入社時は白黒テレビを生産，1971年からカラーテレビの生産開始
- ・そのころ，従業員は1,000人近くいた
- ●この辺りは農家が多く，親世代が農業をやり，子世代がKさんの会社に入ってくる
- ・田植えや稲刈りの時期には休む人が結構おり，会社はそういう人がいるという想定の下に人を雇い入れていた
- ●「忙しい中にも余裕がある」
- ・昼休みはバレーボールやキャッチボールをするおおらかな時代
- ・黙っていても顧客から注文が来る
- ・賃金は組合が交渉して決まるが，1万円以上のベースアップがあるなど，毎年上がった
- ●1986年に大手企業に吸収合併され，それ以来，陰りが……
- ・生産第一から品質を良くするように体質を変えることを余儀なくされた
- ・高品質を目指して頑張ったが，2000年以降は，人件費が安いうえに新しい設備で生産している中国や東南アジアに太刀打ちできなくなり，2009年に工場閉鎖
- ・「40年で会社がなくなるなんて想像もしないで入社した．厳しい時代だと思う」

資料：2011年に実施した聞き取り調査により作成．

図9-7 最上地域の産業別就業者数の推移

注1）最上地域は，新庄市，金山町，最上町，舟形町，真室川町，大蔵村，鮭川村，戸沢村で構成される．
注2）分類不能の職業は少数なので省略した．
資料：国勢調査により作成．

域的生産体系の中心を担う分工場や生産子会社は，新規学卒者を採用し，Kさんのような中核的な従業員を育成していった．

　Mさんがそうであったように，製造業の非大都市圏への進出によって，農家世帯では農業所得と農外所得を組み合わせた多就業構造が形成された．親世代は農業，あとつぎ世代は農外就業という組合せが一般的であり，親世代の女性が孫の世話をし，家事を担うことで，あとつぎ世代の女性の農外就業が促進されていた．三世代同居が典型的にみられる農家世帯においては，世代間の役割分業がなされていたのである（吉田1995）．

　農村工業化については，本社機能や研究開発機能といった「頭脳」をともなわず，低賃金労働力を求めて生産機能という「手足」のみが肥大する「発展なき成長」のメカニズムであるとの批判もある（安藤1986）．しかし，農家労働力が低賃金労働力を求める大手企業の進出が作り出した地域労働市場に受動的に取り込まれていったという捉え方は，最上地域の事例を見る限り一面的である．農家世帯の意思決定の根底には，兼業農家と

いう形態であれ農地を維持して農業を継続し，あとつぎ世代が「イエ」を継承するという譲れない一線がある。確かに地域労働市場において形成された多就業構造は，低賃金の下で働く労働力の供給基盤となってきた経緯がある。しかし，末吉（1999）が指摘したように，多就業構造の成立には，農家が再生産を維持し，「イエ」を存続させるために主体的に選び取った側面もある。重層的な下請関係からなる地域的生産体系もまた，現金収入を求める農家や従業員のスピンオフ，そしてそれを支援する自治体や農協の主体的意思決定によって，初めて成立しえた。こうして地域労働市場が展開し，あとつぎ世代が出身地に定着することができるようになり，Kさんの家族のような世帯主が製造業に従事する非農家の核家族，つまり「家庭」家族が非大都市圏でも登場してきたのである。

　非大都市圏に立地した工場は，従業員を工場の時間と生産の論理のもとに完全に包摂できたわけではない。田植えや稲刈りといった農作業や，夏祭りや冠婚葬祭などの共同体のリズムを優先しようとする農家の論理を織り込んで，生産計画を立てなければならなかったのである（田子1994）。Kさんが語ったように，少なくとも安定成長期までは，従業員は労使交渉を通じてよりよい待遇を勝ち取っていたし，何よりも職場には余裕と活気が同居していた。

　このように最上地域では，1960年代後半から安定成長期にかけて，製造業の立地によって多就業構造が成立し，出身地に根差した生活の基盤が整ったかに見えた。しかし，それは長くは続かなかった。非大都市圏において，多就業構造の三世代同居家族が安定的な層として存立しえたのは，せいぜい1990年代半ばまでであろう。この期間に家族形成の時期を経験できたのは，KさんやMさんの世代に限定されるのではないだろうか。

　バブル崩壊以降，非大都市圏の工場は，最新鋭の設備と圧倒的な低賃金労働力を擁する新興国との競争を余儀なくされ，苦境に立たされることになった。Kさんの働いていた工場はすでにない。Mさんの働く工場では，中国からの技能実習生を導入して操業を継続している状況であった。

低成長期の地域労働市場

　農村工業化が展開した1960年代後半からバブル崩壊にかけての産業別従業者数の変化を見ると，第一次産業従業者数の激減と第三次産業従業者数の激増が目を引く（**図9-8**）。この間，製造業は，ほぼ一定の従業者数を維持した。立地面では大都市圏から非大都市圏への分散という変動があったのであるが，日本経済がオイルショック以降も安定成長を維持できた背景には，製造業が国内にとどまり続けたことがある。

　ところが1990年代にはいると，製造業従業者数は減少に転じる。バブル崩壊後の低成長のなかで，日本企業は一層のコスト削減圧力に迫られ，企業内地域間分業の範囲を海外にまで拡張させた。低賃金労働力を求めた先のASEAN諸国や中国では，次第に自国資本が成長を遂げ，日本企業の強力な競争相手に育っていった。日本国内では，多くの工場が規模の縮小や閉鎖を余儀なくされ，製造業従業者数は25年余りの間に3分の1に相当する500万人が消失したことになる。スクラップ・アンド・ビルドの結果，非大都市圏では大規模で新鋭の工場が重層的な地域的生産体系を伴わずに点的に立地し，派遣や請負といった間接雇用労働力を大々的に導入してフレキシビリティを追求した生産を行うようになった（第11章）。

　図9-7が示す最上地域の状況を通じ，低成長期の地域労働市場の特徴を見よう。特に男性において従業者総数全体の減少が顕著であり，深刻な人口減少に直面していることが見て取れる。農業従業者は圧倒的な少数派となり，もはや最上地域のような農村にあっても，一部の専業農家を除いては，農業は所得機会として期待しがたくなっている。製造業空洞化の影響も明らかで，特に女性の製造業従業者数は最盛期の約半数になっている。男性においては，財政健全化を旗印とする公共事業の縮小と担い手の高齢化により，建設業も縮小している。

　こうしたなか，第三次産業の存在感が一層高まっている。とりわけ注目すべきは，高齢化を背景とする介護や医療の需要増大に対応して，医

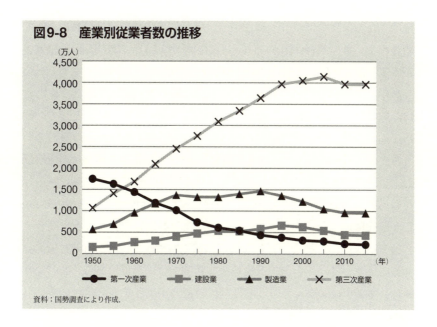

図9-8 産業別従業者数の推移

資料：国勢調査により作成.

療・福祉分野の雇用が増大していることである。特に2000年に導入された介護保険制度は，もっぱら家族によって担われてきた介護労働を市場化する決定打となり，介護労働力の需要は大きく拡大した。厚生労働省の資料によれば，2012年の全国の介護職員実数は168万人であり，制度初年である2000年の54.9万人の3倍以上である[2]。結果として重層的な財政移転をもたらす介護保険制度は，健康保険制度（後期高齢者医療制度）とともに，基本的には域内需要に対応するため本来基盤産業となりにくいこの産業を文字どおりの基盤産業にした。

介護保険制度は，介護サービスの費用のうち1割を自己負担とし，残り9割の50%ずつを保険料と公費が負担する社会保険方式を採っている[3]。介護保険の保険者は市町村または広域連合である。65歳以上の住民は，第1号被保険者として保険料を市町村に支払い，これは介護保険給付の20%強に相当する。保険料は所得に対して累進的であるが，保険料算定の基準となる保険料基準額は市町村が設定する。40〜64歳の第2号被保険者が支払う介護保険料は，各人が加入する医療保険者を通じて全国的に徴収され，社会保険医療報酬支払基金となる。当基金からの交付

金は，介護保険給付の30％弱を担う。残る50％分の給付は公費によって賄われる。負担割合は国が25％，都道府県が12.5％であり，市町村分の12.5％は各市町村が一般会計からの繰入金で賄う。

　高齢者の介護サービス需要が高まり，保険給付が増大すると，市町村は一般会計からの繰り入れを増やさざるをえなくなる。結果として財政は圧迫されるが，保険料給付の増大によって必要となった公費負担分のうち，市町村が負担すべきはあくまでも4分の1であり，残りは都道府県および国が肩代わりすることになる。第1号被保険者の保険料も値上げを余儀なくされ，これを反映して介護保険料には地域間格差が生じる。しかし保険料部分についても，第1号被保険者の保険料値上げで補うべきは5分の2である。第1号被保険者の保険料徴収と給付が市町村単位であるのに対して，社会保険医療報酬支払基金は国単位である。この仕組みは，第2号被保険者である現役世代の割合が小さく介護給付の多い自治体，つまりは高齢化が進んだ自治体にとって，もともと有利である。

　介護サービス需要の拡大は，市町村にとって財政出動と第1号被保険者に対する保険料増額という負の効果を発生させる。しかし，自治体の領域を超えてそれを補完する財政移転を通じて，所得機会の増大と域内経済循環の活性化という正の効果も同時にもたらす。詳細な説明は省くが，後期高齢者医療制度に関しても同様の効果が発生する。これに年金制度も含めて考えれば，製造業の空洞化を経験した非大都市圏の所得機会は，高齢者をめぐる再分配の制度によってかろうじて支えられてきたといえる。

　医療・福祉分野の雇用機会は，誰にでも平等に開かれているわけではない。労働力は均質の商品ではないため，それが分配される場である労働市場は，労働者がもっているスキルはもとより，年齢，ジェンダー，エスニシティといったさまざまな属性によって複雑に分断されている。スキルという点では，医療・福祉は医師を頂点としてとかく資格がものをいう領域であり，高度な資格の取得がよりよい処遇へと結びつきやすい。

　非大都市圏の現状を考えたとき，医療・福祉の職場，特に介護は，

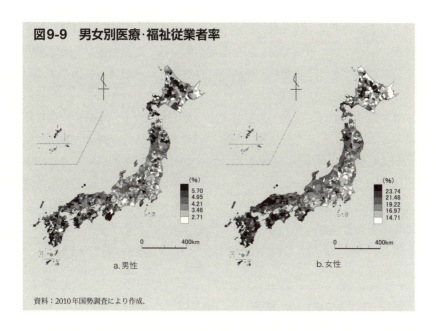

図9-9　男女別医療・福祉従業者率
資料：2010年国勢調査により作成．

ジェンダーによる分断が明瞭であることが見落とせない(**図9-9**)。非大都市圏では，女性従業者の20%以上が医療・福祉に従事している自治体が少なくないが，男性の医療・福祉従業者率はせいぜい5%である。もともと家族によって担われてきた経緯もあり，介護職は典型的な女性職と認識されており，事実そのとおりになっている。近年では，介護福祉士などの資格を取得して，介護の現場で働く男性も増えてきてはいる。しかし，介護を受ける高齢者のなかには，男性による介護に強い抵抗を示す人もいる。特に女性高齢者の排泄や入浴の介助は，デリケートな問題である。そのため，介護業界が慢性的な人手不足であるとはいえ，男性が介護職に就く際の障害は大きい。

McDowell(2003)は，日本以上に製造業の空洞化とそれにともなうサービス経済化が進んだイギリスでの調査から，これまでは工場などで「男らしい」仕事に従事してきた労働者階級の白人男性が，労働市場において不利な立場に置かれるとともに，アイデンティティの危機に直面していることを明らかにした。マクドウェルが「余剰化する男性性(redundant masculinities)」と表現したのと同様の状況は，日本の非大都市圏においても

みられる。製造業や建設業の職が失われ、医療・介護など所得機会が女性職に偏っている地域では、出身階層が低く低学歴な男性は不安定就労に陥りがちであり、親からの経済的自立や家族形成の展望を描きがたい状況にあった(石井ほか編2017)。

　非大都市圏では、医療・福祉分野での雇用拡大が、ジェンダー非対称性をともないながらも製造業の空洞化や公共事業の縮小による雇用減少に対するいくばくかの歯止めとなってきたが、近年それを支える基盤すら崩れつつある。非大都市圏の多くの自治体において、医療・介護の需要を支えてきた高齢者の人口までもが減少をはじめ、その主たる担い手である若年女性が、非大都市圏から大都市圏へと移動する傾向を強めているというのである。これについては、第13章で改めて取り上げる。

医療・介護の市場化の地域差

　高齢化率の絶対的水準は上昇を続けているが、高齢化率が大都市圏で低く非大都市圏で高い傾向は維持されている(**図9-10**)。高齢化率が高ければ潜在的な介護サービス需要量は多くなるため、女性従業者のうち医療・福祉従業者割合は、大局的には高齢化率と同様に大都市圏で低く非大都市圏で高いが、両者の相関係数は0.32と意外に低い。それを踏まえて**図9-9**を振り返ると、高齢化率は大差がないにもかかわらず、女性の医療・福祉従業者の割合は、明らかに西高東低のパターンを示している。高齢化の進行によって介護サービス需要が増加したとき、それが市場において顕在化する度合いには地域差が存在するようなのである。

　東北日本と西南日本のコントラストがはっきりするように、高齢者100人当たりの医療・福祉従業者と高齢人口割合の関係にについて東北と九州を比較してみると、高齢人口割合が同じであれば九州のほうが医療・福祉従業者が多い結果となる(**図9-11**)。ここから、九州の高齢者の方が、介護サービスをより多く使っていると推察される。東北と九州の第1号被保険者1人当たりの保険給付額を計算してみると、近年まで九州が東北を給付額において上回っており、2000年代前半には高齢者1人当たり

図9-10 65歳以上人口割合

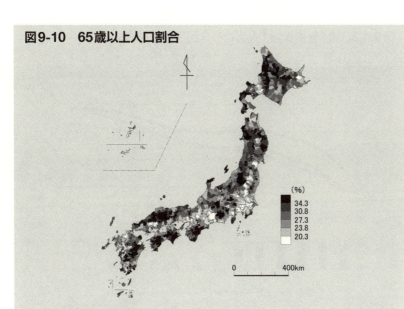

資料：2010年国勢調査により作成．

図9-11 65歳以上人口割合と高齢者100人当たり医療・介護従業者数の関係

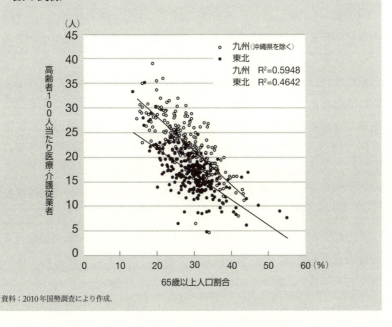

資料：2010年国勢調査により作成．

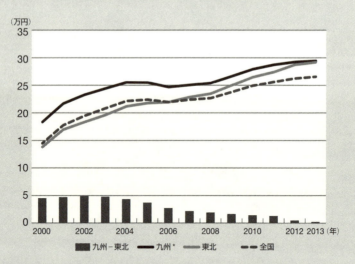

図9-12 第1号被保険1人当たり介護保険給付額

*沖縄県を除く
注）第1号被保険者1人当たり給付額は，それぞれの領域について保険者別の保険給付支払額と第1号被保険者数（年度末）を合計したうえで計算したものであり，保険者別に求めた第1号被保険者1人当たり給付額の平均ではない．
資料：介護保険事業状況報告により作成．

5万円近い差が生じていた（**図9-12**）。制度は全国一律であっても，介護の市場化の程度が地域的に異なることにより，近年までは九州は東北に比べてより多くの財政移転を受けていたことになる。

　総括すれば，次のようなことになる。九州では介護サービスが早くから商品化したことで所得機会が生み出され，財政移転の恩恵を東北よりも多く受けることができた。これに対して東北では，介護サービスによる所得機会の創出が九州に比べて緩慢で，財政移転が相対的に少なくなった。今では高齢者1人当たりの保険給付額水準に差がなくなってきているが，介護サービスの成長期における十数年の差異の蓄積は無視できないほど大きい。

　介護保険制度を契機とする介護の市場化がこのような地域差を呈するのはなぜであろうか[4]。すでに見たように，九州に比べて若年女性が製造業の所得機会に恵まれていた分，東北では介護サービスの市場化が九州に比べて遅れた可能性はある。ただし，低成長期に入って以降も，東

北の製造業が介護サービスの労働力需要を阻害するほど積極的に若年女性を採用してきたとは言い難く，介護サービス需要の地域差の説明としては弱い。

　ここで考えてみたいのは，誰が高齢者を介護すべきかに関する規範が，介護サービスの市場化の地域差をもたらしている可能性についてである。日本の家族は，東北日本と西南日本の対照を基軸とする地域的多様性を保持してきた（熊谷編著1997a,b）。九州では高齢者が夫婦のみ世帯や単独世帯に移行する傾向にあるのに対し，東北では現在でも直系家族規範が根強く，親が高齢になると，別居していた子どもが同居に転じていく（小山2012）。東北において介護サービスの商品化が遅れていたことは，同居する子どもによって介護サービスが「自給」されていたと考えれば整合的である。介護保険の給付を受けるためには，居住する市町村から要介護認定を受ける必要があるが，要介護認定を受ける／与えるという意思決定にも，家族規範が影響を与えている可能性がある[5]。家族規範は，介護の担い手の違いともかかわって，医療の受診行動にも何らかの影響を与えているかもしれない[6]。

　高齢者の介護を家族がするか，介護保険制度を利用してサービスとして購入するかは，当事者の自由な意思決定に任せられるべき事柄であって，その是非を問うつもりはない。ここで指摘したいのは，家族規範といった非市場的な要因が，介護サービスの市場化の度合いとそれによる雇用創出の多寡を左右し，ひいては地域経済の持続可能性にすら影響を及ぼしているかもしれないということである。山本（2005）は，家族構造や文化規範が政治的・経済的地域差と密接に関連していると論じ，経済学の方法に拘泥しない広い視野をもった経済地理学を提唱した。本章の主題は，まさに経済地理が文化に埋め込まれていることを実証することにあった。

ポスト農家兼業時代の地域労働市場概念

　先に経済地理学における地域労働市場の概念は，農業経済学のそれと

は異なると述べた[7]。奇妙なことであるが，岡橋(1997:85)や末吉(1999:15)が指摘したように，農業経済学が「地域労働市場」に冠した「地域」は，必ずしも空間的な概念ではないのである。

　農業経済学における地域労働市場の定義を最大公約数的に示すならば，①農家世帯が労働力供給の主体，②全国労働力市場と区別される特殊性，③内部に備わった重層構造，となる。兼業農家においては，賃金で賄われるべき労働力再生産費用の一部が農業所得に転嫁されているために，その分賃金が切り下げられる。こうして生じる特殊農村的低賃金が，日本の賃金を全体として押し下げているというのが，農業経済学の基本的な発想であった。つまり，農業経済学においては，「全国一般」の労働市場の存在を暗黙の前提として，それとは対照的な農家労働力に依存した特殊で低位な労働市場を形容するために，「地域」という言葉を冠したのだと理解できる。地域労働市場論を展開した農業経済学者は，政治経済学的アプローチをとっており，主流派の経済学とは相いれない。しかし規範的な労働市場の存在を想定する点では，主流派経済学と認識を同じくしている。

　これに対して経済地理学における地域労働市場の地域は，明確に空間的概念を示している。長くなるが，末吉(1999:17)による地域労働市場の定義を引用する。

　　労働力の再生産過程は労働者の生活過程であり，労働者は労働力商品との引き替えで得た賃金で必要生活手段を購入してそれを消費する。この過程は基本的に日単位で繰り返され，そこに物理的な空間の制約が生じて，労働市場と消費市場の圏域が形成される。ここで労働力再生産を可能とするために個別家計でとられる対応の結果が，家計単位の就業構造に反映される。単一の収入では労働力再生産が不可能な場合，各構成員に労働力の価値が分割されて多就業構造が形成される。農家における就業構造の場合には，農業従事と農外就業が各構成員に分割されて，よりいっそう複雑な構成員個々の多就業の総体となる。こうした地域労働市場・生活圏は，「小売市場圏」「個人消費サービス

圏」「公共的サービス圏」などと重なり合う多様な機能地域の最末端に位置づけられる。

　労働力はそれを有する労働者と不可分であるから,日常的な労働力の流通は本質的にその範囲が限定される。その意味において,地域労働市場の空間的な範囲は通勤圏として把握される。労働者は,労働力を販売して得られた賃金によって財やサービスを購入・消費し,労働力を再生産する。末吉がいう生活圏は,自宅を中心に労働力の再生産が営まれる領域に相当しよう。生産に対応する圏域である通勤圏と,再生産に対応する圏域である生活圏が不可分であるとの認識は,末吉にあっては「地域労働市場・生活圏」と表現されている。末吉(1999)が想起する地域労働市場・生活圏は,加藤(2018)が提起する空間的組織化の結果として生じる経済循環のまとまりとしての地域認識と重なってくる(第1章)。

　全国一般の労働市場は,新規学卒労働市場のような特殊事例を除けば,明確な形で姿を現すことはない。生きた人間から切り離せない労働力が取引される場である労働市場は,本質的にローカルなのである。

　非大都市圏の地域労働市場において,農家労働力が重要な位置を占めた時代がかつてはあった。しかし,所得機会としての農業が掘り崩された現在の日本では,非大都市圏においても「農家労働力に依存した特殊で低位な労働市場」が面的に展開している状況にはない。農業経済学の定義による限り,地域労働市場は分析概念として賞味期限切れになってしまう。しかし,農業の基盤が失われ,雇用の重心がサービスへと移行しても,労働市場が本質的にローカルであることに変わりはない。このことを念頭に置いて研ぎなおしていくならば,地域労働市場は労働市場の現状を分析する鋭い分析概念になるはずである。所得機会が質的に転換していくにつれ,地域労働市場における社会的調整のプロセスや階層構造は変化するであろう。そうした変化を労働力再生産構造と不可分のものとして把握すること,あるいは空間的組織化の変容としてとらえることこそ,地理学者が継続的に取り組むべき地域労働市場研究であると考える。

1) マッシーの「空間的分業」の概念（マッシィ2000）は，安定成長期における非大都市圏への製造業展開に関する経済地理学的研究に強い影響を与えた。ただし，末吉（1999）の企業内地域間分業とは異なり，「空間的分業」は個別企業が造る分業体制をモデル化したものではなく，より抽象的な空間構造を認識するためのものである。
2) 厚生労働省「介護人材と介護福祉士の在り方について」https://www.mhlw.go.jp/file/05-Shingikai-12201000-Shakaiengokyokushougaihokenfukushibu-Kikakuka/1.shiryo.pdf（2018年9月18日閲覧）。
3) 介護保険制度については，厚生労働省のウェブサイト http://www.mhlw.go.jp/stf/seisakunitsuite/bunya/hukushi_kaigo/kaigo_koureisha/（2015年12月16日アクセス）を参考にした。
4) 平均寿命は西高東低であるため，東北よりも九州の高齢者のほうが健康状態に起因してより多くの介護サービスを必要とするという可能性はなさそうである（厚生労働省『2010年市区町村生命表』によって確認，地図略）。
5) 都道府県別にみた場合，要介護認定率も西高東低であり，その傾向は要介護度が軽い場合と後期高齢者に顕著である（小林2015）。
6) 事実，医療費に関して年齢構造調整後の1人当たりの診療額を市区町村別にみると，介護保険給付額と同様に西高東低の傾向が明瞭に認められる（厚生労働省『医療費の地域差分析』によって確認，地図略）。
7) 以下に関連する詳細な議論については，中澤（2015）を参照されたい。

［文献］
安藤誠一1986『地方の経済学――「発展なき成長」を超えて』日本経済新聞社。
石井まこと・宮本みち子・阿部誠2017『地方に生きる若者たち――インタビューからみえてくる仕事・結婚・暮らしの未来』旬報社。
伊藤維年1998『テクノポリス政策の研究』日本評論社。
江崎雄治2002「Uターン移動と地域人口の変化」荒井良雄・川口太郎・井上孝編『日本の人口移動――ライフコースと地域性』古今書院，15-33頁。
岡橋秀典1997『周辺地域の存立構造』大明堂。
梶田真1998「奥地山村における青年男子従業者の就業過程――岐阜県郡上郡和良村を事例として」地理学評論71巻573-587頁。
梶田真2005「戦後の縁辺地域における土木業者の発展過程と労使関係の性格――奥地山村を事例として」地理科学60巻237-259頁。
加藤和暢2018『経済地理学再考――経済循環の「空間的組織化」論による統合』ミネルヴァ書房。
清成忠男1978『地域主義の時代』東洋経済新報社。
熊谷文枝1997a『日本の家族と地域性〈上〉――東日本の家族を中心として』ミネルヴァ書房。
熊谷文枝1997b『日本の家族と地域性〈下〉――西日本の家族を中心として』ミネルヴァ書房。
小林哲也2015「介護保険制度における要介護認定率の地域性――都道府県別要介護認定率の傾向による分析」介護福祉学22号36-44頁。

小山泰代 2012「世帯変動の地域的傾向」人口問題研究68巻2号18-36頁。
末吉健治 1999『企業内地域間分業と農村工業化』大明堂。
田子由紀 1994「工場進出に伴う就業女性の生活変化に関する時間地理学的考察」人文地理46巻 372-395頁。
田代洋一・宇野忠義・宇佐美繁 1975『農民層分解の構造――戦後現段階』御茶の水書房。
玉野井芳郎 1979『地域主義の思想』農山漁村文化協会。
友澤和夫 1999『工業空間の形成と構造』大明堂。
中澤高志 2012「雇用・労働の経済地理学」松原宏編『産業立地と地域経済』放送大学教育振興会, 94-111頁。
中澤高志 2015「地理的労働市場」人文科学研究所紀要(明治大学)76号241-271頁。
根岸裕孝 2018『戦後日本の産業立地政策――開発思想の変遷と政策決定のメカニズム』九州大学出版会。
D. マッシィ著, 富樫幸一・松橋公治監訳 2000『空間的分業――イギリス経済社会のリストラクチャリング』古今書院。
山口泰史 2002「地方の時代と若年層の地元定着」荒井良雄・川口太郎・井上孝編『日本の人口移動――ライフコースと地域性』古今書院, 35-52頁。
山本健兒 2005『新版 経済地理学入門』原書房。
吉田義明 1995『日本型低賃金の基礎構造――直系家族性農業と農家女性労働力』日本経済評論社。
L. McDowell 2003. *Redundant Masculinities? Employment Change and White Working Class Youth*. London: Blackwell.

第10章
戦後住宅政策の変質

三本柱からなる住宅政策の解体

　公営住宅，公団住宅，公庫住宅は，戦後住宅政策の三本柱と呼ばれ，いずれも日本国憲法25条に謳われる生存権を土台として立っていることは，第6章で述べたとおりである。そのことは，根拠法である公営住宅法，日本住宅公団法，住宅金融公庫法の第一条に明示されている。住宅は，誰もが保障されるべき「健康で文化的な最低限度の生活」の基盤であり，全国民に住宅を保障し，さらには住環境を向上させていく実践である居住福祉は，国の責務なのである。

　三本柱のうち，初めに設立されたのは住宅金融公庫(1950年)であり，住宅を自力建設できる階層に対して住宅資金の融資を行った。原資である財政投融資資金の金利と公庫金利の差額が一般会計から補てんされていたため，公庫は長期固定で低金利の住宅ローンを供給できた。翌年には公営住宅法が成立し，国の援助のもと，自治体が低所得者向けの賃貸住宅を整備する枠組が出来上がる。低所得者向けとはいっても，当初は国民の大部分に入居資格があった[1]。1955年には，広域的・計画的な住宅供給を行うことを目的として日本住宅公団が発足する。公営住宅とは逆に，公団の賃貸住宅に入居するためには一定水準を超える所得が求められた。当初公団は賃貸住宅を中心に建設していたが，1960年代後半からは分譲住宅の供給も積極的に行うようになる。

　住宅政策を実施するにあたり，国は1966〜70年度の第1期から2001〜2005年度の第8期まで住宅建設五箇年計画を設定し，住宅供給の目標

表10-1 住宅建設五箇年計画とその達成状況

(千戸, %)

	第1期(1966~70年度)			第2期(1971~75年度)			第3期(1976~80年度)			第4期(1981~85年度)		
	計画	実績	達成	計画	実績	達成	計画	実績	達成	計画	実績	達成
公営住宅	520	479	92.1	678	494	72.9	495	361	72.8	360	251	69.7
公庫住宅	1,080	1,087	**100.7**	1,370	1,664	**121.5**	1,900	2,547	**134.1**	2,200	2,457	**111.7**
公団住宅	350	335	95.7	460	284	61.7	310	163	52.6	200	105	52.6
その他の住宅	480	664	**138.3**	945	666	70.5	620	578	93.2	600	418	69.7
計	2,430	2,565	**105.6**	3,453	3,108	90.0	3,325	3,649	**109.7**	3,360	3,231	96.2
調整戸数	270	—	—	385	—	—	175	—	—	140	—	—
合計	2,700	2,565	95.0	3,838	3,108	81.0	3,500	3,649	**104.2**	3,500	3,231	92.3
	第5期(1986~90年度)			第6期(1991~95年度)			第3期(1996~00年度)			第4期(2001~05年度)		
	計画	実績	達成	計画	実績	達成	計画	実績	達成	計画	実績	達成
公営住宅	280	216	77.1	315	333	**105.8**	202	172	85.0	262	186	70.9
公庫住宅	2,250	2,496	**110.9**	2,440	3,139	**128.6**	2,325	2,718	**116.9**	2,185	751	34.4
公団住宅	130	107	81.9	140	108	77.4	105	83	69.2	125	97	77.6
公的助成民間住宅*	—	—	—	150	87	58.0	343	222	64.7	341	110	32.3
その他の住宅	490	319	65.1	455	350	76.9	350	292	83.4	212	131	61.8
計	3,150	3,138	99.6	3,500	4,017	**114.8**	3,325	3,487	**104.9**	3,125	1,299	41.6
調整戸数	150	—	—	200	—	—	200	—	—	125	—	—
合計	3,300	32	95.1	3,700	4,017	**108.5**	3,525	3,487	98.9	3,250	1,299	40.0

*高齢者向け優良賃貸住宅,特定優良賃貸住宅等を含む.
注)太ゴシックは達成率100%以上.
資料:住宅経済データ集2008年度版により作成.

戸数を定めてきた(**表10-1**)。その内訳は,いずれの期でも計画時点で公庫住宅の分担率が最も大きく,近年になるほどその割合が大きくなる傾向にある。しかも公庫住宅は廃止が決定していた第8期を除いて達成率が100%を超えたのに対し,公営住宅では計画戸数を達成したのは第6期のみであり,公団住宅に至っては一度も計画を達成できなかった。

このことが示すように,戦後日本の住宅政策の基本的な方向性は,持家主義に彩られてきた。財政に占める住宅関連予算の割合が小さかったため,住宅の直接供給よりも安上がりな住宅金融に傾斜した住宅政策にならざるをえなかったというのが,偽らざる事実であろう。バブル崩壊までは地価がほぼ一貫して上昇を続けたことも,公共住宅の直接供給に対する大きな障害となった。持家が耐久消費財の「器」となり経済成長を下支えしてきたことは事実である(第8章)が,持家取得をあおったことが地価や建設費の高騰を招き,公共住宅の十分な供給を一層難しくすると

いう副作用も引き起こした。

　ともあれ，1950年代半ば以降40年余りの間，低所得者は公営住宅，持家取得可能層は公庫住宅，その中間が公団住宅という階層性をもちながら，三本柱からなる住宅政策が国民全体をカバーする体制が成立していた。公共住宅の供給は明らかに不十分であったが，持家政策は一定の成果を挙げ，多くの都市住民が住宅双六の上がりにたどり着き，郊外第一世代となった(第8章)。

　1990年代にはいると，住宅政策の三本柱が前提としてきた経済的・地理的諸条件は大きく転換した。高度成長・安定成長を続けてきた日本経済は，低成長に突入した。持家政策と親和的であった終身雇用と年功賃金は歴史の領域に遠ざかり，若者を中心に失業や不安定就労が広がり，賃金の伸びは期待できなくなった。バブル崩壊は土地神話の解体を意味し，地価は継続的な下落を記録した(図8-5参照)。現在では，都心で地価が上昇する一方で，郊外では依然として地価の下落が続いている。こうした大都市圏内での地価の二極化は，郊外化から都心回帰へと人口の動向が変わり，都市政策の方向性も郊外住宅地の開発から都市再生へと転換したことと関連している(小泉2015)。こうした経済的・地理的諸条件の変化と，「官から民へ」という小さな政府を志向する動きが相まって，1990年代半ば以降，住宅市場を一層「市場化」する方向で住宅政策の転換が図られてきた(平山2006)。

　以来20年余りが経過した今，戦後住宅政策の三本柱はすべて倒れてしまったといっても過言ではない。本章は，三本柱からなる住宅政策が解体していく過程の記録である[2]。

公営住宅の縮退

　公営住宅は，国費の補助を受けながら，地方自治体が地域内の住宅事情に合わせて直接供給する。公営住宅の入居には収入の上限が定められており，自力での持家取得や民間賃貸住宅への入居が困難な低所得層に対する福祉住宅としての性格が強い。国庫からの補助を受けているとは

いえ，公営住宅を供給する直接的主体は地方自治体であるため，公営住宅の供給には，各自治体の財政事情や住宅政策のあり方が反映されやすい(第6章)。

日本において公営住宅の建設がピークを迎えたのは，高度成長期の終わり頃であり，1960年代後半から70年代前半にかけては全国で年間約10万戸が建設された(**図6-3参照**)。その後，公営住宅の建設戸数は，オイルショック以後の建設費の高騰や地価の上昇による用地取得難をうけて急減する。1990年代後半に入ると，国および自治体の財政事情が悪化したことにより，公営住宅の供給はさらに縮小する。1987年以降は建替による供給が新設による供給を上回っており，ストックの増加は微々たるものである。結果的に住宅ストック全体に占める公営住宅の割合は，1983年に5.4%を記録して以降，現在まで低下を続けている。

バブル崩壊以降の不安定就労の広がりや低所得の高齢者の増加などにより，公営住宅の潜在的入居希望者が増加することは目に見えていた。しかし自治体にも国にも，需要をカバーする戸数の公営住宅を建設するだけの財政的な余力はない。そこで行われたのが，1996年の公営住宅法の抜本的改正であった。

公営住宅については，かねてからなぜ住宅だけを特別視するのかという疑問が提起されていた。憲法で謳っている生存権の保証は生活保護で対応すべきであり，生活保護に住宅扶助が存在するのであるから，何も公営住宅を直接供給する必要はないとの批判である(八田1997など)。こうした批判にも配慮して，法改正に当たっては，公営住宅の供給はあくまでセーフティネットとして最小限にとどめるべきとの論理が徹底された。まず，家賃算定方式が変更され，建設原価を基にした法定限度額方式から，立地・規模等の住宅の条件を勘案し，入居者の収入で支払える額の家賃を決定する応能応益方式に改められた(住本1997)。同時に入居基準も変更され，これまで貯蓄動向調査による収入分位において下位33%まで入居可能であったが，収入分位下位25%までと入居基準が厳格化された。所得が入居基準を超える状態が一定期間続くと，明け渡しを促す目的で高額な家賃が課せられることになる[3]。

国土交通省の言い分によれば，1996年の法改正には，入居基準を厳しくすることで「真に住宅に困窮する低額所得者」に公営住宅が行き渡りやすくするという狙いがあった。しかし法改正以降，応募倍率は低下するどころか上昇してしまった（図10-1）。国土交通省は賃金が低下したことによって1996年時点の収入分位25％が現状と合わないとの論理から，2007年時点での収入分位25％に入居基準を再び厳格化した。

　公営住宅法の改正は，入居に関する事項だけではなく，その整備方針に関わる点でも大きな変化を含んでいる。従来は公営住宅の建替を行う場合，新たに建設する戸数は従前の1.2倍以上あることが原則となっていた。これが改正後には，従来戸数以上でよしとされ，社会福祉施設や公共賃貸住宅などを併設する場合には，従前の居住者数以上の公営住宅を整備すればよいとされた。また，公営住宅の用途廃止には大臣の承認が必要であったが，改正後は大臣の承認が不要となった。これによって供給戸数の純減をともなう建て替え事業も原理的には可能となり，公営住宅の用途廃止へのハードルは低くなった。

　公営住宅へのニーズが一層高まるのとは裏腹に，自治体による公営住宅の新規建設はますます期待できなくなった。2005年には地域住宅特別措置法が成立し，国主導であった住宅建設五箇年計画は廃止され，それぞれの自治体が地域特性を踏まえた地域住宅計画を主体的に作成することになった[4]。地域住宅計画は，国から地域住宅交付金を得て実行するものであり，公営住宅の整備等の基幹事業と，従来の国庫補助事業の枠にとらわれない自治体独自の提案事業からなる。提案事業が全体の事業費の約80％までであれば，地域住宅交付金の交付率は変わらないので，自治体には基幹事業を20％までに抑えようとするインセンティブが働く。三位一体改革による税源移譲にともなって，2005年には公営住宅に対する国からの家賃収入補助が廃止されたこともあり，自治体としては公営住宅がなるべく少ない方がコストの削減につながる。また，公営住宅は，高齢者をはじめとする低所得者を入居対象としているため，自治体にとっては税収面でのメリットがないばかりか，生活保護費や介護保険料などの社会福祉費がかさむ原因となる。その結果2017年度の公営住宅新設戸

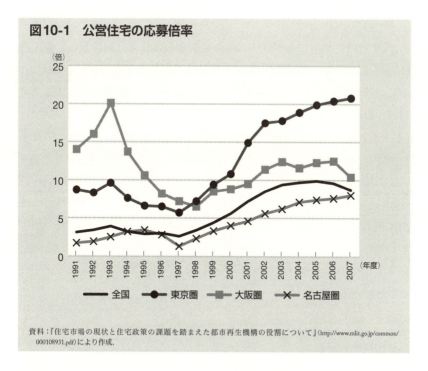

図10-1 公営住宅の応募倍率

資料：『住宅市場の現状と住宅政策の課題を踏まえた都市再生機構の役割について』(http://www.mlit.go.jp/common/000108931.pdf)により作成．

数は1万1476戸，全新設住宅のわずか1.2％を占めるのみになってしまった[5]。

公営住宅については，ある面では入居基準が緩和された。住宅政策を含む日本の社会保障・社会政策のほとんどは，高度成長期の「標準的」ライフコースを念頭に置いて制度設計がなされてきた。家計調査では，1969年以降現在に至るまで，「夫婦と子供2人の4人で構成される世帯のうち，有業者が世帯主1人だけの世帯」を「標準世帯」と定義している。つまり，「家庭」家族を形成することこそが，「標準的」ライフコースとみなされてきたのである。

「標準」世帯をもっぱらの政策対象と位置づけた帰結として，公営住宅には原則として単身者が入居することはできなかった。例外的に入居が認められていたのが，50歳以上の人や，身体障害者，生活保護受給者であった。2005年の法改正によって，精神・知的障害者やDV被害者に対しても単身入居の門戸は開かれた。しかし年齢制限については，60歳以

上まで引き上げられた。

　2008年秋に発生したグローバルな金融危機は日本にも波及し，輸出向け製造業を中心に間接雇用労働者の解雇や雇止め（「派遣切り」）が頻発し，多くの若者が仕事と住まいを同時に失った（第11章）。これに対処するため，国は単身の失業者が公営住宅に入居することを一時的に認めた。しかし，「本来の対象者の入居を阻害しない範囲での目的外使用」であるとの姿勢を崩さず，空家となっている公営住宅を原則1年開放するものとした。

　この時は応急処置にすぎなかったが，2011年には公営住宅法の改正が行われ，単身者排除の規定は削除された。とはいえ，入居資格は自治体が条例によって制定するため，多くの自治体は今でも若年単身者を事実上排除している。仮に若年単身者に門戸を開放したとしても，公営住宅のストックが増えない限り，公営住宅の椅子取りゲームの参加者が増えるだけである。

公団住宅の終焉

●公団からURへ

　1955年に設立された日本住宅公団は，「勤労者の住宅問題に対し，大都市地域を中心として，行政区域にとらわれることなく耐火構造の集合住宅を大量に建設し，またそのための大規模な宅地開発事業を実施することによって，健全な市街地を形成すること」を使命として設立された。その使命を果たすための具体物として，団地とニュータウンという画期的な居住のあり方を発明した。高度成長期，公団賃貸住宅の入居倍率は20～30倍を記録したほど，若いサラリーマンにとってあこがれの住まいであった。公団賃貸住宅は，公営住宅を必要とする階層と，住宅金融公庫の支援を受けて持家を自力取得できる階層の中間に位置する人々を入居者として想定していた。公営住宅の入居に際して収入の上限が設定されていたのとは対照的に，公団賃貸住宅の入居には一定以上の収入が必要とされた。このことは，後述する組織の再編によって，公団賃貸住宅がUR住宅と名を変えた現在でも変わらない。

公団住宅は，最盛期には年間約5万戸，東京圏だけで約3万戸が建設された。公営住宅に比べると，半分程度の供給戸数ではあるが，公団住宅は基本的に大都市圏だけで建設されたので，都市住民の居住機会としての存在感は大きかった。公団の事業は，高度成長期は賃貸住宅の建設と経営が中心であったが，安定成長期になると分譲住宅の比重が高まった。

　高度経済成長が終焉を迎え，住宅需要が落ち込むとともに，民間デベロッパーによる良質の住宅の供給が進んでくると，公団住宅は狭・遠・高と批判されるようになった。都市住民にとってあこがれの住まいであった公団は，一転して大量の未入居住宅を抱えることとなった。平均的にみれば，公団住宅は取り立てて狭・遠・高であるわけではない（中澤2006）のだが，なかには建設用地のコストを押さえるために交通の利便性が悪いところに建設されたものもあり，こうした不人気な物件がやり玉に挙がったのである。

　大量の未入居住宅が引き金となって，1981年に日本住宅公団は宅地開発公団と合併し，住宅・都市整備公団に再編された。住宅・都市整備公団は，郊外におけるニュータウンの整備と都心の再開発を両にらみで行ったが，バブル崩壊はいずれの事業にも大きな打撃を与えた。地価が暴騰した時期に取得した再開発用地などが不良資産化したことなどにより，1999年に住宅・都市整備公団は都市基盤整備公団に再編され，日本住宅公団以来続けてきた分譲住宅の供給事業は中止された。

　都市基盤整備公団は，2004年に地域振興整備公団の地方都市開発整備部門と統合し，都市再生機構に生まれ変わった。その名前が表すとおり，都市再生機構の主な業務は，民間主導で都市再開発を行うための条件整備や民間による住宅供給の誘導であり，住宅の直接供給は，賃貸住宅を含めて原則として行わない。公団がこれまで供給してきた賃貸住宅の管理業務は継続して行うものの，今後は棟単位の売却に努めるとされており，長期的には賃貸住宅の管理業務も民間に委譲していくことが計画されている。

　公団から継承した賃貸住宅については，約77万戸のストックのうち，

表10-2 今後の管理方針別URの管理戸数（2010年末）

	ストック活用	団地再生（一部建替）	団地再生（集約化）	団地再生（全面建替等）	土地所有者等への譲渡、返還等	用途転換	総計
東京圏	337,170	26,306	29,248	13,829	12,898	—	419,451
大阪圏	152,272	10,665	31,862	5,147	5,967	943	206,856
名古屋圏	45,160	2,753	3,044	—	4,816	849	56,622
その他	46,538	1,030	16,989	1,066	6,075	5,524	77,222
総計	581,140	40,754	81,143	20,042	29,756	7,316	760,151

資料：『UR賃貸住宅ストック個別団地類型（案）一覧』(http://www.ur-net.go.jp/stock/pdf/stocktype.pdf) の管理戸数を集計して作成.

約10万戸を建替や再編の対象とし，約5万戸を削減するという具体的な方針が示されている。さらに全国1751団地（約76万戸）について，それぞれの団地が「団地再生」，「ストック活用」，「用途転換」，「土地所有者等への譲渡，返還等」のどれに当たるのかが公表されている（表10-2）。このうち，「ストック活用」以外の類型（戸数削減等の再編の対象となる）の戸数は全ストックの23.5％に当たる。公団はもっぱら住宅不足が著しい大都市圏で住宅を供給してきたため，再編対象の住宅の82.9％は三大都市圏に位置する（図10-2）。全再編対象住宅の46.0％を占める東京圏に注目すると，再編対象住宅は北東部に多く立地している。このことから，都市再生機構によるストック再編は地域差を帯びて進行することが予想される。こうした計画を経て，最終的には2048年ごろまでに現在のストックの約3割を削減する目標である。

● 住民層の変化

日本住宅公団の設立以来現在までの間に，公団賃貸住宅の入居者層は大きく変化した。「団地族」と称された若くて比較的所得の高いサラリーマンが主体であった公団住宅の入居者は，高度成長期以降急速に高齢化している（図10-3）。また，世帯主の職業を見ると，社会全体としてはホワイトカラー化が進展しているにもかかわらず，公団住宅に関してはむしろホワイトカラーの割合が減少している。URの調査によれば，2005年時点で高齢者のいる世帯が33.2％であり，51.9％の世帯が世帯収入分位

図10-2 三大都市圏における再編の対象となるUR住宅の分布
（2010年末管理戸数）

資料：『UR賃貸住宅ストック個別団地類型（案）一覧』(http://www.ur-net.go.jp/stock/pdf/stocktype.pdf) において，「団地再生」，「用途転換」，「土地所有者等への譲渡，返還等」に分類される団地の管理戸数を所在市区町村ごとに集計して作成．

図10-3 公団賃貸住宅の居住者属性

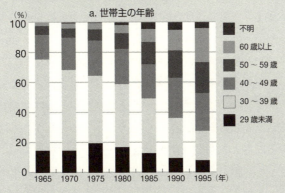

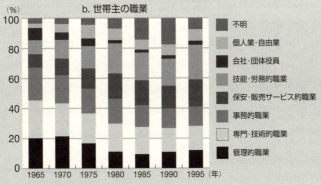

資料：住宅・都市整備公団(2000)により作成．

下位20％以下であった[6]。2010年の同様の調査では，高齢者のいる世帯の割合は38.9％に上昇し，入居世帯の平均収入は2005年よりも低下している[7]。他方，都市基盤整備公団などが供給した比較的新しいUR住宅の中には，ウォーターフロントに立地する家賃20万円以上のタワーマンションなどもみられることから，入居者の社会階層は二極化しているとみてよい。

　UR住宅についても，入居に際して収入の下限が設定されているが，それにもかかわらず築年数が古くそれゆえ家賃が安い団地には，低所得の入居者が増加している。現在のURの収入基準は，申込本人の月収が家賃の4倍または33万円以上（ただし家賃が20万円以上の住宅は40万円以上）であるか，または貯蓄額が家賃の100倍以上（ただし月収が基準月収額の2分の1以上であれば50倍）に設定されている[8]。東京圏内でも，安いところであれば4万円前後の賃料で2DKの物件に入居できる。これは単身の生活保護世帯でもなんとか入居できる水準である。

　団地形式の古いUR住宅では，「孤立死」の問題が表面化している。社会とのつながりが乏しい単身の入居者が，心身に不調をきたしても助けを求めることができないまま死亡し，異臭などをきっかけに発見される例が増加しているのである（図10-4）。孤立死に至るのは必ずしも高齢者とは限らず，職場以外の人間関係が希薄な中年男性が突然死する例も少なくない。こうした問題に直面している団地では，住民の高齢化が進んでいるうえ，外国人の入居者も目立つ。コミュニティの希薄化が，孤立死につながりかねない孤立した住民を増加させる。松戸市の常盤平団地のように，住民同士の積極的な交流を図ることで，孤立死を防止する取り組みが行われ成果を挙げている団地もある（中沢・結城2012）[9]。

　都市再生機構は老朽化した団地の建替や再編によって発生する住民の転居費用を負担し，加えて転居先のあっせんや転居先での家賃の減額なども行うとしている。建替完了後に新しくなった住宅に再度入居した場合には，当初は家賃が減額される。しかし減額措置は通常の家賃に達するまで段階的に減少していくため，建て替え前には古くて家賃が安いから入居できていた低所得者は，早晩退去せざるをえなくなる。

図10-4 UR住宅における「孤立死」の発生状況

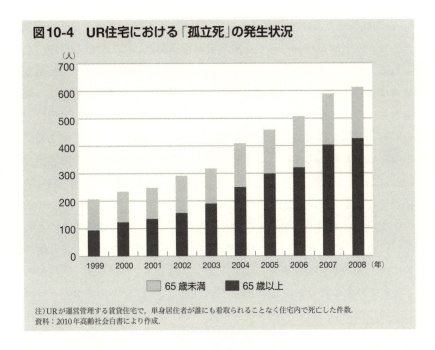

注)URが運営管理する賃貸住宅で,単身居住者が誰にも看取られることなく住宅内で死亡した件数.
資料:2010年高齢社会白書により作成.

　転居や再入居に対する金銭的な補償はあっても,転居による心理的な負担は避けることができない.さまざまな配慮があるとしても,再編をきっかけに住民が四散することは確実であり,住民の絆という無形の財産は失われてしまう.老朽化したUR住宅が,公営住宅の入居対象とならない低所得の単身者にとって,事実上のセーフティネットであることを無視したストック再編計画は,生存権の侵害になりかねないのである.

住宅金融公庫の廃止

●特殊法人改革の目玉

　1950年の設立から2003年3月末までに住宅金融公庫からの融資を受けて建設された住宅は,約1890万戸に上る(本間2004).これは戦後日本で建設された住宅の3割を超える.公庫は低金利で35年に及ぶ償還期間をもつ住宅ローンを提供することにより,中堅所得層の持家取得に大きく貢献し,持家主義を基調とする日本の住宅政策の主柱であった.

「石油危機後において公庫融資が景気対策として注目されたことを契機として，住宅対策のみならず経済政策執行機関としての位置づけを与えられるに至っている」(住宅金融公庫1990：42)と自らが認めるように，高度経済成長終焉後の公庫は資金を住宅市場へと誘導し，景気を刺激する機関としての働きを強めた。バブル崩壊以降の景気低迷期にも，公庫は時の政府の意向を汲んで貸出基準の緩和に努め，融資を拡大して住宅需要の喚起に努めた。この結果，住宅ローンの新規貸出に占める公庫貸出の割合は飛躍的に増加し，住宅ローン残高に占める公庫融資残高の割合は35％を超えるまでに膨れ上がった(図10-5)。

住宅ローンの新規貸出額に占める公庫の割合が急激に伸張するのと軌を一にして，バブル期には低迷していた東京都区部のマンション分譲戸数は，1990年代の前半から急増した。東京圏全体でも，バブル崩壊にともなって減少した分譲住宅の供給戸数が回復に転じている(図10-6)。ほぼ時を同じくして，長らく転出超過が続いていた東京都区部の人口は転入超過へと転じた(図10-7)。転入超過が拡大した要因は，もっぱら東京都区部からの転出の減少であり，正しくは「都心残留」傾向の強化(川口2015)なのであるが，この現象が「都心回帰」と称されたのは周知のことであろう[10]。

この時期，政府は公庫の貸出基準緩和だけではなく，住宅ローン減税制度の拡充や住宅取得資金に係る相続時精算課税制度の特例の創設などを矢継ぎ早に打ち出し，マンションをはじめとする持家の取得を促進した。地価が下落を続け，マンションの供給価格が下落したことも，住宅のアフォーダビリティを高める方向に作用した。このように，東京大都市圏において，マンションを中心とする分譲住宅市場が活況を迎えた背景には，いくつかの要因が作用している。しかし公庫融資の拡大がその重要な要因の一つであったことは間違いない。経済政策機関としての住宅金融公庫の面目躍如といったところであろう。

ところが，特殊法人改革を看板として掲げる小泉政権が2001年に成立すると，状況は一変する。公庫には郵便貯金などを原資とする財政投融資資金が大量に注入されている。これが大きな財政負担の原因となって

図10-5 東京都区部におけるマンション分譲戸数と公庫融資額の推移

資料：不動産経済研究所(2003)，住宅金融公庫(2000)により作成．

図10-6 東京圏における分譲住宅の着工戸数

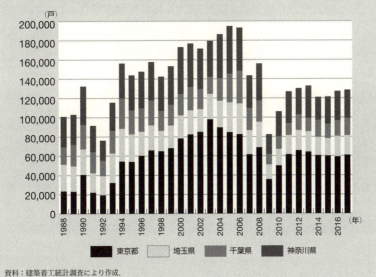

資料：建築着工統計調査により作成．

図10-7　東京都区部をめぐる転入・転出

資料：東京都統計年鑑により作成.

いることについては，かねてから批判が集まっていた。公庫の業務が民業圧迫であるという指摘もあった。バブル崩壊後，民間金融機関は企業に代わる融資先として家計の住宅購入に強い期待をかけていた。そのため，1994年に住宅ローンの商品性に対する規制が取り払われると，民間金融機関は一斉に金利自由化対応商品を発売した（伊豆・齋藤編著2003）。そういう折に公庫が融資を拡大したため，民間金融機関は公庫に対して民業圧迫との声を強めたのであった。こうした批判のなかで，公庫は他の特殊法人に先駆けて改革されるべき特殊法人の一つとされ，2007年に実際に解体されるかなり前からその方針は決定していた。

　住宅金融公庫廃止後に，その債権を受け継いだのは，住宅金融支援機構である。住宅金融支援機構は，もはや自ら直接住宅取得資金を融資することはしない[11]。その代わりに，民間金融機関から住宅ローン（フラット35）の債権を買い取り，それを担保として資産担保証券（MBS：Mortgage Backed Security）を発行し，投資家に対して販売する。民間金融機関はMBS金利に住宅金融支援機構が事業運営費を上乗せした提示金利に，独自の

手数料を上乗せし，ローンの利用者（債務者）への貸出金利とする。フラット35の債権は住宅金融公庫が買い上げて証券化しているため，民間金融機関はリスクを負うことなく手数料を稼げることになる。

●公庫廃止後の住宅金融のリスク

　フラット35は，公庫の直接融資と同様の最長35年固定金利の住宅ローンである。また，いまでは民間金融機関も35年固定金利の住宅ローンを提供している。したがって，住宅金融公庫がなくなったからといって，国民が長期固定金利の住宅ローンを利用できなくなるわけではない。しかしいくつかの変化はある。

　公庫時代は申込時の金利が適用されたが，フラット35はローン実行時の利率が適用される。マンションの場合，購入決定からローン実行まで1年以上を要することが普通であるため，金融政策の変更や国債の利率上昇などによって長期金利が急に上昇するリスクがある。また，フラット35の場合，ローンの金利は，①投資家に支払う利息，②機構の事業運営費用，③金融機関ごとの手数料から構成されるため，同じフラット35という名称であっても，金利は金融機関によって異なる。

　ただし，低金利政策が基本路線となっている現在では，民間金融機関の提供する変動金利の住宅ローンの利率は低位均衡で推移するであろうと想定されている。そのため，この10年あまりの間は住宅ローン新規貸出額の約50％が変動金利によって占められ，フラット35や全期間固定金利の民間ローンを選択するのは少数派である。実はこの点こそが，将来の住宅市場に混乱をもたらすかもしれないのである。

　地方銀行の再編やメガバンクにおける人員削減が取りざたされているように，民間金融機関を取り巻く状況は厳しい。低成長期にあって，企業は多少景気が上向いても投資を手控える傾向があるうえ，社債の発行などの直接金融による資金調達にシフトしてきている。企業向けの貸付が伸び悩む民間金融機関が，成長性のある領域として見出したのが個人向けの住宅ローンであった。とりわけ，地域経済の冷え込みの影響に直面した地方銀行は，ローン専用窓口を積極的に開設するなどして，住宅ローンの顧客開拓に力を入れてきた。たとえば東京圏郊外を拠点とする

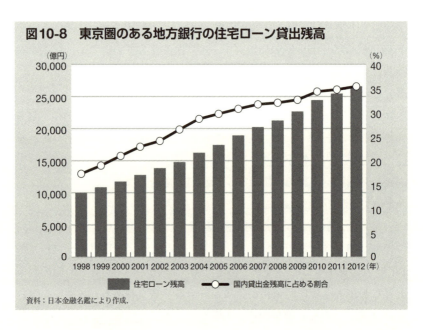

図10-8 東京圏のある地方銀行の住宅ローン貸出残高

資料：日本金融名鑑により作成。

　ある地方銀行の住宅ローン残高は，約15年で2.5倍に膨れ上がり，国内貸出金残高に占める割合は3分の1を突破している（図10-8）。

　これほどの住宅ローンの残高拡大は，元来融資対象外であった所得層に対しても幅広い融資を行うことによってようやく可能になった。住宅金融支援機構の調査によれば，回答した287の金融機関の50.5％は，最も重視する顧客層が年収400万円程度であるとした[12]。それと符合するように，1998年と2008年の住宅・土地統計調査を比較すると，持家居住割合が最も顕著に上昇したのは，年収400万円前後の層であった（図10-9）。この間，世帯の可処分所得は低下しているので，住宅ローンを抱えている世帯の返済負担率は平均的にみても5％以上上昇している（図10-10）。この程度の年収の世帯において，主たる稼ぎ手が失業や所得の急減，病気などに見舞われれば，住宅ローンの返済が困難になることは想像に難くない[13]。

　多くの人は低金利政策の継続を信じている。しかし，金利が短期的に大きく変動することは，過去にもあった。ほとんどの変動金利の住宅ローンには，金利が急上昇しても激変緩和措置があるが，一定期間が過ぎれ

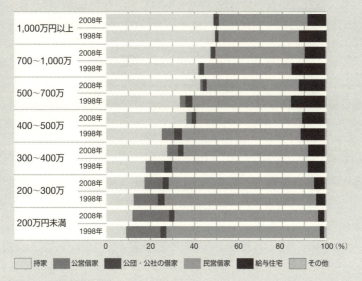

図10-9　世帯の年間収入別住宅所有形態（世帯主年齢30〜34歳）

資料：住宅・土地統計調査により作成．

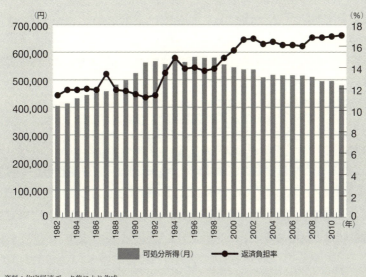

図10-10　住宅ローン保有世帯の可処分所得と返済負担率

資料：住宅経済データ集により作成．

ば返済額は確実に増える。確かに金融機関が言うように，今は「借りるよりも買った方が安い」時代なのかもしれない。しかしそれは，あくまでも住宅ローンの低金利状態が継続するという，盤石とはいえない仮定のうえでのみ妥当する。

最低限度の生活をめぐって

1990年代後半以降，日本の住宅政策は著しく後退した。公営住宅への入居は叶い難い望みとなり，URは引き継いだ公団賃貸住宅の売却に努めるという。持家政策の要であった住宅金融公庫は民業を支援する住宅金融支援機構に再編され，住宅金融市場は融資先の確保に躍起となる民間金融機関の草刈り場となった。

住宅政策は，曲がりなりにも国民全体を支える三本柱から，こぼれ落ちた人をかろうじて受け止める最小限のセーフティネットに成り代わった。住宅政策がほぼ解体されてしまったとしても，憲法25条の生存権の規定はなくなっていない。生存権が保障すべき「健康で文化的な最低限度の生活」という基準に照らした時，現在の住宅政策にはこれを保障できる内容が備わっているといえるだろうか。この問いは，結局「健康で文化的な最低限度」をどこに求めるかにかかわっている。「健康で文化的な」とある以上，住宅政策の目標は，生物としての「生存」のレベルを満たす容器を与えることに設定されてはならない。ところが，それすらできているかどうか怪しいのが現状である。

資本主義のもとでは，住宅は一つの商品であり，市場メカニズムのみでは「健康で文化的な生活」の基盤をなし，心身の安らぎと結びついた「住まい」を万人に保障することは叶わない。それゆえ，住宅政策が不可欠なのである。しかし現在の日本では，経済政策としての住宅政策はありえても，福祉政策としての住宅政策は，ほとんど失われた。この事実がもつ意味は重大である。

1) 当初は第2種であれば収入分位（収入順に並べて下から）80％まで，より低所得者向けの第1種でも収入分位40％までの世帯に入居資格が与えられていた。
2) 住宅政策の三本柱の成立とその崩壊に関してより詳しく知りたい場合には，平山(2009)，本間(2004，2009)が役に立つ。また，中澤(2006)も参照されたい。
3) 規準を上回る所得が一定期間続いた「収入超過者」に対しては，近傍同種の家賃を上限とする家賃が，収入分位60％を超え長期にわたって居住する「高額所得者」は，近傍同種の2倍を上限とする家賃が課せられる。
4) 詳しくは，国土交通省住宅局住宅総合整備課監修(2006)，住本ほか(2012)を参照されたい。
5) 建築着工調査統計報告による。
6) 国土交通省『UR賃貸住宅における住宅セーフティネット施策』(https://www.mlit.go.jp/common/000028228.pdf　2018年9月19日閲覧)。
7) 独立行政法人都市再生機構『UR都市機構における住宅セーフティネットへの取組』(http://www.mlit.go.jp/common/001102728.pdf　2018年9月19日閲覧)。
8) 申込本人の月収が基準に満たない場合には，一定の収入・貯蓄がある親族に連帯保証人になってもらう必要がある。
9) やや古くなったが，2005年9月に放映されたNHKスペシャル『ひとり団地の一室で』は，常盤平団地の孤立死をめぐる問題を描いた好番組である。
10) より詳細な分析として，小池(2017)を参照されたい。
11) 住宅ローンの証券化にともなう住宅金融市場の変化やその問題点については，主として杳澤(2008)を参考にした。
12) 住宅金融支援機構『2015年度　民間住宅ローンの貸出動向調査結果』(https://www.jhf.go.jp/files/400344868.pdf　2018年9月20日閲覧)。
13) 予察段階であるが，佐藤・中澤(2013)は，不動産競売のデータを用いて，地価の下落が目立つ外部郊外の小住宅において，終の棲家を手放さざるをえない人が出てきていることを示した。

[文献]
伊豆宏・齋藤広子編著2003『変わる住宅金融と住宅政策』ぎょうせい。
川口太郎2015「東京大都市圏における少産少死世代の居住地選択」日野正輝・香川貴志編『変わりゆく日本の大都市圏——ポスト成長社会における都市のかたち』ナカニシヤ出版，77-95頁。
杳澤隆司2008『住宅・不動産金融市場の経済分析——証券化とローンの選択行動』日本評論社。
小池司朗2017「東京都区部における『都心回帰』の人口学的分析」人口学研究53号23-45頁。
小泉諒2015「東京大都市圏に集中する人口とその変化」日野正輝・香川貴志編『変わりゆく日本の大都市圏——ポスト成長社会における都市のかたち』ナカニシヤ出版，3-23頁。
国土交通省住宅整備局住宅総合整備課監修，公営住宅制度研究会編集2006『地域住宅特別措置法・改正公営住宅法等の解説』ぎょうせい。
佐藤英人・中澤高志2013「不動産競売からみた郊外住宅地の新たな問題」人文地理学会大会研究発表要旨2013，110-111頁。

住宅金融公庫 1990『住宅金融公庫40年史』住宅金融公庫。
住宅金融公庫 2000『住宅金融公庫50年史　資料編』住宅金融公庫。
住宅・都市整備公団 2000『住宅・都市整備公団史』住宅・都市整備公団。
住本靖 1997『知っておきたい公営住宅法』大蔵省印刷局。
住本靖・井浦義典・喜多功彦・松平健輔 2012『逐条解説　公営住宅法　改訂版』ぎょうせい。
中澤高志 2006「住宅政策改革と大都市圏居住の変容に関する予察——東京大都市圏を中心に」経済地理学年報52巻1-18頁。
中沢卓実・結城康博 2012『孤独死を防ぐ——支援の実際と政策の動向』ミネルヴァ書房。
八田達夫 1997「住宅市場と公共政策」岩田規久男・八田達夫編『住宅の経済学』日本経済新聞社, 1-52頁。
平山洋介 2006『東京の果てに』NTT出版。
平山洋介 2009『住宅政策のどこが問題か——「持家社会」の次を展望する』光文社。
不動産経済研究所 2003『全国マンション市場30年史』不動産経研究所。
本間義人 2004『戦後住宅政策の検証』信山社。
本間義人 2009『居住の貧困』岩波書店。

第11章
間接雇用がもたらすリスク

| 労働市場におけるミスマッチ |

●3つのミスマッチ

　現代社会において，多くの人は雇用者として働き，生活の糧を得ている。働くこと，仕事をすることは，人生の一部であり，単に賃金を得ること以上の意味をもつことが普通である。他方で，純粋なモデルとしての資本主義を考えるならば，観念的には人間の肉体的・精神的能力を労働市場で取引される労働力商品とみなすことが可能である。しかし，労働力は本来商品として生み出されたものではないため，どうしても純粋なモデルには包摂できない部分が残る。そのため，労働市場においては，一般の商品の市場に比べてはるかに需要と供給のミスマッチが生じやすい。ここでは，典型的なミスマッチを3つに整理し，それに照らして本書ですでに扱った内容を振り返るとともに，本章の要諦を示したい[1]。

　労働市場において生じるミスマッチは，いずれも労働力が本来は商品でない人間の肉体的・精神的能力を商品に擬したもの（擬制商品）であることと関連している。第9章で述べたとおり，労働力は労働者と不可分であるから，日常的な労働力の流通は通勤圏に限定される。労働者が賃金によって必要な財やサービスを確保し，労働力を再生産する生活圏もまた，自宅を中心とする一定の範囲に限られる。つまり労働者は生活を一定の範囲において組織化する（第1章）ことから，労働力は土地固着性が強い商品にならざるをえない。労働者の移動を必ず必要とするために労働力の移動は緩慢となり，1つ目のミスマッチである需要と供給の空間的ミ

スマッチが生じやすいのである。

2つ目の時間的ミスマッチは，労働力と労働者の不可分性に起因して，労働力が貯蔵できないことによって生じる。景気の変動や，消費の季節・曜日・時間による変動に対応して，労働力の需要は変化するが，不足に備えて余った労働力を貯蔵することができないため，需要変動に合わせて労働力の供給を柔軟に変化させることは困難である。製造業であれば，作り置きで対応することが可能な場合もあろうが，生産と消費の同時性・同所性が求められるサービス業は，特に時間的ミスマッチへの対応が難しくなる。

3つ目のスキル・ミスマッチは，労働力の本源である人間の肉体的・精神的能力が個性的であることに起因する。社会的分業に対応して，労働市場はいくつもの部分労働市場に分断されている。産業構造の変化とともに社会的分業のあり方は常に変化するから，それぞれの部分労働市場の需給バランスは常に変動し，スキル・ミスマッチの発生は避けられない。教育・訓練によってスキルを養成することはできるが，労働者のスキルは公共財の性格を持ちフリーライダーが出現する余地があるため，特に一般性の高いスキル養成への投資は過少になりがちである[2]。高いスキルをもった労働者が十分に存在しても，スキル・ミスマッチは発生する。教育歴にふさわしい仕事を追求したり，仕事にやりがいを求めることが，皮肉にもスキル余剰をもたらし，社会的には必要な単純労働力が不足することが起こる（Finegold and Soskice 1988）。

以上から，価格メカニズムのみによっては，労働力の需要と供給が均衡に至ることはほとんど期待できない。かくして，労働市場は社会的に調整されないかぎり，市場として成立しえない（Peck 1996）という結論に至る。裏を返せば，どうにかしてこれらのミスマッチを乗り越えないかぎり，労働市場は近似的にも市場としての役割を果たすことができないのである。

● ミスマッチ克服の時代性

労働市場におけるミスマッチを乗り越える手段は，高度成長期から安定成長期を経て低成長期へと至る過程で変化を遂げてきた。高度成長期

における学校・職安による新規学卒労働市場の制度化は，空間的ミスマッチを乗り越える手段の典型であり，これによって非大都市圏から大都市圏への新規学卒労働力の移動が円滑に行われた(第7章)。安定成長期に進展した農村工業化は，地元定着志向の高まりを背景に，所得機会である加工組立型製造業の側が大都市圏から非大都市圏へと分散することで，労働力需給の空間的ミスマッチを解消する動きであったと理解できる(第9章)。高度成長期から安定成長期にかけては，日本的雇用体系が維持され，労働力需給の時間的ミスマッチは，主として従業員の残業時間を伸縮させることによって対応され，従業員の解雇はめったに行われなかった。スキル・ミスマッチについては，複数の職場・職域を経験しOJT (on the job training)に中心に，どちらかといえば企業特殊的なスキルを形成することで対応が図られた。

　低成長期に入ると，企業に対する合理化圧力が強まり，労働力のフレキシビリティをさらに向上させることが求められた。労働力のフレキシビリティには，機能的フレキシビリティと数量的フレキシビリティがある(Atkinson 1985)。前者は，さまざまな状況に対応できる技能・知識を有する労働力による不確実性に対する柔軟性を意味する。後者は需要の変動に応じて労働力の量を細かく調整することによる柔軟性である。つまり，労働力需給の時間的ミスマッチに対する柔軟性のことである。

　終身雇用のもとでスペシャリストよりもゼネラリストや多能工を養成しようとしてきた日本企業は，機能的フレキシビリティを重視してきたといえる。他方で従来の日本的雇用体系を守ろうとするかぎり，数量的フレキシビリティへの対応に限界があるのは明白であった。それを踏まえ，経団連(日本経済団体連合会)は1995年に『新時代の日本的経営』と題する報告書を公表した(新・日本的経営システム等研究プロジェクト1995)。そこでは，従業員を長期蓄積能力活用グループ，高度専門能力活用グループ，雇用柔軟型グループの3グループに分けて弾力的な活用を図る「雇用ポートフォリオ」なる考え方が提示されている。雇用期間の定めがなく，職能給が適用され，昇給制度がある長期蓄積能力活用グループは，従来の日本的雇用体系に近しい処遇を受けられるが，労働者の大多数に相当すると

考えられる他の2グループについては，有期雇用で，しかも昇給なしとされている。「過剰な人材を抱えず人材を有効に活用するためにも，一括採用をも含めて『必要な都度，必要な人材を，必要な人数だけ採用する』との考え方に立って人の採用・活用を考えていく」(新・日本的経営システム等研究プロジェクト1995：69)という言葉が示すように，「雇用ポートフォリオ」の眼目は労働力のジャスト・イン・タイム化による時間的ミスマッチの解消にある。

しかし，その実現の前には，労働法という高い壁が立ちはだかる。労働契約法16条は「解雇は，客観的に合理的な理由を欠き，社会通念上相当であると認められない場合は，その権利を濫用したものとして無効とされる」[3]としている。有期雇用であっても，反復更新などによって雇用の継続を期待することが合理的であるとみなされれば，解雇権の乱用とされるため，正規か非正規かを問わず直接雇用の労働者の解雇は困難である。そこで，経営者は，間接雇用を積極的に活用することで労働力のジャスト・イン・タイム化を実現しようとしたのである。

●労働者派遣法の規制緩和

戦後の日本では労働者供給事業が禁じられてきたが，実態としては業務請負などの形をとって広く存在していた。1980年頃になると労働者供給事業の法制化の動きが具体化し，経済同友会での議論から生まれた「中間労働市場論」(伊丹・松永1985)を理論的根拠として，1986年に労働者派遣法が施行された(伍賀2000)。「中間労働市場」とは，資源配分に係る「市場」と「組織」という2つのメカニズムの中間に位置するものであり，伊丹・松永(1985)は，雇用者と労働者の間に媒介項を置くことで，前者の雇用保障のリスクと後者の失業のリスクの両方が緩和されると主張した。

労働者派遣法の施行からしばらくは，労働者保護の観点から労働者派遣が認められたのは専門性が高いとされた特定業種のみであったため，派遣労働者の増加は緩やかであった(図11-1)。しかし1997年に対象業務がネガティブリスト化されると，派遣労働者数は急増を始める。さらに2004年に製造業務への労働者派遣が自由化され，2006年に当初1年であった製造業務への派遣期間の上限が3年に引き上げられると，増加に

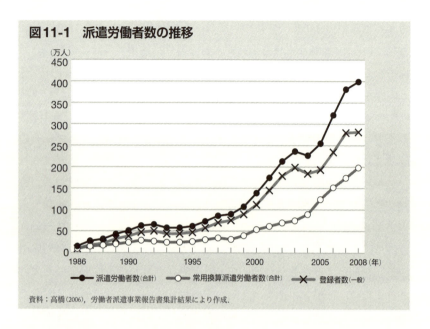

図11-1 派遣労働者数の推移

資料：高橋(2006)，労働者派遣事業報告書集計結果により作成．

弾みがついた。もっとも，労働者派遣が合法化される以前から，製造業においては数十万人単位の請負労働者が働いていた（中馬2003）。

確かに経営者は，間接雇用を利用することで雇用保障のリスクを免れることができる。間接雇用においては，派遣・請負労働者とそれを使用する職場は直接的な雇用契約を結んでいないため，民事契約である労働者派遣契約や業務請負契約を解除すれば，容易に労働力需給の時間的ミスマッチを解消できるからである。大手派遣・請負業者は，全国各地の労働力を顧客に届けるための事業所ネットワークを展開している。間接雇用は，労働力需給の時間的ミスマッチのみならず，空間的ミスマッチをも克服する手段として機能するのである。

問題は，「中間労働市場」なるものが労働者の失業リスクを緩和するという保証が全くの空手形であったことである。そのことは，2008年の金融危機に際して輸出主導型製造業を中心に「派遣切り」が行われた結果，大量の失業者が発生したことが証明している。ジャスト・イン・タイムシステムは，在庫を可能な限り削減するためにある。だとすれば，労働力のジャスト・イン・タイム化を可能にする間接雇用が，過剰労働力と

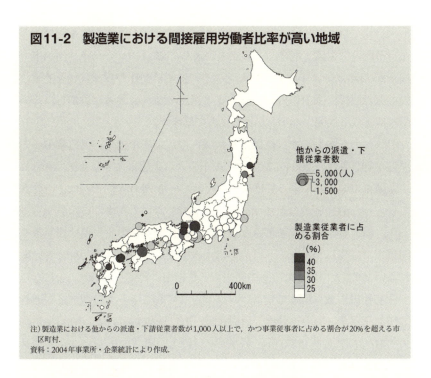

図11-2 製造業における間接雇用労働者比率が高い地域

注）製造業における他からの派遣・下請従業者数が1,000人以上で，かつ事業従業者に占める割合が20%を超える市区町村。
資料：2004年事業所・企業統計により作成。

いう在庫を失業者として吐き出したのは，当然の帰結である。次節以降では，「派遣切り」が当事者と地域に及ぼした影響を詳しくみていく。

間接雇用が地域にもたらしたもの

　2004年の事業所・企業統計は，製造業務への派遣の解禁初年に行われた調査であった。それでも製造業における派遣・請負従業者は81万人を超えており（製造業従事者の7.7%），この時点で，製造業にはすでに業務請負などの形で間接雇用が浸透していたことが分かる。製造業の事業従事者に占める派遣・請負従事者数の割合が高く，かつその実数が1000人を超えている市区町村を抜き出してみると，非大都市圏にも少なからず分布している（**図11-2**）。こうした地域の多くでは，少数の大規模事業所の存在が，地域の社会・経済に大きな影響を与えている。その事例として，杵築市と国東市を中心とする大分県の事例を検討しよう。

大分県では，1984年に県北国東地域がテクノポリスの指定を受けたのをきっかけに電機・電子産業の立地が進んだ(図11-3)。杵築市や国東市では，2000年以降，キヤノンや東芝などの生産子会社が設備投資を進めたのと並行して，大分県外から転入する派遣・請負労働者が急増し，その受け皿となる民間アパートが目に見えて増えた。

　それにもかかわらず，住民基本台帳人口によるかぎり，製造業務への派遣が解禁された2004年以降にも両市の人口動態に大きな変化は見られず，国東市の人口に至っては減少を続けている(図11-4)。これは，市外から転入した労働者のなかに転入届を出していない人が少なくないからである。転入者が住民票を移さなければ，彼／彼女らの住民税は杵築市や国東市には支払われない。自治体は，本来受け取るべき住民税を受け取れないまま，人口増加によって発生する負担増に対応していたことになる。

　住宅建設戸数に関する統計は，事実として起こった人口増加に対応して増加を示す。国東市では，旧武蔵町と旧安岐町を中心に，2000年以降の約10年間にのべ2000戸以上の借家が新たに造られた(図11-5)。製造業務への派遣が解禁された2004年と，上半期までは輸出が好調であった2008年は特に建設戸数が多い。杵築市でもこの10年間に延べ3000戸を超える借家が建設され，やはり製造業務への派遣が解禁された2004年の建設戸数が目立っている(図11-6)。

　アパートの建設ラッシュは，地方銀行と同じく余剰資金の運用に頭を抱えていた農協にとって渡りに船であった(図11-7)。JA杵築の貸付残高が2000年頃から急増しているのは，農協が組合員に対して間接雇用労働者の寮となるアパート建設を勧め，それに積極的に融資してきたからである。間接雇用労働者が増加している時期には，アパートは派遣・請負業者に棟ごと借り上げてもらえたので，アパート建設は資金を融資する側のみならず，受ける側にとってもうまみのある話であった。

　しかし，ひとたび「派遣切り」が起こると，間接雇用労働者が起居していたアパートは軒並み空室となり，これを棟ごと寮として借り上げていた派遣・請負業者は，物件所有者との賃貸借契約を打ち切る。間接雇用労働者を除けば，もとより賃貸住宅需要の乏しい場所であるから，物件

図11-3 杵築市・国東市と主な事業所の位置

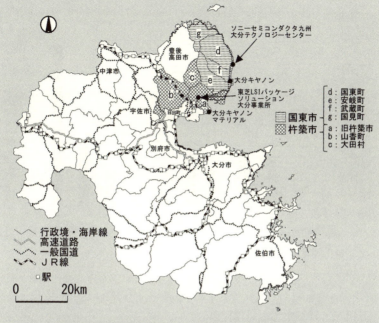

図11-4 杵築市・国東市の人口

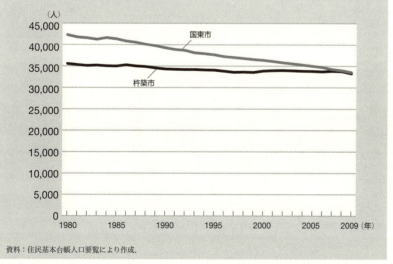

資料：住民基本台帳人口要覧により作成．

図11-5 国東市の借家建設戸数

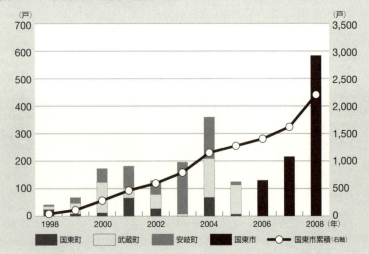

注1）民間資金によるもの．
注2）国東市は，2006年3月31日に国東町・国見町・武蔵町・安岐町が合併して成立した．
注3）合併前の国見町については，対象期間に該当する借家の建設が見られなかった．
資料：大分県建築着工統計調査により作成．

図11-6 杵築市の借家建設戸数

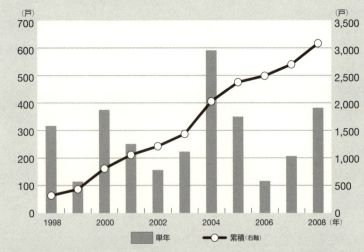

注1）民間資金によるもの．
注2）杵築市は，2005年10月1日に旧杵築市・山香町・大田村が合併して成立した．
注3）合併前については，2002年の4戸が旧山香町であるのを除き，すべて旧杵築市に建設された．
資料：大分県建築着工統計調査により作成．

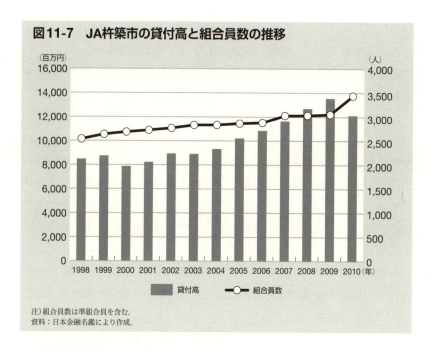

図11-7 JA杵築市の貸付高と組合員数の推移

注）組合員数は準組合員を含む．
資料：日本金融名鑑により作成．

所有者の賃料収入は激減した。農協にとって，このことはアパートへの融資が軒並み不良債権化することを意味する。アパート建設に積極的であったJA杵築市は，多額の事業損失によって経営存続が困難となり，別の農協と合併してその歴史に幕を閉じた。間接雇用の浸透は，巡り巡って農業者への支援を本務とする農協を地域から消滅させるに至ったのである。

「派遣切り」に対する労働者の反応

●自治体の緊急雇用対策

　金融危機の発生によって，企業が雇用調整を実施する懸念が高まると，厚生労働省は全国の労働局を通じて非正規労働者の「雇止め」に関する実態調査を開始し，毎月その結果を公表した。ほぼ同時に，厚生労働省は各種の対策を講じてきたが，政権交代を控えての政局の混乱もあり，実施が後手に回ったものもあった。むしろ目を引いたのは，「派遣切り」が

顕在化した直後から，失職者の救済策を主体的に展開した自治体の姿である。大分県でも，大規模な誘致企業が立地する自治体を中心に，独自に派遣・請負労働者の雇止めに関する調査に乗り出して実態の把握に努めるとともに，具体的な緊急雇用対策を打ち出す動きが広まった。

　自治体の緊急雇用対策は，相談窓口の開設に加え，雇用の創出と住居確保の支援を主な内容としていた（**表11-1**）。雇用創出については，自治体が臨時職員を募集する手法が主であり，住宅支援は公営住宅や宿泊施設の開放が中心であった。杵築市は「派遣切り」にあった労働者を道路管理の補助員として雇用することをいち早く決定し[4]，その後臨時雇用の募集枠を28人にまで拡大した。また，市営の宿泊施設を開放したほか，民間からの義捐金を原資として離職者に就職活動資金や杵築市商工会の商品券を配ることもした。国東市は，臨時職員の採用こそ行わなかったが，杵築市と同日に緊急相談窓口を設置し，やはり宿泊施設の開放を決めるなど，対応は迅速であった。

　ところが，こうした対策への失職者の反応は，自治体の予想よりもはるかに鈍いものであった。杵築市は，いち早く臨時職員の募集を決めて全国的にも注目されたが，実際に募集してみたところ応募はふるわず，28人の募集枠に対して応募者全員に当たる7人を採用したにとどまった。提供した宿泊施設12部屋に入居したのは2世帯，民間から無償で提供されたアパート14戸への入居も6戸にとどまった。国東市の緊急相談窓口には，開設以来2009年4月までにのべ72件の相談が寄せられたが，2009年3月以降はほとんど相談がない状態であった。開放した市営住宅11戸は満室となったが，最後の入居者を受け入れるまでに3ヶ月近くかかっている。

　結局，自治体の相談窓口や臨時雇用の募集，住宅提供などに，雇用調整対象者が殺到するという事態は起こらなかった。大量の雇用調整が行われた割に反応が弱かった理由としては，いくつか考えられる。市営住宅については，国や大分県と施策が内容的に重複していたため応募が少なかったと考えられる。自治体の募集した臨時雇用については，その多くが短期間かつ低賃金であったことから，求職者の求める条件と折り合

表11-1　大分県内自治体の緊急雇用対策

	雇用創出	住宅支援	その他
大分県	新規雇用68人を創出(ほとんどは委託事業)	県営住宅51戸開放，県住宅供給公社が公社賃貸住宅を8戸開放，離職後も住宅提供の派遣・請負業者等に助成	職業訓練の提供
大分市	臨時雇用48人	市営住宅13戸開放，民間提供の研修施設(20人分)運用	農業関連のパート雇用
別府市	臨時雇用5人	市営住宅5戸開放	
中津市	臨時雇用6人	市営住宅17戸開放	
佐伯市		市営住宅5戸開放	
宇佐市		市営住宅13戸開放	
豊後高田市		市営住宅5戸開放	
杵築市	臨時雇用28人	市宿泊施設12部屋開放，民間提供のアパート14戸運用	農業関連のパート雇用，寄付金等を原資に再就職活動支援金・商品券配布
国東市		市宿泊施設15部屋開放，市営住宅11戸開放	
日出町	臨時雇用3人		

注1) 原則として公営住宅は有償で，入居可能期間はそれぞれ異なる．
注2) 雇用，住宅とも募集数であり，実際の雇用者数，入居者世帯とは異なる．
資料：聞き取り調査，大分合同新聞の報道により作成．

わなかったようである。ひとたび就職してしまうと就職活動が難しくなるから，短期で低賃金の臨時雇用に就くよりは，雇用保険が受給できる間はそれを受給しながら善後策を検討する方が，行動の自由度が高い。

　緊急雇用対策への労働者の反応が鈍かった何よりの理由は，間接雇用労働者の多くが地域外の出身者であったことにある。県外出身の間接雇用労働者は，必ずしも生活の拠点をそこに置くために大分県に来たわけではない。仕事を得ようと派遣業者や請負業者を頼った結果，たまたま大分県に住んで働くことになったにすぎない。定住の意思があるならば，より多くの間接雇用労働者が住民票を移しているはずであり，杵築市や国東市は住民基本台帳ベースで大きな人口増加を記録していたはずである。

　突然の雇止めに直面した県外出身者に，大分県内の仕事や住居にこだわる理由はない。県外出身者の多くは，自分の出身地に帰るなどして別の地域に移動したか，それを予定していた。それゆえ，短期的な仕事や住居しか保証されない自治体の支援策には応募しなかったのである。

●労働組合の対応

　金融危機がもたらした「派遣切り」に対して，従来型の労働組合は有効な対策を打ち出すことができなかった。連合（日本労働組合総連合会）は，組織率の低下などを背景として非正規雇用労働者の組織化を重点項目として掲げているが，十分な成果を挙げているとはいえない。間接雇用労働者の組織化はさらに困難である。日本の労働運動は企業別組合に基礎をおいており，職場である企業と直接的な雇用関係がない間接雇用労働者は，基本的に組合員になる資格がないためである。

　非正規雇用が広がりをみせてくると，労働者の個人加盟を認めるコミュニティ・ユニオンが注目を集めるようになった。コミュニティ・ユニオンは，イギリスやアメリカ合衆国で発展してきた労働運動の形態であり，従来の企業別・産別組合から漏れてしまう中小企業従業員や非正規雇用者，間接雇用労働者などを，地域（コミュニティ）という枠組ですくい上げようとするものである（Wills 2001）。大分県にも，全国ユニオン（全国コミュニティ・ユニオン連合）に当初から加盟していた，「大分ふれあいユニオン」というコミュニティ・ユニオンがある。

　イギリスやアメリカ合衆国のコミュニティ・ユニオンは，NPO法人などと連帯し，労働問題の枠を超えた幅広い活動を行っている（Harrison and Weiss 1998）。これに対して日本では，労働者はもっぱら自分を取り巻く個別労働紛争の解決を求めて加盟し，紛争が決着すると脱退したり組合費未納となったりするケースが多い。核となる活動メンバーが少ないこともあり，地域の他の組織と連携した幅広い活動は難しいのが日本のコミュニティ・ユニオンの現状である。

　大分ふれあいユニオンも，地域の労働・生活条件の向上を目指す運動を展開するには至っていないが，個別労働紛争には対応してきた実績がある。しかし「派遣切り」に関しては，電話での相談が何件かあったものの，事務所まで来て争議に発展したのは直接雇用の契約社員の1事案のみであった。そもそも県外から来て，たまたまその地域で働いている間接雇用労働者にとっては，「地域に根差す」というコミュニティ・ユニオンの理念が意味をもたないのである。

●「根付きの空間」と「関与の空間」

　大分県において,「派遣切り」によって職を失った労働者は,厚生労働省が把握しているだけでも4000人を超えたが,自治体やコミュニティ・ユニオンに救済を求めた労働者は限られていた。このことについて,Cox(1998)の「根付きの空間」と「関与の空間」という概念に基づいて議論を展開してみよう。「根付きの空間」とは,主体にとって基本的な利害関係の基盤であり,他の場所では得ることのできないローカルな社会関係によって定義づけられる空間である。私たちが日常生活を送り,「地元」などと呼んでいる空間は,「根付きの空間」に該当するといえるだろう。

　「根付きの空間」は孤立して存在するわけではなく,より大きな空間スケールで展開する社会関係に組み込まれている。そのことによって,「根付きの空間」のよって立つローカルな社会関係は,上位の空間スケールで展開する社会関係がもたらす脅威に常にさらされている。具体的には,グローバルな競争圧力のもとで多国籍企業が突然工場の閉鎖に踏み切ったり,安全対策がなおざりにされて汚染物質が流出し,公害が発生したりといった脅威である。Cox(1998)は,主体が「根付きの空間」の存続する条件を守ろうと団結する場合には,たとえば地方政府や全国的な（あるいは国際的な）報道機関といった,別の社会的勢力と関係する必要があると述べる。そうするなかで,主体は「関与の空間」という別の形態の空間を構築するのであり,そこにおいて「根付きの空間」を守ろうとする運動が展開する。

　「関与の空間」は,主体にとってかけがえのないローカルな社会関係が存在する場所,すなわち「根付きの空間」という基礎があって初めて構築される。単に仕事があるからという理由で転入してきた間接雇用労働者のほとんどにとって,職場が位置している地域は「根付きの空間」とはいえない[5]。したがって,自治体に救済を求めたり,労働争議を起こしたりするなど,何らかの自発的な働きかけによって,そこに「関与の空間」を築き上げるための動機付けは弱いのである[6]。自治体の緊急雇用対策が,雇用調整の対象となった労働者から思ったほどの反応を得られなかった背景は,このように理解できると考える。

それでも自治体を頼った人々

　大多数の失職者が「自助」で「派遣切り」に対応するなかにあって，自治体を頼らざるをえない人もいた。大分県のY市は，緊急相談窓口を訪れた人との面接記録をカルテの形で残しており，筆者はそれを分析する機会を得た。記録のある相談者134人のうち，67.2％は男性であった。年齢は35～39歳が最も多いが，20歳台から40歳台までまんべんなく分布している（図11-8）。出身地は，大分県外が多いものの，大半は九州出身であった。カルテを読み込んでいくと，家族との関係性が「派遣切り」という突発的なリスクへの対応可能性を左右していることが浮かび上がってきた[7]。

　とりわけ多かったのは，何らかの事情で親子関係が破綻していたり，折り合いが悪かったりして頼るべき家族を持たない人たちである。こうした人々は，必然的に親や親族を保証人として賃貸住宅を確保することが困難である。派遣・請負業者の準備する寮であれば，保証人を立てる必要がなく，敷金や礼金などのまとまった資金も不要である。通常はリース料を支払う必要があるが，最低限の家具や家電，寝具なども備わっていることが多く，他地域から身一つでやってきたとしても働ける条件は整っている。こうして，家族関係に問題を抱えた人が，選択的に派遣・請負という就業形態に引き付けられるのである。

　注目すべきは，親が生活保護を受給していることを理由に実家に帰るわけにはいかないとしていた例である。ここには，生活保護を受給している親の論理が反映されている可能性もある。失職したとはいえ，子どもが実家に戻って同居し，雇用保険を受給したり新たな職に就いて賃金を得たりした場合，子どもの収入が合算されるため，親は生活保護の減額や受給停止に至る恐れがある。つまり生活保護は，受給資格を得るために稼得能力のある子どもをあえて同居させないという判断を親の側に働かせ，結果として子どもがセーフティネットとしての実家を頼れない状況を生み出しかねない制度設計となっている。

　頼れる家族の不在とは逆に，心身の病気をはじめとする問題を抱えた

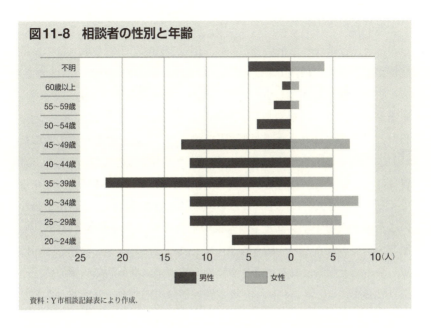

図11-8 相談者の性別と年齢

資料：Y市相談記録表により作成．

　家族の存在がリスクとなる場合も少なくなかった。精神疾患を患う家族の存在が，親との関係を悪くし，実家に頼ることができない状況を作り出すこともある。収入の激減や雇止めに遭遇したにもかかわらず，別居する家族への仕送りを続け，苦境に陥っている事例もあった。ある相談窓口利用者は，仕送りをしていたために貯金が全くなく，2度目に窓口を訪れた際の相談記録票には「ガリガリに痩せていて，栄養失調にかかっているようにも感じました。確かに食事をしていないでしょう」と記されていた。自身の生活費が3～4万円のところ，10万円を実家に仕送りしていた事例もある。彼の実家は三世代同居の8人暮らしでうち4人が働いており，仕送りはもっぱら母親のパチンコ代になっていたという。

　親への仕送りには，子どもとして親の扶養義務を果たす意味がある。しかし，本人が栄養失調状態になってまで仕送りをすることや，母親のパチンコ代のために自分の生活費をはるかに超える額の仕送りをすることは，どのように了解したらよいだろうか。親に多額の仕送りをしている事例は，親の困窮という経済的な側面だけで割り切れるものではなく，以前から親子関係に何らかの問題が存在していたと推察される。

金銭的な貯えが乏しかったことも，多くの相談者に共通しており，貯金がほとんどなかった相談者が多い。相談者たちの手取り収入は，金融危機が起こる前の段階でも20万円を超えない水準であることが普通で，ここから寮費などが差し引かれる。寮費には光熱費が含まれていたり，家電や家具のリース料が加算されたりと業者によって方式が異なるが，高いところでは毎月の寮費が4万円を超えていた。一般的な寮の間取りは1Kであり，付近で同様の物件は月額2万円台から借りられるため，寮費はけっして安くない。ここに食費や通信費といった必要経費がかかってくることを考えれば，手元に残る現金はそう多くない。貯蓄ができないことの主因をギャンブルや享楽的な消費に求めるべき事例もあるが，派遣・請負労働者として働きながらまとまった額の貯金を設けることは難しかったと判断される。借金や家族あるいは自身の病気の治療費，仕送りの必要性などがあれば，金融危機以前の段階でも十分な貯金などできない生活であったであろう。

わずかな貯えを食いつぶし，すでに住居を追われて車中や路上で生活していた相談者や，食べることもままならなくなっていた相談者も散見される。岩田（2007，2008）は，かねてから社宅，独身寮，借り上げアパート，住み込み，飯場など，雇用者が何らかの形で供給する住宅を「労働住宅」と呼び，雇用と住居の契約が一体となっていることの危険性を指摘してきた。加えてネットカフェ・ホームレスや路上ホームレスに対する調査に基づき，「労働住宅」を経由してホームレス状態に至るケースが目立つことを明らかにしている。相談者の少なからぬ部分は，収入のめどが立たないままわずかな蓄えを食いつぶす生活に陥り，路上ホームレスとなる危険性をはらんだ人々だったのである。

リスクにどう対応するか

2008年の金融危機による雇用不安は，家族や地域社会と切り離され，「根付きの空間」をもたない人々が，派遣・請負業者に引き寄せられ，雇用と住居の一体化というリスクを背負って地域間を流動していることを

明るみに出した。労働力のフレキシビリティを高めることで企業の競争力を高めようとするナショナルな成長戦略の矛盾は，間接雇用労働力を数多く使用する事業所が立地する地域において，ローカルに噴出した。労働力商品の特殊性に配慮することなく，その商品化を推し進めると，労働市場は「悪魔のひきうす」となって労働者の生存をも脅かすのである（ポラニー2009）。

　自治体はさまざまな緊急雇用対策を自主的に展開したが，そこを「根付きの空間」とみなしていない人は，ローカルなセーフティネットに引っ掛かりにくい。「派遣切り」に遭遇した労働者の多くは地元に帰ったとみられるが，そこで家族の支援を十分に受けられた保証はない。そもそも，日本の社会政策は家族への依存度が高い。だからこそ，家族の支援を受けられない人は，仕事と住まいの両方を失うと絶望的な状態になりがちである。窓口で対応したY市職員は，「もう少し早くここを訪れてくれれば」と思うケースが多かったとの感想を抱いていた。同感を禁じえないが，頼るべき家族やコミュニティをもたず，見知らぬ土地で突然仕事と住まいの両方を失った人からすれば，市役所に出向いて助けを求めることの敷居は高かったことであろう。

　ローカルなセーフティネットを設ける意義は十分にある。しかし，雇用の不安定性の根源が労働者のスキルよりも，むしろ家族やコミュニティにある事例にかんがみれば，対象領域を雇用に限定した事後的な救済だけでは十分な対処ができないことは明らかである。本章の内容は，住まいと仕事の問題が生存権にかかわる問題であることを再認識させてくれる。生存権を保障すべき主体は，国である。今こそ，住宅政策や労働市場政策を見直し，包括的でプロアクティブな（事前の救済）政策が，自治体任せではなく，ナショナルなレベルで展開することを期待する[8]。

1) 詳細については，中澤 (2014) を参照されたい。
2) このことは，国家が教育や研究開発の一部を担う理由でもある。
3) http://elaws.e-gov.go.jp/search/elawsSearch/elaws_search/lsg0500/detail?lawId=419AC

0000000128（2018年11月7日閲覧）。
4) 大分合同新聞2008年12月16日夕刊。
5) 岩田（2009：173）は，住宅は「われわれの社会への帰属の基点を形成するものである」が，「『労働住宅』は地域内での社会関係を築く拠点にはなりにくく」，そうした住宅に暮らす間接雇用労働者は，地域社会の側から見ても「同じ空間内に存在しても，近隣としては認識しにくい面を持っている」と述べている。岩田は，いわば「根付きの基点」であるべき住宅が一時的な碇泊点を用意しているにすぎないことから，間接雇用労働者が「根付きの空間」を持たないことを論じているといえる。
6) 伊藤（2013）は，これとは全く逆の事例である。徳島県のある自動車部品メーカーでは，そこで働く請負労働者が正社員化を求めて労働組合を結成し，結果的に一部が正社員として登用されるという成果を上げた。伊藤によれば，組合員のほぼすべては工場近辺出身であり，地元志向が強かった。地元で働き続け家族を形成したいという願いが，請負労働者にとっての正社員化を求める動機となり，彼らの労働組合への結集が促されたのである。すなわち，間接雇用労働者であっても，「根付きの空間」が確保されれば，そこを基点として「関与の空間」を展開する契機があるということである。
7) 以下の記述のもとになるデータについては，中澤（2014）の第7章を参照されたい。
8) 関連して，齋藤（2017）を参照されたい。

[文献]
伊丹敬之・松永有介1985「中間労働市場論」日本労働協会雑誌27巻5号11-19頁。
伊藤大一2013『非正規雇用と労働運動――若年労働者の主体と抵抗』法律文化社。
岩田正美2007『現代の貧困――ワーキングプア／ホームレス／生活保護』筑摩書房。
岩田正美2008『社会的排除――参加の欠如・不確かな帰属』有斐閣。
岩田正美2009「なぜ派遣労働者は『寮』にいるのか――雇用に縛られる日本の『住』」世界788号168-177頁。
新・日本的経営システム等研究プロジェクト1995『新時代の「日本的経営」――挑戦すべき方向とその具体策』日本経営者団体連盟。
伍賀一道2000「非正規雇用――派遣労働を中心に」大原社会問題研究所雑誌501号13-29頁。
齋藤純一2017『不平等を考える――政治理論入門』筑摩書房。
高橋康二著，東京大学社会科学研究所人材ビジネス研究寄付研究部門監修2006『労働者派遣事業の動向』労働新聞社。
中馬宏之2003「労働市場における二極分化傾向――構内請負工急増の事例から」フィナンシャル・レビュー67号57-74頁。
中澤高志2014『労働の経済地理学』日本経済評論社。
K. ポラニー著，野口建彦・栖原学訳2009『新約 大転換――市場社会の形成と崩壊』東洋経済新報社。
J. Atkinson 1985. The changing corporation, In D. Clutterbuck ed. *New patterns of work*, Hant: Aldershot: 79-100.
R. K. Cox 1998. Spaces of dependence, spaces of engagement and the politics of scale, or: looking for local politics. *Political Geography* 17: 1-23.

D. Finegold and D. Soskice 1988. The Failure of Training in Britain: Analysis and Prescription. *Oxford Review of Economic Policy* 4: 21-53.

B. Harrison and M. Weiss 1998. *Workforce Development Networks: Community-Based Organizations and Regional Alliances*. London: Sage.

J. Peck 1996. *Work-Place: The Social Regulation of Labor Markets*. London: Guilford.

J. Wills 2001. Community Unionism and Trade Union Renewal in the UK: Beyond the Fragments at Last? *Transaction on the Institute of British Geographers N. S.* 26: 465-483.

第12章 少産少死世代の都市社会地理

居住分化と都市構造

都市社会地理学の根底にあるのは「都市の人口が人種や階級によってふるい分けられ，明確な地区を形成するのはなぜか」(ノックス・ピンチ 2013：1) という問いである。有限の土地をめぐって繰り広げられる非人格的競争は，基本的には地代負担力を基準として住宅市場において行われる。しかし，都市内部での居住分化の様相は，都心から郊外に向かって低下する地代曲線のみでは説明できない[1]。どのような住宅が都市内部のどこにどの程度供給されるかは，先行する都市構造の影響を受けながら，時代とともに変化する。

人々の理想の住まいもまた，その時々の住宅供給と相互に影響し合いながら変化する。同じ時代でも，住まいに求めるプライオリティは個人・世帯の所得やライフスタイル，家族構成によって異なる。これらの要素の絡み合いの帰結として居住分化が発現し，その総体としての都市構造が作り出される。

都市社会地理学では，シカゴ学派人間生態学に端を発する研究を踏襲し，居住分化を家族的地位，社会経済的地位，民族的地位の3つの次元で把握してきた (ノックス・ピンチ 2013：63-86)。家族的地位は，未婚率や夫婦と子どもからなる世帯の割合など，家族のライフサイクルを表す指標であり，典型的には都市内において同心円的な居住分化として現れる。社会経済的地位は，学歴や職業，所得などによって把握され，セクター（扇形）的居住分化を示す傾向にある。民族的地位は，エスニシティに関わ

る指標であり,集住によるクラスター的居住分化をもたらす。都市社会地理学者は,もっぱら因子分析などの計量的手法を用いることで,現実に見られる複雑な居住分化を基本的には3つの居住分化の重なり合いとして理解しようとしてきた。

因子分析の適用ともかかわって[2],居住分化の3つの次元はそれぞれが独立のものとみなされてきた。不思議なことに,家族的地位や民族的地位が社会経済的地位を規定することや,逆に社会経済的地位が家族的地位を規定するといった可能性には,あまり目が向けられてこなかった。ところが近年の研究では,セクター的であった社会経済的地位の分布が同心円構造を明確化させてきたとする研究成果が増加している(浅川2006;小泉2010;小泉・若林2014;青井・中澤2014)。このことは,社会経済的地位と家族的地位との関連性が強まり,それが都市構造の変容に結びついていることを示唆している。

こうした変化は,住宅市場の主役が多産少子世代から少産少死世代へと移行したことと関連付けられる。少産少死世代は,親である多産少子世代とは異なる社会経済的背景のなかで,異なるライフコースを歩んでいくことになる。そもそもライフコースのスタート地点からして異なる。そのような世代間の違いを整理したうえで,少産少死世代が生み出す新たな居住分化と都市構造を予察することが,本章の課題である。

個人化社会におけるライフコース

「潜在的他出者」が多かった多産少子世代は,進学や就職を機に大都市圏に移り住んだ非大都市圏出身者が多かったことに特徴づけられる(第7章)。年齢規範が強く作用し,所得格差も小さく,日本的雇用体系に守られて経済的見通しが立ちやすかった多産少子世代のライフコースは,単線的であったといえる。団塊の世代を例にとれば,30〜34歳の時点では女性では86.4%,男性でも70.6%が結婚していたし,「標準世帯」にほぼ対応する夫婦と子どもから成る世帯がマジョリティとなっていた(**表12-1**)。東京圏内における団塊の世代の距離帯別分布の変遷は,20〜24歳の時

表12-1 東京圏の団塊の世代と団塊ジュニア世代の人口学的特徴

		団塊の世代 (1980年時点) (1946〜1950年出生)			団塊ジュニア世代 (2005年時点) (1971〜1975年出生)		
		総数	男性	女性	総数	男性	女性
時点30〜34歳の	人口(全国)(人)	10,771,731	5,421,545	5,350,186	9,754,857	4,933,265	4,821,592
	人口(東京圏)(人)	2,884,725	1,471,342	1,413,383	2,993,775	1,544,210	1,449,565
	東京圏割合(%)	26.8	27.1	26.4	30.7	31.3	30.1
	有配偶率(%)	78.4	70.6	86.4	52.5	45.5	60.0
30〜34歳の世帯主がの世帯	単独世帯(%)	19.4			42.8		
	夫婦のみの世帯(%)	11.4			17.2		
	夫婦と子供からなる世帯率(%)	58.0			31.6		

資料：国勢調査により作成．

点では都心から20km以内に集中していた人口が，加齢とともに郊外へと分布を移していく傾向が顕著である（図12-1）。このことは，多産少子世代では，結婚や子供の誕生・成長に合わせて，「持家主義」という規範に背伸びさせられながら「住宅双六」を進み，○○台，○○が丘の「庭付き郊外一戸建住宅」という「上がり」に到達して「郊外第一世代」となった人が多かったことを如実に示している（第8章）。

少産少死世代とっては，親である多産少子世代にとっての「上がり」であった郊外住宅地は，「振り出し」である。そのことを反映して，団塊ジュニア世代の20〜24歳の時点の分布は，都心距離20〜50kmの郊外に広がっている。団塊ジュニア世代では，加齢にともなって0〜10km圏の居住者が増加するとともに40〜50km圏の居住者が減少しており，「都心回帰」に相当する動きは見て取れる。とはいえ，少産少死世代の分布変動が国民経済や地域構造，都市構造に与えるインパクトは，未曾有の向都離村を引き起こし，大都市圏のフロンティアを爆発的に拡大し，持家の取得とそこでの消費によって経済成長を下支えしてきた多産少子世代のそれに比べれば地味なものである（中澤2010）。

少産少死世代が経済的自立や家族形成を経験するのは，低成長期においてであり，ウルリッヒ・ベックのいう「個人化社会」においてである

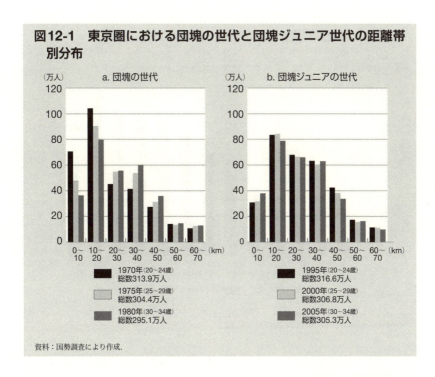

図12-1　東京圏における団塊の世代と団塊ジュニア世代の距離帯別分布

（ベック1998）。ベックは，ライフコースを律してきた制度や社会規範が希薄化し，個人の選択と責任に任される部分が増大する社会的プロセスを「個人化」と呼んだ。個人化社会とは，個人化の進展とともに到来した，個人が自らのライフコースを自らの責任で設計し，構築していかなければならない社会のことである。個人化社会は，社会保障といった制度や日本的雇用体系といった慣習，社会やコミュニティの規範がもっていた集合的な危機回避機能に頼ることができないリスク社会でもある。

　個人化社会においては，制度や規範の拘束力から自由に，自分の望む家族形態を選び取り，理想のライフスタイルにふさわしい居住地や住居形態を選択することができる余地が拡大する。多産少子世代である団塊の世代に比べて，少産少子世代である団塊ジュニア世代のライフコースは明らかに多様化している（表12-1）。世帯主が30～34歳の世帯では，単独世帯が最大勢力となり，「標準世帯」は名実ともに標準たりえなくなった。団塊ジュニア世代にとって，結婚や子育ては従うべき規範ではなく，

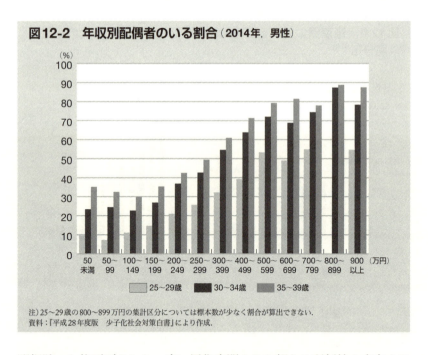

図12-2 年収別配偶者のいる割合（2014年，男性）

注) 25〜29歳の800〜899万円の集計区分については標本数が少なく割合が算出できない．
資料:『平成28年度版 少子化社会対策白書』により作成．

選択肢へと格下げされた。広い居住空間よりも都心の利便性を志向する単独世帯やDINKs世帯の居住行動が，多産少子世代が押し広げてきた東京圏のフロンティアを押し戻し，都心回帰をもたらす原動力となってきたことは事実である。

　しかし，個人化社会のもつリスク社会としての側面からは，別の可能性が見えてくる。集合的な危機回避機能に頼ることのできない個人化社会においては，さまざまな点で個人間の格差が拡大する。『平成28年度版　少子化社会対策白書』によれば，男性の有配偶率は年収が高いほど高くなる(図12-2)。『出生動向基本調査』を見ると，「一生結婚するつもりはない」と答える未婚者は徐々に増加しており，2015年には男性では12.0％，女性では8.0％となった。とはいえ，それでは説明できないほど，現在の未婚率は高い。理想のライフコースを実現するためには十分な経済基盤が必要であることを念頭に置けば，ライフコースの複線化という現象は，若者の多様な理想の反映であるよりは，むしろ格差が拡大し，自らの思い描くライフコースを歩むことができない若者が増加している

ことの反映なのかもしれない。

これと関連する議論に，ブラウの社会構造論がある(ブラウ1982)。それによると，社会分化を表す指標間の独立性が高ければ高いほど，諸集団間の関係量は多くなり，社会は統合される。この状態を，社会分化の次元が「交差」していると表現する。逆に指標間の相関が高い場合には，集団間の社会的障壁は高くなり，社会統合が阻害される。この状態を，社会分化の次元が「固化」していると表現する。

所得のような社会経済的地位が有配偶率のような家族的地位との相関を強めているとなれば，社会構造が「固化」しつつあることになる。セクター構造を示していた社会経済的地位に関する指標の分布が同心円構造に変化しつつあるという近年の知見もまた，社会経済的地位と家族的地位との関連性が強まることによる「固化」と矛盾しない。次節では，家族的地位の代表として世帯内単身者率，社会経済的地位の代表としてブルーカラー従事者率をそれぞれ取り上げ，実際に2つの指標の関連性が強まるとともに，社会経済的地位が同心円構造を明確にしつつあることを示してみたい。

世帯内単身者率とブルーカラー従業者率に見る都市構造の変容

世帯内単身者，すなわち最終学歴終了後も親と同居する未婚者にスポットライトを当てたのは，家族社会学者の山田昌弘であった。山田(1999)は，世帯内単身者を「パラサイト・シングル」と名付け，基礎的生活資源を親に依存しうる恵まれた存在であるとし，彼らのなかに依存主義や貴族主義がまかり通っていると手厳しく批判した。しかし，国立社会保障・人口問題研究所(2000)などの調査により，世帯内単身者の多くは，親への依存心から離家しないことを選んでいるのではなく，雇用形態の不安定さや所得の低さから，自立して世帯を形成することが困難であるがゆえに，実家に残留していることが明らかになった。それを踏まえて山田も見解を改め，世帯内単身者が比較的社会階層の低い者によって構成され，自立したくても自立できないという経済的な社会問題であると

表12-2　東京圏の年齢階級別一般世帯内単身者率

		15〜19歳	20〜24歳	25〜29歳	30〜34歳	35〜39歳	40〜44歳	45〜49歳
男性	1990年	86.8	56.6	35.6	17.5	8.8	4.6	2.0
	1995年	88.0	61.3	38.5	20.3	11.3	6.7	3.7
	2000年	88.3	60.5	42.4	23.6	13.1	8.2	5.2
	2005年	88.5	60.6	41.7	26.8	16.2	10.5	6.8
	2010年	89.3	60.5	38.7	25.5	19.1	13.8	9.4
女性	1990年	90.5	66.5	32.4	10.4	4.9	3.3	2.1
	1995年	90.8	68.5	37.7	14.8	6.9	4.1	2.9
	2000年	90.9	67.2	42.2	19.0	9.2	5.3	3.4
	2005年	91.3	66.5	43.1	22.5	12.2	7.5	4.7
	2010年	91.4	65.2	40.6	22.5	14.7	10.1	6.8

注) 東京圏：東京駅から60km圏内に庁舎が存在する自治体．
資料：国勢調査により作成．

図12-3　東京圏における30歳台の家族状況と従業上の地位

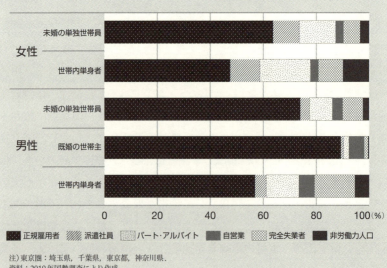

注) 東京圏：埼玉県，千葉県，東京都，神奈川県．
資料：2010年国勢調査により作成．

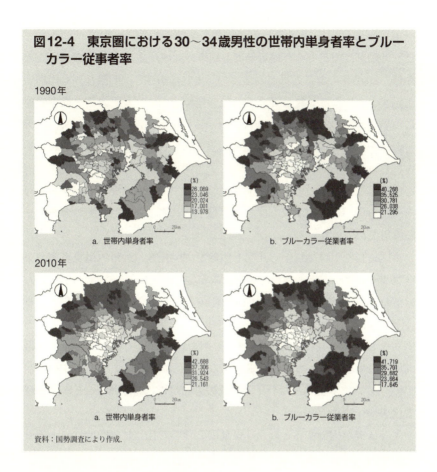

図12-4 東京圏における30～34歳男性の世帯内単身者率とブルーカラー従事者率

1990年
a. 世帯内単身者率
b. ブルーカラー従業者率

2010年
a. 世帯内単身者率
b. ブルーカラー従業者率

資料：国勢調査により作成．

とtみなすようになった（山田2004）。

「パラサイト・シングル」という言葉が生み出された1990年代後半は，20歳台から30歳台の世帯内単身者率が上昇した時期に相当する（表12-2）。世帯内単身者率は，その後漸減したが，1990年時点に比べれば高水準を保っている。便宜的に従業上の地位を用いて東京圏内の30歳台の世帯内単身者の社会経済的地位を見ると，男女とも他の家族状況に比べて失業や不安定就労状態にある人の割合が大きい（図12-3）。特に男性の世帯内単身者は，正規雇用の割合が57.8％にとどまる一方で，失業率は15.5％に達しており，世帯主となっている同世代との違いが際立っている。やはり世帯内単身者の大多数は，いわゆる独身貴族ではないと判断できる。

東京圏における1990年の世帯内単身者率(30～34歳男性)を地図化すると，外縁部に加えて都心周辺部にも高率の地域が認められる(**図12-4**)。しかし，2010年になると都心周辺部の高まりは消滅し，明瞭な同心円構造を示すようになる。社会経済的地位の指標であるブルーカラー従事者率については，1990年の時点では下町から埼玉県東部にかけて高く，山の手から多摩地域にかけてと千葉県北部で低いというセクター構造が歴然としていた。それが2010年になると，世帯内単身者率と同様に明確な同心円構造を呈するように変化する。つまり，世帯内単身者率とブルーカラー従事者率は，いずれも同心円構造を強めるとともに，その分布の一致度を高めてきている。

　市区町村を単位地区とし，都心距離を説明変数，世帯内単身者率およびブルーカラー従事者率を被説明変数として単回帰分析を行ったところ，いずれも2010年の決定係数は1990年のそれを大きく上回る結果となり(世帯内単身者率：1990年 $R^2 = 0.14$，2010年 $R^2=0.54$，ブルーカラー従事者率：1990年 $R^2=0.45$，2010年 $R^2=0.65$)，都心距離の説明力が増大していた。同様に世帯内単身者率とブルーカラー従事者率の相関係数を計算すると，1990年が0.46，2010年が0.80となり，両変数の分布が近付いていることが示される(青井・中澤2014)[3]。

　先行研究が指摘するとおり，東京圏において社会経済的地位によるセクター的な居住分化が薄れ，家族的地位に対応する居住分化のパターンとされてきた同心円構造に一元化されつつあることが確認できた。東京圏では，世界都市化を目指した新自由主義的な都市戦略のもとで，特権的な地点としての都心に投資が集中する傾向にある(平山2006，2011；矢部2008)。それによって都心の卓越性が強まり，地代曲線に沿う方向で都市構造が再編されてきたことを意味する。つまり，地代負担力の高いホワイトカラーが住宅市場における非人格的競争の勝者となって都心周辺を占拠し，地代負担力の低いブルーカラーや親から自立できない若者が郊外に追いやられたり，親元に滞留したりする方向で居住分化が深化していると考えられる。実際に，職業別純移動の分析からは，都心とその周辺ではホワイトカラーの転入が卓越するのに対し，都心から40km前後

に位置する地域がブルーカラーやグレーカラーの転入の受け皿となっていることなどが明らかになった(中澤2016)。このように，東京圏の住宅市場では，都心回帰(滞留)層と郊外転入(残留)層の選別メカニズムが作動していることが示唆される。

世帯内単身者の増加は，東京圏における労働力基盤の変化とも密接に関連している。高度成長期の大都市圏の労働市場には，多産少子世代が非大都市圏から労働力として大量に流入した。移動した若者は，実家からの経済的自立を余儀なくされたが，賃金は安く当時の東京圏は住宅不足に見舞われていた。雇用者は寮や寄宿舎，あるいは住み込みといった形で住居を直接供給するか，住宅手当を支給することによって，労働力再生産の拠点としての住宅を保障する必要に迫られた。

これに対して，現在大都市圏で働く少産少死世代は，その多くが大都市圏の出身者である。彼／彼女らは，実家からの通勤が可能であるため，離家するメリットは，少なくとも経済的にはあまりない。こうした現実は，雇用者が若年労働者の労働力再生産のために費やしてきた住宅関連の福利厚生費用を削減する口実となる。ライフコースのスタート地点の変化を契機として，若年労働力の再生産費用が雇用者から親世代に転嫁されるようになったともいえる。実際に法定外福利費のうち，住宅部分は顕著に減少している[4]。大都市圏出身者の増加は，住居費部分に対する実質的な賃金切り下げ圧力となり，若者の世帯内単身者化を促進していると考えられる。

独身寮や社宅の削減には，会計制度の変更も関連している。国際会計基準に合わせるため，日本でも2006年3月期から上場企業の固定資産に対して減損会計が義務づけられた。これにより，企業が保有する不動産の実質価値が簿価を大きく下回った場合，その分を貸借対照表の資産から控除して特別損失を計上しなければならなくなった。その結果，企業の間に地価高騰期に高額で取得した遊休不動産などを売却する動きが強まり，かなりの部分はマンションの底地になっていった(表12-3)。その過程で，売却の対象となった独身寮や社宅も少なからずあったのである。

戦後日本の住宅政策は，住宅金融公庫，公営住宅，日本住宅公団とい

表12-3　従前の土地利用別マンションの供給

		市街化区域内農地・山林	公団・公社 自治体の造成地など PFI導入が主	国有・公有地などの払い下げ	企業や学校の運動場	再開発・土地区画整理地・民間造成宅地	工場・倉庫・資材置場・配送センター	社宅・寮・保養所・研修所・ホテル等	駐車場・屋外展示場・スポーツセンター等	個人邸宅・低層建物・アパート・マンション（等価交換含）	総計
件数	東京23区	0	1	6	2	6	55	25	29	25	149
	多摩地域	0	6	0	3	2	3	5	1	1	21
	神奈川県	13	13	1	2	8	30	26	8	10	111
	埼玉県	3	2	1	0	12	22	9	12	7	68
	千葉県	2	19	2	5	8	20	7	9	8	80
	計	18	41	10	12	36	130	72	59	51	429
戸数	東京23区	0	109	945	659	1,679	8,741	2,172	1,924	1,924	18,153
	多摩地域	0	2,027	0	1,269	389	1,397	291	213	130	5,716
	神奈川県	1,109	4,029	83	646	1,536	4,746	2,371	698	577	15,795
	埼玉県	422	143	75	0	2,472	3,686	836	1,142	355	9,131
	千葉県	436	5,918	183	1,020	1,102	4,459	326	668	422	14,534
	計	1,967	12,226	1,286	3,594	7,178	23,029	5,996	4,645	3,408	63,329

注1）佐藤美紀雄氏の調査（1998年4月～2000年6月における現地取材）による．
注2）全数調査ではなく，跡地に立てられた物件が1棟100戸以上のもの，もしくはJR・私鉄各沿線で不動産業界の評価が高いものを選択基準としている．
注3）2つ以上の用地にまたがるものは，広い敷地に属するものを採用，地権者への還元住宅を含む．
資料：東京都政策報道室（2001）により作成．

う三本柱に加え，企業が重要な役割を果たしてきたことに特徴づけられてきた．その企業の住宅施策もまた，三本柱と同様に解体されつつある．

選別される郊外

　東京圏では，居住地域構造における同心円構造が強まり，社会経済的地位の高い人が都心周辺に住む傾向が強まっている．豊田（2012）が言うように「豊かな郊外」に「豊かな都心」がとって代わるというドラスティックな変化が起こっているのである．それは確かであるが，郊外が一様に地盤沈下しているわけではなく，社会経済的地位の示すセクター構造は依然として残っている．比喩的に言えば，大都市圏の特異点である都心

表12-4　30〜39歳男性のホワイトカラー従業者率の推定結果

	1980年		1990年		2000年		2010年	
	係数	t	係数	t	係数	t	係数	t
単回帰分析								
切片	36.30	26.90 **	44.49	36.49 **	47.06	37.15 **	53.77	41.59 **
東京駅からの距離	-0.19	-5.15 **	-0.23	-7.05 **	-0.33	-9.48 **	-0.53	-15.02 **
R^2	0.12	**	0.21	**	0.32	**	0.54	**
重回帰分析								
切片	34.03	22.57 **	42.62	30.75 **	45.85	32.08 **	54.2	38.21 **
東京駅からの距離	-0.17	-3.72 **	-0.22	-5.1 **	-0.31	-7.17 **	-0.46	-10.58 **
基準：東京都区部								
埼玉県ダミー	-0.72	-0.33	-0.35	-0.17	-2.24	-1.08	-6.64	-3.22 **
千葉県ダミー	1.1	0.46	0.07	0.03	-0.76	-0.34	-5.26	-2.36 *
多摩地区ダミー	6.62	2.93 **	5.21	2.51 *	4.34	2.03 *	0.82	0.38
神奈川県ダミー	5.46	2.38 *	4.7	2.23 *	5.17	2.38 *	1.9	0.88
茨城県ダミー	-4.11	-1.42	-3.69	-1.38	-2.05	-0.74	-6.12	-2.24 *
adj. R^2	0.27	**	0.32	**	0.42	**	0.63	**

注）合併や分区を考慮し，東京駅から60km未満に庁舎のある市区町村を192に調整して分析した．
** は1%水準，* は5%水準で統計的に有意であることを示す．
資料：国勢調査により作成．

に投資が集中し，高所得層が居住する傾向が強まったため，いわば都心の社会経済的地位が吊り上げられる格好となり，襞にあたるセクター構造が相対的に目立たなくなったにすぎない。青井・中澤(2014)では，世帯内単身者率とブルーカラー従事者率を取り上げ，展開法という手法を適用してセクター構造の経年的な安定性を客観的に示しているが，ここではホワイトカラー従事者率に着目し，中澤(2015)で用いた手法によって，一口に郊外といっても社会経済的地位の変動において地域差があることを見ていこう。

　ブルーカラー従事者率とは逆に，ホワイトカラー従事者率は都心に向かうにしたがって上昇する傾向を強めており，社会経済的地位が同心円的パターンを示す傾向に一致している[5]。このことは，単回帰分析において，東京駅からの距離の係数の絶対値が大きくなり，決定係数が上昇してきたことから示される(**表12-4上段**)。1980年と2010年について単回帰

図12-5　市区町村別ホワイトカラー従業者率に対する東京駅からの距離の回帰分析の残差プロット

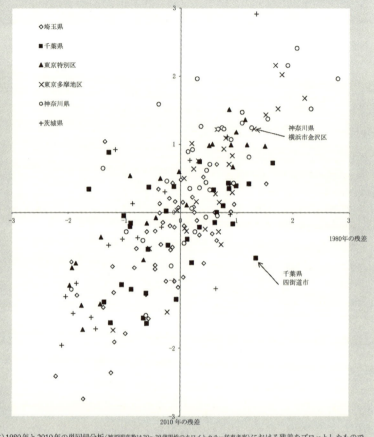

注）1980年と2010年の単回帰分析（被説明変数は30～39歳男性のホワイトカラー従事者率）における残差をプロットしたものである．
資料：国勢調査により作成．

分析の残差をプロットしてみると，第一象限と第三象限に位置する市区町村が多く，全般的には1980年時点で都心距離の割にはホワイトカラー従事者率が高かった（低かった）地域は，2010年の時点でも同様の傾向を示す（**図12-5**）。しかし，30年の間に地域特性が変化した地域（第二象限，第四象限）も存在する。とりわけ第四象限に位置するのは，1980年時点では都心距離の割にはホワイトカラー従事者率が高かったが，2010年に至っ

てむしろホワイトカラー率が相対的に低くなった地域であり，注目に値する。

　市区町村が属する都県によって，**図12-5**上での分布傾向が異なるように思われたことから，都心距離に加えて都県に対応するダミー変数を入れて重回帰分析を行った(**表12-4下段**)。その結果，いずれの年でも単回帰分析に比べて説明力が向上し，都県ごとに有意な傾向の違いが認められた。都心でのホワイトカラー従事者率の推定値である切片と，ホワイトカラー従事者率の勾配を示す東京駅からの距離のパラメータは，年を追うごとに上昇しており，居住地域構造が同心円性を強めているという結論は，重回帰分析でも変わらない。

　ダミー変数を見ると，1980年から2000年にかけては多摩地区ダミーと神奈川県ダミーの係数が正の値で有意であったが，いずれも2010年には有意でなくなった。これと逆行するように，埼玉県ダミーと千葉県ダミーはt値を減少させていき，2010年には負の値で有意となった。これらの結果は，レファレンス・グループである東京都区部の卓越，言い換えれば同心円性の高まりを示すとともに，郊外においては埼玉県と千葉県が住民の社会経済的地位の点で相対的に没落したことを意味している。

　豊田(2012)は市区町村について世帯所得を推計し，大都市圏内における1998年と2008年のパターンの変化を検討している。それによると東京圏では，郊外において所得の低下した市区町村が多く，とりわけ埼玉県では後退が目立つとしている。これは，本稿の分析結果と整合する。

　筆者は偶然にも，神奈川県横浜市金沢区と千葉県四街道市の郊外住宅地においてアンケート調査を実施し，親世代と子世代の属性と居住動向を，世代交代にともなう社会階層の再生産と関連付けながら比較分析した経験がある(中澤ほか2008)[6]。金沢区と四街道市は，いずれも都心から約40kmの距離にあるが，**図12-5**が示すように，前者は距離の割にホワイトカラー従事者率が高いという特徴が保たれてきた地域であるのに対し，後者は2010年に至って，むしろ距離の割にはホワイトカラー従事者率が低い地域となっている。中澤ほか(2008)は，くしくもそのことをミクロレベルで裏付ける結果となっている。

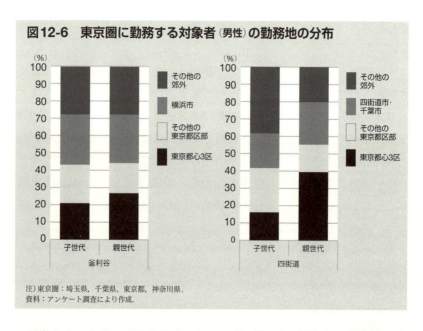

図12-6　東京圏に勤務する対象者（男性）の勤務地の分布

注）東京圏：埼玉県，千葉県，東京都，神奈川県．
資料：アンケート調査により作成．

　対象となった2つの住宅地は，しいて挙げれば四街道市の住宅地の分譲価格が若干安いものの，いずれも1970年前後に開発され，都心距離や開発規模はほぼ同じである。親世代の夫は都心周辺の大手企業や官公庁に勤務する高学歴ホワイトカラー（**図12-6**，**表12-5**）であり，妻は専業主婦という，いわば典型的な郊外住民像を呈する点でも似通っていた。ところが子世代の属性については，2つの住宅地での差異が拡大していた（**表12-6**）。男性についていえば，金沢区では子世代も大手企業や官公庁に勤務する高学歴ホワイトカラーとなった例が多かった。一方，四街道市の子世代は，親世代でもわずかに低かった大卒者割合で金沢区に水をあけられ，販売職と現業職が合わせて3分の1を占めるなど，職業から見ても親世代に比べて社会階層が低下していた。世帯内単身者（ここでは親と同居する25歳以上の未婚者）の就業形態にも大きな差があった。金沢区では，世帯内単身者である男性の77.6％，女性の64.3％が正規雇用であったのに対し，四街道市ではその割合が男女ともに50.0％にとどまり，派遣やパート・アルバイトとして働く人が多い。

　2つの住宅地では，子世代（男性）の勤務地にも差異がみられた（**図12-6**）。

表12-5 親世代の夫の40歳時点における属性の比較

		釜利谷		四街道	
調査時点での年齢		64.9歳		63.6歳	
大卒以上の割合		68.5%		63.6%	
就業形態	正社員・職員	332	95.1%	257	91.8%
	自営	6	1.7%	17	6.1%
	無職	5	1.4%	0	0.0%
	不明	6	1.7%	6	2.1%
	計	349	100.0%	280	100.0%
職業	専門・管理職	232	69.9%	186	72.4%
	事務職	64	19.3%	34	13.2%
	販売職	12	3.6%	21	8.2%
	現業職	16	4.8%	12	4.7%
	その他	3	0.9%	3	1.2%
	不明	5	1.5%	1	0.4%
	計	332	100.0%	257	100.0%
勤務先の従業員規模	官公庁	34	10.2%	29	11.3%
	1,000人以上	231	69.6%	151	58.8%
	100〜999人	47	14.2%	49	19.1%
	5〜99人	15	4.5%	24	9.3%
	5人未満	0	0.0%	1	0.4%
	不明	5	1.5%	3	1.2%
	計	332	100.0%	257	100.0%

注）就業形態，職業，勤務先の従業員規模や40歳時点のもので，職業と勤務先の従業員規模は正社員・職員についてのみ．
資料：アンケート調査により作成．

　親世代の夫については，いずれの住宅地も東京都区部に通勤している人が中心であった．金沢区の子世代では，親世代に比べて東京都心3区への通勤者が若干減ったが，郊外通勤者が大きく増加することはなかった．これに対して四街道市の子世代では，東京都心3区への通勤者の割合が親世代に比べて大きく低下し，四街道市や千葉市を含む郊外への通勤者が顕著に増加した．四街道市の子世代について，郊外に職場を持つ割合を職業別に見ると，管理・専門職52.5％，事務職41.9％，販売職65.0％，現業職85.7％であり，グレーカラーやブルーカラーでその割合が高い．

　以上のように，親世代の社会階層が比較的高い郊外住宅地であっても，

表12-6　25歳以上の子世代の雇用形態，職業ならびに勤務先の従業員規模

		男性				女性			
		釜利谷		四街道		釜利谷		四街道	
就業形態	正社員・職員	248	85.8%	197	80.4%	120	38.3%	81	37.7%
	パート・アルバイト	9	3.1%	8	3.3%	34	10.9%	28	13.0%
	派遣	3	1.0%	11	4.5%	18	5.8%	23	10.7%
	自営	20	6.9%	11	4.5%	14	4.5%	5	2.3%
	学生	3	1.0%	3	1.2%	2	0.6%	6	2.8%
	無職	1	0.3%	10	4.1%	116	37.1%	61	28.4%
	その他	2	0.7%	1	0.4%	0	0.0%	0	0.0%
	不明	3	1.0%	4	1.6%	9	2.9%	11	5.1%
	計	289	100.0%	245	100.0%	313	100.0%	215	100.0%
職業 注1	専門・管理職	148	56.9%	100	46.3%	72	41.9%	61	46.2%
	事務職	57	21.9%	35	16.2%	72	41.9%	49	37.1%
	販売職	33	12.7%	48	22.2%	12	7.0%	17	12.9%
	現業職	10	3.8%	24	11.1%	4	2.3%	2	1.5%
	その他	2	0.8%	4	1.9%	4	2.3%	2	1.5%
	不明	10	3.8%	5	2.3%	8	4.7%	1	0.8%
	計	260	100.0%	216	100.0%	172	100.0%	132	100.0%
勤務先の従業員規模 注2	官公庁	9	3.6%	13	6.6%	11	9.2%	7	8.6%
	1,000人以上	128	51.6%	79	40.1%	43	35.8%	25	30.9%
	100～999人	61	24.6%	48	24.4%	30	25.0%	21	25.9%
	5～99人	40	16.1%	48	24.4%	22	18.3%	22	27.2%
	5人未満	3	1.2%	5	2.5%	8	6.7%	3	3.7%
	不明	7	2.8%	4	2.0%	6	5.0%	3	3.7%
	計	248	100.0%	197	100.0%	120	100.0%	81	100.0%

注1) 正社員・職員，パート・アルバイト，派遣．
注2) 正社員・職員のみ．
資料：アンケート調査により作成．

必ずしも階層の再生産がなされているわけではない．そして，都心周辺に職場を持つ相対的に社会階層の高い既婚の子世代が流出し，郊外で非ホワイトカラー職として働く子世代や，不安定就労状態の世帯内単身者が，地元に残留するという選択的なプロセスが進行しているとみられる．こうしたプロセスは，住民の社会経済的地位にみられる埼玉県・千葉県の地盤沈下と関連づけられる．

2つの住宅地の分岐点は，どこにあったのであろうか。表面的には均質に見えても，親世代においてすでに職業や学歴，文化資本などについて微妙な差異が胚胎されており，それが世代交代を契機に芽を出し膨らんでいったというのが，最も妥当な推論であろう。2つの住宅地では当初から住宅に多少なりとも価格差があり，勤務先の規模などにも若干の差異がみられたからである。

　しかし，子世代の社会階層が親世代の社会階層によってほぼ説明できるとすれば，世代交代の進展とともに郊外住宅地間の差異が増幅される現象が起こったとしても，それは主として社会学的なアプローチで解明できることになる。地理学が問うべきは，世代間の階層の再生産の過程に，ローカルな環境要因がどの程度関わっているのかを追求することであろう。ローカルとはいっても，個別の住宅地，学区，鉄道沿線，県といった空間スケールの重層性を念頭に置かなければならないし，社会階層の変動とその環境要因の因果関係をどうやって追求すべきかは，今の筆者には見当がつかない。しかし，都市社会地理の変容を単に記述するのにとどまらず，変容の背後にある何かを捉えたいと思うのであれば，不可能に近いと思える問いであっても，それを問うことを諦めてはならないと考える。

少産少死世代の今後

　個人化社会のなかで，少産少死世代のライフコースは多産少子世代に比べて明らかに多様化している。その多様性は，個人化社会がもたらす自由度の拡大という明るい面と，リスク社会化という暗い面の両面によってもたらされているため，ライフコースの多様化は必然的にライフコースの階層分化として表れてくる。そのことは，社会経済的地位と家族的地位の関連性の強化を意味し，都市構造が同心円構造を強めることにつながっている。

　多産少子世代のライフコースは，比較的単線的に把握できたが，多様化・階層分化している少産少死世代について，「典型的」といえるような

表12-7　東京圏における世帯類型別住宅の種類の世代間比較

(単位：％)

	団塊の世代 (1983年住宅統計で世帯主30〜34歳)			団塊ジュニア世代 (2003年の住宅・土地統計で世帯主30〜34歳)			
	総数	世帯人員1人の世帯	世帯人員4人の世帯	総数	単独世帯	夫婦のみの世帯	夫婦と子供から成る世帯
持ち家	36.6	10.1	43.3	28.4	11.3	30.0	47.4
公営の借家	3.7	0.3	5.9	1.7	0.3	0.6	2.6
都市機構・公社の借家*	6.5	4.2	7.7	3.8	2.5	5.1	4.6
民営借家	42.0	81.4	27.5	57.1	78.9	53.2	33.9
給与住宅	10.6	4.0	14.8	7.2	5.2	10.0	9.8
間借り**	0.6	0.0	0.8	1.8	1.8	1.1	1.7
総数 (％)	100.0	100.0	100.0	100.0	100.0	100.0	100.0
総数 世帯	1,180,900	232,300	339,700	1,270,556	523,051	224,405	413,066

*1983年住宅統計については公団・公社の借家.
**1983年住宅統計については同居世帯と住宅以外の建物に居住する世帯の合計.
注）東京圏：埼玉県，千葉県，東京都，神奈川県.
資料：1983年住宅統計および2003年住宅・土地統計により作成.

ライフコースを描くことはできない。住居経歴と都市構造の変容についても，多産少子世代については「住宅双六」と郊外化を結びつけて語ることができるが，現代のトレンドと目される都心回帰にしても，少産少死世代の大多数が経験する住居経歴ではけっしてない。

　今にして思えば，高度成長期から安定成長期にかけて作られた戦後の都市社会地理は，人口や経済の拡大・成長トレンドと関連づけて，比較的明快に描き出すことができた。その絵姿がにじんでいくなかにあって，明確に指摘できることがあるとすれば，それは少産少死世代が住宅政策の三本柱が解体した後の住宅市場に置かれているという事実である(第10章)。団塊の世代に比べ，団塊ジュニア世代では，もともと少ない公営住宅に入居する世帯は半減し，UR住宅などの公的借家に入居する世帯も減少している(**表12-7**)。夫婦と子供から成る世帯では，むしろ団塊ジュニア世代の方が持家に居住する割合が上がっているが，相対的に低所得の世帯が変動金利のローンを組んでいることに起因するリスクがある。企業の住宅施策は，住宅政策の4本目の柱といってもいい働きをしてきた

が，住宅に対する支援は縮減され，割安な独身寮や社宅の恩恵にあずかれる若者は減少した。

　郊外における世帯内単身者の増加は，若者の依存心の高まりというよりも，むしろ親から経済的に自立し，離家することが難しい若者の増加を表している。経済的自立ができなければ，結婚することも，子どもを産み育てることももちろんできない。若者が安定した住まいと仕事を得る条件が整わないかぎり，喫緊の課題とされる人口減少に歯止めがかかることはないであろう。

1) 関連して，松原(2012)を参照されたい。
2) 都市内部構造に関する研究では，因子分析が多用されてきた。多くの場合，因子負荷行列にバリマックス回転を施したうえで因子の解釈を行い，結果として居住分化の次元が導かれている。バリマックス回転では，因子同士は無相関と想定しているので，居住分化の3つの次元は相互に独立ということになる。なお，日本における因子生態学的研究では，民族的地位については，そもそも関連する変数を分析に含めていない例もあるなど，分析の主眼は家族的地位と社会経済的地位のパターンの析出にある。古典的な研究の流れについては，樋口(1985)などを参照されたい。
3) 青井・中澤(2014)では，空間的自己相関分析や展開法といった手法を用いて，東京圏の居住地域構造の変動について詳細に分析しているので，そちらも参照してほしい。
4) 日本経済団体連合会による『第57回　福利厚生費調査結果』によれば，1人1ヶ月あたりの福利厚生費(法定外福利費・全産業平均)のうち，住宅に支出されたものは，1996年度の1万6111円を頂点として減少を続け，2012年度は1万2272円となった。
5) 前節の世帯内単身者とブルーカラー従業者率の分析が30〜34歳についての1990年と2010年の比較であったのに対し，ここでの分析は，年齢が30〜39歳，時期が1980年から2010年と異なっているので，留意されたい。
6) アンケート調査は，神奈川県横浜市金沢区釜利谷と千葉県四街道市に位置する，民間デベロッパーが開発した比較的大規模な戸建住宅団地において実施した。調査対象者は，実際に住宅を取得した人(親世代)である。釜利谷では，集合住宅や商店・事業所を除く戸建住宅に対して，2005年3月にポスティングで2000部の調査票を配布した。調査票の回収は郵送で行い，349部の回答を得た(回収率17.5％)。加えて同年8月に，アンケート回答者のうち承諾が得られた20世帯に対して，主に対象者の自宅で1〜2時間程度の聞き取り調査を行った。四街道については，2006年11月に同様の方法でアンケート調査を行った。調査票の配布部数は2400部であり，280部を回収した(回収率11.7％)。また，四街道でも2007年3月に22世帯を対象として釜利谷と同様の聞き取り調査を行った。

[文献]

青井新之介・中澤高志 2014「東京圏における世帯内単身者とブルーカラー従事者の空間パターンの変容——展開法の応用」E-Journal GEO 9：1-21．

浅川達人 2006「東京圏の空間構造——変化の方向とその論理」日本都市社会学会年報 24号 57-71頁．

小泉諒 2010「東京圏における職業構成の空間的パターンとその変化」季刊地理学 62巻 61-70頁．

小泉諒・若林芳樹 2014「バブル経済期以降の東京23区における人口変化の空間的パターン」地学雑誌 123巻 249-268頁．

国立社会保障・人口問題研究所 2000『世帯内単身者に関する実態調査』国立社会保障・人口問題研究所．

東京都政策報道室 2001『土地に関する調査——地価変動は都民生活にどんな影響を与えたか』東京都．

豊田哲也 2012「所得の地域格差と都市圏の空間構造——世帯規模と年齢階級を考慮した市区町村別世帯所得の分析」徳島大学総合科学部人間社会文化研究 20号 51-62頁．

中澤高志 2010「団塊ジュニア世代の東京居住」季刊家計経済研究 87号 22-31頁．

中澤高志 2015「若者のライフコースからみた大都市圏と地方圏をめぐる地域格差の輻輳」地域経済学研究 29号 2-19頁．

中澤高志 2016「職業別純移動にみる東京圏の居住地域構造」経済地理学年報 62巻 39-56頁．

中澤高志・川口太郎・佐藤英人 2008「世代交代に伴う東京圏郊外住宅地の変容——第一世代の高齢化と第二世代の動向」人文地理 60巻 144-162頁．

P. ノックス・S. ピンチ著，川口太郎・神谷浩夫・中澤高志訳 2013『改訂新版　都市社会地理学』古今書院．

平山洋介 2006『東京の果てに』NTT出版．

平山洋介 2011『都市の条件——住まい，人生，社会持続』NTT出版．

樋口忠成 1985「都市の内部構造」坂本英夫・浜谷正人編著『最近の地理学』大明堂，164-184頁．

P. ブラウ著，斉藤正二監訳 1982『社会構造へのアプローチ』八千代出版．

U. ベック著，東廉・伊藤美登里訳 1998『危険社会——新しい近代への道』法政大学出版局．

松原宏 2012「農業立地の基礎理論」松原宏編『産業立地と地域経済』放送大学教育振興会，23-35頁．

矢部直人 2008「不動産証券投資をめぐるグローバルマネーフローと東京における不動産開発」経済地理学年報 54巻 292-309頁．

山田昌弘 1999『パラサイト・シングルの時代』筑摩書房．

山田昌弘 2004『パラサイト社会のゆくえ——データで読み解く日本の家族』筑摩書房．

第13章

地方創生の政治経済学

「人口問題転換」

　伝統的に人口問題という言葉が意味してきたのは，人口の過剰に起因する問題であり，人口政策は，これにどのように対処するかを課題としてきた。マルサスは，人口が幾何級数的に増えるのに対し食料は算術級数的にしか増えないことから，人口が過剰となり，貧困が広がると主張した。さらに，貧困は資本主義の問題ではなく自然現象であるから，社会改良によって避けられるものではないとの見解である「マルサスの罠」を提唱した。先進国が農業生産性の向上によってマルサスの罠を克服すると，人口問題への戦いの主戦場は発展途上国に移り，人口爆発の押さえ込みが重要な課題となった。

　時は移り，現在先進国は人口減少という深刻な問題に直面している。今世紀中には世界人口が減少に転じるとの予測もあるように，グローバルにみても人口問題イコール人口減少という時代が遠からずやってくる。そうなれば，どうしたら出生率を上げることができるかという正反対の問題が浮上し，人口増加に対して出産抑制を処方してきた人口政策はまったく役立たなくなる。人口のみならず，それによって立つ社会や経済についても，いかにして縮小・衰退(停滞)に立ち向かうかが課題となる。

　しかし，そこには大きな困難が待ち受けている。なぜなら，私たちが持っている社会科学という道具箱に入っている理論やモデル，概念の大半は，拡大・成長する社会を分析するためのものだからである。地理学もまた，縮小・衰退(停滞)する社会に対応した新しい方法論について考

えるべき時に来ている。

　人口(地理)学は，もう一つのチャレンジングな転換点を迎えてもいる。マルサス以来，人口現象は自然現象として扱われることが多かったため，人口(地理)学は自然科学的な手法を用いて人口を記述し，分析することに注力してきた。しかし1980年代以降，人文地理学の諸分野が実証主義的・経験主義的傾向に対する批判の洗礼を受けると，人口地理学も変わり始めた。ラディカルな研究者のなかには，人種や民族といった概念に潜む本質主義を批判し，個性をはぎ取られた集合体である人口という概念そのものを問い始めた。この流れは，「人口の地政学」(Baily 2005)あるいは「人口の政治経済学」(Robbins and Smith 2017)の旗印のもとで発展しつつある。

　本章では，現在日本で展開されている「地方創生」に関する一連の政策を題材として，人口減少社会における人口政策の具体的な展開とその特徴について考えていく。人口問題が人口増加から人口減少に転じようとも，現状の把握と分析については，人口(地理)学が長年培ってきた方法論で十分対応可能である。しかし，人口の自然動態・社会動態を「あるべき姿」に向けて制御しようとするポリティクスとその背後にある思想をつかみ取ろうとするときには，伝統的な人口(地理)学は役立ってくれない。本章では，近年のラディカルな人口(地理)学の姿勢に学びながら，「地方創生」の理念や目的について批判的に考察してみたい。そして最後に，縮小・衰退(停滞)の時代に，地理学は地域とどう向き合うべきなのかを問うてみたい[1]。

「地方消滅」と「極点社会」

　日本において人口が継続して減少する局面に入ったのは，2008年頃とされている。それ以来，人口減少社会という言葉はすっかり市民権を得たが，日本の人口が早晩減少に転じるのはかなり前から確実であった。第2の人口転換を経験した日本では，合計特殊出生率が置換水準を大きく下回る状態が30年以上続いていたし，先進国では異例なほど，外国人

労働力の受入に対して慎重な姿勢を取り続けてきたからである。人口減少社会という現実は，楽観論から悲観論までさまざまな議論を引き起こしたが，しばらくはどこか対岸の火事のような雰囲気があった。

　風向きが一変し，国民の間に人口減少が深刻な危機として意識されるようになったのは，岩手県知事や総務大臣を歴任した増田寛也氏率いる日本創成会議が，2014年5月に『ストップ少子化・地方元気戦略』と題するレポート（日本創成会議・人口減少問題検討分科会2014）を公表してからである。日本創成会議の問題提起は，概略以下のとおりである（図13-1）。

　長らく長寿化によって隠されてきた少子化による人口減少は，ついに現実のものとなった。仮に2030年に出生率が置換水準を回復したとしても，この間の低出生率は慣性の法則のように作用し，人口減少が止まるのは2090年頃になる。したがって，一刻も早く対処しなければならない。火に油を注いでいるのが，非大都市圏から大都市圏，特に東京圏への人口流出が続いていることである。地域にとって，出産可能年齢の女性の流出は，転出超過による人口減少のみならず，人口を再生産する力が流出することをも意味する。若年女性人口が激減する地域では，出生率を引き上げても，出生の絶対数が減少してしまうため，高齢者の死亡に相殺されて人口は減少する。2040年までに20～39歳の女性人口が5割以上減少する市町村は「消滅可能性都市」であり，それは非大都市圏を中心に全自治体の49.8％（896自治体）に上る。若年女性の向かう先である大都市圏，特に東京圏は，極端に合計特殊出生率が低い。したがって，非大都市圏において多くの自治体が存立困難になる「地方消滅」と並行して，人口が限られた大都市圏のみに集中する「極点社会」が到来すると，国全体の人口減少はますます加速する。

　日本創成会議の一連の主張は，NHKクローズアップ現代によってわかりやすく，しかもインパクトのある映像とともに放映され，多くの国民の知るところとなった。中公新書として刊行された『地方消滅』（増田編著2014）や『東京消滅』（増田編著2015）も，日本創成会議の主張を伝道することに貢献した。

　日本の地域別将来推計人口については，2013年3月に国立社会保障・

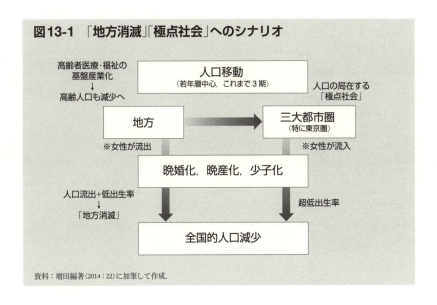

図13-1 「地方消滅」「極点社会」へのシナリオ

資料：増田編著(2014：22)に加筆して作成。

人口問題研究所が先んじて公開していた。その結果は厳しいもので，すべての都道府県で2040年の人口が2010年を下回り，埼玉県と神奈川県では，後期高齢者(75歳以上の人口)が2010年の2倍以上となり，高齢化が最も著しい秋田県では後期高齢者が28.4％を占めるとされた。市町村レベルでは，65歳以上人口が40％以上を占める自治体が半数近くに上る結果となる。ところが，「消滅可能性都市」の定義に該当する自治体は373(20.7％)と日本創成会議の推計に比べるとかなり少ない。

この差を生んだのは，人口移動に関する仮定の相違である。日本の人口移動は，大都市圏が大きな転入超過を示す時期と，それが沈静化する時期を繰り返してきた。その要因は必ずしも明らかではないが，国立社会保障・人口問題研究所はこの循環的変動が今後も続くとみて，人口移動が収束するとの仮定に基づいて人口推計を行ったのである。しかし，日本創成会議は，大都市に向かう人の流れは収束しないと喝破した。

日本創成会議が注目したのは，医療・介護分野の雇用の動向である。現在，医療・介護は事実上非大都市圏の基幹産業となっている(第9章)が，今後は高齢者の絶対数も減っていくため，医療・介護の需要も減退する地域が増える。医療・介護の主な担い手である若年女性は，仕事を求め

て当面高齢人口が激増する大都市圏に流出し,「地方消滅」と「極点社会」が引き起こす人口減少が進展すると考えたのである。このストーリーが真の原因かどうかはさておくならば,東京圏の転入超過は終息しておらず,むしろ新たな上昇局面に入っている(**図13-2**)。結果だけ見れば日本創成会議の仮定の方が正しかったことになる。

　こうした現状認識を踏まえて,日本創成会議は「国民の希望出生率を実現する」と,「地方から大都市へ若者が流出する『人の流れ』を変える。『東京一極集中』に歯止めをかける」を2つの基本目標に設定した。そして,その実現に向けて,国に中央指令塔として「総合戦略本部」を設置して「長期ビジョン」と「総合戦略」を策定するとともに,「地方戦略協議会」をおいて「地域版長期ビジョン」と「地域版総合戦略」を策定していくべきとした。

　注目すべきは,人口の再配置という積極的な方針を掲げていることである(増田ほか2014:42)。大都市圏への人口集中については,集積のメリットを強調する考え方もあるが,大都市圏の出生率が極端に低いことを考えると,人口維持の観点からは許容できない。かといって少子化対策に投入する財源には限界があるため,大都市圏での大幅な出生率向上は望めない。財政的な制約のなかで日本全体の出生率を引き上げ,人口減少に歯止めをかけるためには,人口の大都市圏への集中を止め,人口を再配置することが必要であると主張するのである。

　日本創成会議の問題提起と政策提言は,これまでの人口減少社会論にはない独自性をいくつかもっている。第1は,人口減少を空間に投影して「地方消滅」という言葉に翻訳したことである。人口減少は「他人事」と感じられても,「あなたが住んでいる自治体が消えるかもしれない」と言われれば,「自分事」として感じられるであろう。第2は,若年女性に焦点を当て,人口流出は同時に出生力の流出であると指摘したことである。国内の人口移動は全国人口の減少には無関係であると考えられがちであるが,実はそうではない。人口学的に言えば,独立に扱われがちであった自然動態(出生,死亡)と社会動態(転入,転出)の関連性に着目したことになる。その着眼点があったからこそ,出生率の地域差に注目し,人口の再配置を出生率向上のための戦略に位置づけるという,第3の独自性が

図13-2　非大都市圏から3大都市圏への転入超過数

注：大都市圏間の移動は含まれない．日本人についてのみ．地域区分は以下の通り．東京圏：埼玉県，千葉県，東京都，神奈川県．名古屋圏：岐阜県，愛知県，三重県．大阪圏：京都府，大阪府，兵庫県，奈良県．
資料：国立社会保障・人口問題研究所『人口統計資料集』により作成．

打ち出せたのであった．「自治体消滅の前に何かしなければ」と危機をあおるショック・ドクトリンを採用する一方で，日本創成会議は，「すべての集落に十分な対策を行う財政的余裕はない」（増田ほか2014：48）と冷徹に言い切ることに躊躇せず，地方中核都市に人口流出を食い止めるダム機能を担わせ，ここに所得機会を創出すべく資源を集中的に投下することを提案した．人口再配置による分散と「選択と集中」のある意味で矛盾した戦略の同居も，第4の独自性に数えられよう．

政策としての実装

　一民間団体であるとされる日本創成会議の政策提言に対して，政府は異例ともいえるほど早急に反応した．2014年5月に『ストップ少子化・地方元気戦略』が公開されるや否や，7月には「まち・ひと・しごと創生本部」の設置準備委員会が組織され，9月には「まち・ひと・しごと創生

本部」が発足している。そして2014年12月には，早くも提言に沿う形で，『長期ビジョン』と『まち・ひと・しごと創生総合戦略』（まち・ひと・しごと創生本部2014）が策定されたのである。

　『総合戦略』の現状認識と基本方針は，日本創成会議の議論を踏襲しており，①「東京一極集中」を是正する，②若い世代の就労・結婚・子育ての希望を実現する，③地域の特性に即して地域課題を解決するという3点を，一般的課題として掲げた。『総合戦略』では，「この構造的な課題の解決には長期間を要する」(1頁)との認識の下で，「長期的には，地方で『ひと』をつくり，その『ひと』が『しごと』をつくり，『まち』をつくるという流れを確かなものにしていく」(2頁)としている。具体的な施策においては，「縦割り」「全国一律」「バラマキ」「表面的」「短期的」といった過去の弊風を排し，「自立性」「将来性」「地域性」「直接性」「結果重視」の5原則を重視する。そして，「国は，日本全体の人口の将来展望を示す『長期ビジョン』とそれを踏まえた，今後5か年の『総合戦略』を策定し」，「各地方公共団体は，国の『長期ビジョン』と『総合戦略』を勘案し，遅くとも2015年度中に，中長期を見通した『地方人口ビジョン』と5か年の『地方版総合戦略』を策定し実行するよう努めるものとする」としている。

　国の「長期ビジョン」では，2060年に1億人程度の人口規模を維持することを基本線に，若者の結婚の意思や希望子供数が実現した場合の出生率である国民希望出生率1.8の実現，東京一極集中の是正，生産性向上によるGDP成長率1.5～2％の達成を目標とする。さらに，「地方に安定した雇用を創出する」「地方への新しいひとの流れをつくる」「若い世代の結婚・出産・子育ての希望をかなえる」「時代にあった地域をつくり，安心なくらしを守るとともに，地域と地域を連携する」という4つの基本目標とともに，5か年計画の数値目標が設定されている。『総合戦略』の約3分の2を占めるのは，基本目標をさらに細分化した目標と，その達成に向けた多数の政策パッケージを列挙した部分である。ここでも，基本的に2020年を目標とする重要業績評価指標(KPI)が事細かに設定されている。これら多数のKPIの達成に向けて，国は情報支援，人的支援，財政支援という「地方創生版・三本の矢」によって，自治体の施策を支えると

している。

　「地方創生」が政策に実装され，事態が矢継ぎ早に展開するなかで，自治体は『地方版長期ビジョン』と『地方版総合戦略』の策定を迫られ，パニック状態に陥った(城戸2016)。国は2015年10月末までに『地方版総合戦略』を策定すれば交付金の優遇を受けられると自治体を煽ったが，それに間に合った自治体は729自治体(41.9%)にとどまった。国が自治体に『地方版総合戦略』策定の指示を出したのが2014年12月末，策定のための手引きが提示されたのは2015年1月であるから，自治体にとってはいかにも期間が短かすぎた。

　それでも，『地方版総合戦略』を策定し，それを実行する予算を獲得しなければならない。自治体は，学識経験者やシンクタンクの手を借りながら，国に認められるための「補助金獲得コンテスト」への参加を強制された。「地方創生」が「地域資源」の活用を押し出している意をくみ取って，各自治体は「ないものねだり」でなく「あるものさがし」をしようと観光や農林水産物，地場産品などに目を向ける。しかし「特別なオンリーワン」はなかなかなく，新奇性を出すことは難しい。

　「地方創生」は地域政策であるとしても，人口減少への対処に過剰に傾斜している。しかし，政策によって出生率を抜本的に上げることが可能であるならば，そうした政策はすでに採用されているはずである。加えて国全体の人口が長期的に減少することは確実であるから，転入促進の取り組みがマイナスサムゲームになることもまた確実である。人口に関連する施策について，根拠が薄弱で無理のある数値目標やKPIが設定されがちになるのは無理もない。こうした実情を踏まえ，自治体の『地方版総合戦略』策定などに関わった城戸(2016：24)は，「一部の地方自治体を除くと，率直に言って，有意義な成果は考えにくいのが実状であった」と吐露している。

　『総合戦略』は2015年度から2019年度の5か年計画であり，現在4か年目に入っている。数値目法やKPIの達成度は，自治体によってさまざまである。しかし，上昇基調にあった国全体の合計特殊出生率は2015年から低下に転じているし，東京圏の転入超過が収束する兆しはない。長

期的な観察が不可欠ではあるにせよ，人口減少を食い止め，大都市圏への人口集中を反転させるという「地方創生」の最大の目標は，足元ではむしろ遠のいているとすらいえる。

「地方創生」の目的

　将来的には「地方創生」の政策としての歩みを振り返り，そのなしえたこと／なしえなかったことを明らかにすることは重要である。しかし，それには時期尚早であるし，今もって『まち・ひと・しごと創生本部』は，矢継ぎ早に新しい取り組みを展開しているので，それをすべて追いかけることは不可能である。ここでは，政策の細部ではなく，政策を支える理念や目的に着目してみたい。

　基本的な文書から，「地方創生」が何を目指しているのかをもう一度確認してみよう。増田ほか（2014：38）は，「今解決が求められている課題は，『人口』という国家，社会の持続可能性に関わるものであり，『国土利用』という国家の経済・社会機能を発揮するための『資源配置』の基本にかかわるものである」と説く。つまり，「地方創生」の第一義的課題は，非大都市圏の地域経済や地域社会の抱える問題の解決ではなく，あくまでも国家や社会といった全体の持続可能性に関わるものである。『総合戦略』が「地方は，人口減少を契機に，『人口減少が地域経済の縮小を呼び，地域経済の縮小が人口減少を加速させる』という負のスパイラル（悪循環の連鎖）に陥るリスクが高い。そして，このまま地方が弱体化するならば，地方からの人材流入が続いてきた大都市もいずれ衰退し，競争力が弱まることは必至である」(1頁) というとき，そこで危惧されているのも，個別地域の衰退ではなく，国全体の衰退であろう。

　そもそも，国が人口減少を問題視するのは，「負のスパイラル」の一端をなして持続的な経済成長を損なうからであり，「若い世代の就労・結婚・子育ての希望を実現する」という基本目標は，文字どおり二の次に出てくる。そして，出生率回復の手段として，東京一極集中を是正し，人口を再配置することが重視される。しかし，非大都市圏の地域経済は疲

弊しているため，人口減少の克服と持続的な経済成長のために，「地方創生」が必要であるというロジックになる。つまり，「地方創生」政策は人口維持と経済成長のため手段であって，それ自体が目的ではないことになる。手段としての「地方創生」が目的を達成できたか否かは，KPIによって検証される。自治体はそれぞれに『地方版総合戦略』を立て，KPIの達成を目指すが，結局は「部分」として，GDPや総人口といった「全体」の量的指標の拡大・成長に貢献することが求められるのである。

地域政策としての「地方創生」

　資本主義を特徴づける社会的分業は，現実には地域間分業として表れる。それゆえに経済の地理的差異が生まれ，それが問題として認識されると，差異は格差と呼ばれることになる。経済地理学者は，地域間格差が生まれるメカニズムを把握し，地域間格差の解消を重要な課題の一つと位置づけ，地域政策論を展開してきた。人は，住まいや仕事の場をまったく自由に選択できるわけではない。生まれ落ちる地域は選ぶことができないし，そこからの移動も容易ではない。出身地を離れた人も，必ずしも自分の意志によって移動し，望みどおりの場所に住んでいるわけではない。土地に固着した生活基盤はもちろんのこと，財の地理的可動性も完全ではない。このような事情から，地理を捨象して社会保障や福祉政策をいくら論じてみても，国民の社会的公正を達成することができないところに，地域政策の存立根拠がある(辻1986)。

　経済地理学が地域間格差を研究課題としてきたのは，個人の意志や努力によっては越えがたい条件の差のかなりの部分が，人間が地理的実在であることによって生み出されていることを社会正義にもとると考えたからである。ところが「地方創生」に関する議論や政策には，地域間格差に対する認識が希薄である。『総合戦略』において地域間格差について言及しているのは，「地方と東京圏の経済格差拡大等が，若い世代の地方からの流出と東京圏への一極集中を招いている」(1頁)とした冒頭の1か所のみである。

地域間格差を社会正義上の問題ととらえ，その解消を目指してなされる福祉政策的な国家政策を地域政策であるとすれば，地域間格差という問題意識が希薄な「地方創生」は，地域政策の名に値しないようにも思える。しかし辻(1986)は，地域政策の目的は，国民の平等や公正の達成に限定されず，産業や人口の地理的偏在や地域間不均衡を是正することによって，社会的合理性を向上させることもその一つであるという。前者は個々の国民の生活を問題としているのに対し，後者は個人よりもむしろ社会全体の利益にかかわるという違いは無視できないが，いずれも基本的に国民の福祉の改善という共通の理念に基づくと理解できる。

　国民の福祉の改善という目的からなされる地域政策とは明らかに性格を異にするのが，成長政策的・産業政策的な地域政策である。全国総合開発計画をマスタープランとして，地域開発の名のもとに産業基盤の整備と企業誘致を進めてきた戦後日本の地域政策は，成長政策的・産業政策的な地域政策のこれ以上ない典型例である。

　これほど目的や理念を異にする政策が，地域政策と一括して呼ばれうる理由を，辻(1986：284)は「一般に目的や理念から，その手段を分離することはしばしば可能であるからであり，このことが地域政策にもあてはまるからである」と述べる。確かに福祉や社会的合理性を目的としてなされる地域政策もまた，産業振興を重要な手段の一つとしている点において，成長政策としての地域政策と共通点をもっている。手段の共通性を重視し，本来の目的や理念から乖離した政策をも地域政策と呼びならわしてきた伝統を踏まえれば，「地方創生」もまた，地域政策と呼びうることになる。地方中核都市に資源を集中投下して非大都市圏における人口の「反転・防衛線」にしようという「地方創生」の発想が，高度成長期以来の地域政策と類似した陳腐なものであるとの指摘[2]は，まさに手段としての共通性を衝いた批判である。

　しかし筆者は，それが地域政策と呼びうるとしても，「地方創生」は，それ以前の地域政策とは一線を画するものであると考える。辻(1986)が指摘するように，これまでの地域政策は，いくら成長政策的な方向を採っていたとしても福祉政策的な側面を備えていたし，少なくとも建前とし

ては福祉の重要性を前面に出していた。ところが「地方創生」では，格差の観念の希薄さが示すように，社会正義の追求という理念が霧消し，合理的な資源配置を通じて経済や人口の成長を達成することが最重要課題とされる。

辻(1986：300)は，「機会の地域間平等化と地域間均衡化とを中心課題」とする地域政策が展開されうるのは，その国民経済が一定水準のパフォーマンスを持つ限りにおいてであるとしている。そして，「この一大前提が崩れるならば，今度はその前提そのものが重大な国家政策問題となり，これとともに福祉政策的地域政策は後退し，経済力の回復強化に資する地域政策が重視される可能性がある」(300-301頁)と締めくくっている。低成長にあえぐ日本において今展開されている「地方創生」は，福祉政策的側面を後退させた経済力の回復強化に資する地域政策そのものであるといえよう。

人口の意味するもの

「地方創生」は，地域間格差の解消という社会正義の実現という目的ではなく，人口と経済の回復強化という目的のため手段である。しかし手段の類似性から，地域政策と呼ぶことができる。しかし今採っている手段では，経済成長にとって最大の障害と目されている人口減少に歯止めがかかる兆しは見えない。

以上の論理に従えば，次に検討するべきは，必然的に移民の本格的な導入にならざるをえない。ところが，日本創成会議と国は，少なくともつい最近まで，移民の導入にきわめて慎重な姿勢を取り続けてきた。

増田編著(2014)は，「海外からの大規模移民は，人口減少対策として現実的な政策とはなりえないと考える」(92頁)と，移民受け入れによる人口維持の可能性を一蹴する。その理由は，「出生率の不足分をカバーするには，日本を多民族国家に作り変えるような規模の移民が必要であり，国民的な合意が得られるとはとても考えられない」(92頁)からである。ところが，そのすぐ直後で，生産年齢が減少するなかで国際化や生産性向上

を図るためには，海外から「高度人材」を積極的に受け入れるべきであり，いわゆる単純労働者に関しても，今後深刻な人材不足が見込まれる介護や建設の領域については，技能実習制度を拡充する必要があると主張している(92-93頁)。

増田編著(2014)のこうした主張は，政府そして多くの国民の外国人に対する姿勢や心情を反映しているとみてよいであろう。『総合戦略』は，外国人留学生や外国人観光客の受入増大の必要性を強調しているが，移民の可能性についてはまったく言及していない。2014年2月に経済財政諮問会議の「選択する未来」委員会が，毎年移民を20万人受け入れると仮定した場合の人口推計を公表した際には，委員会内外からの意見が相次ぎ，労働力としての外国人の活用は議論するが，移民に関しては扱わないとした。2016年3月には，今度は自民党内部に「労働力確保に関する特命委員会」が設置された。しかし，結果として出された「『共生の時代』に向けた外国人労働者受入れの基本的考え方」は，「雇用労働者としての適正な管理を行う新たな仕組みを前提に，移民政策と誤解されないように配慮しつつ(留学や資格取得等の配慮も含め)，必要性がある分野については個別に精査した上で就労目的の在留資格を付与」すべきと結論づけた。在留期間は延長可能とするが，長期化すると「家族呼び寄せや定住化の問題が生じるため，さらなる検討が必要である」というのである。

この考え方に沿って，政府は2018年6月に建設，農業，宿泊，介護，造船の5分野に限り，単純労働の門戸を広げる方針をまとめた。これらの業種では人手不足が特に著しく，技能実習生という名目で実質的に外国人労働力を頼ってきた経緯がある。しかし，技能実習生は3〜5年の期間が終了すると帰国しなければならず，失踪による不法滞在も少なくないことなど，問題点が指摘されてきた。新たな資格では，日本語能力をさほど求めず，基本的な作業ができれば受け入れる方針で，政府は2025年までに50万人規模での受入を想定している。しかし，就労する分野を特定し，期限を区切った在留資格を付与する制度であり，定住を許すものではない。

技能実習生のみならず，コンビニエンスストアで働くアルバイトの外

国人留学生・就学生など，外国人労働力の手を借りなければ，事実上日本の社会生活は成り立たなくなっている。不足する労働力を補うための外国人は必要だが，家族の呼び寄せや定住化は「問題」であるという態度は，倫理的に問題があるのではないか。外国人を単なる経済成長のための非人格化された労働力として扱い，彼／彼女らが日本という空間－社会において家族形成をしたり，長期的な自己実現を追求したりする権利を認めないからである。移民に反対する意見の多くは，移民がもたらす社会的不安およびコストの増大を理由としているが，問題はもっと根深いところにあるように思われる。

　それは，外国人と日本人との線引きの仕方にあるのではなかろうか。外国人とは，日本人以外の人々であるから，線引きの基準はあくまでも日本人の領域確定にある。日本人には，ナショナリティ（国籍）としての日本人と，エスニシティとして日本人とがある。定住・永住を前提とする移民が増大すれば，「真正な」日本人とはエスニシティを異にする人々が，日本人としてのナショナリティを得て参政権を含めた発言力を強め，「真正な」日本人のエスニック・アイデンティティが脅かされる。この危機感は，もう一歩踏み込むとエスノセントリズムや人種主義に陥る危険性がある。

　Robbins and Smith（2017）が紹介するように，これは日本だけの問題ではない。Coleman（2006）は，低出生力に陥ったかつての多数派人口集団が，人種やエスニシティを異にする高出生力の移民人口に取って代わられることによる社会変動を，「第三の人口転換」と呼んだ。アメリカ合衆国では，この第三の人口転換が2043年に起こり，非ヒスパニックの白人がマイノリティになるとの人口推計が論議を呼び，アメリカ社会の根深い人種意識が表面化する結果となった（Lithter 2013）。Bialasiewicz（2006）は，アメリカ合衆国とイタリアにおいて出版されたベストセラーが，いずれも西洋系白人の出生率が低迷するなかで，移民（特にアメリカ合衆国ではヒスパニック，ヨーロッパではムスリム）が高い出生率を保持する結果，「西洋」が危機にさらされていると警鐘を鳴らしていることに注目する。これらの書物における「西洋の死」は，単に政治学あるいは地政学的な衰退のたとえ話ではなく，現実の人間の生き死にかかわっている。ヒスパニック女性や

ムスリム女性は,出生を通じてアメリカ合衆国に対するメキシコの失地回復や,ヨーロッパへのイスラムの逆十字軍に参戦しているとみなされる。こうして「女性の身体は西洋のアイデンティティを守るための戦場となる」(702頁)のである。

　国家の人口政策は,人口の量とその地理的分布をコントロールすることにとどまらず,暗黙の裡に前提とされている望ましい人種・エスニシティの構成を保つことにも向けられている。ここからわかるように,日本において「人口減少が問題である」とされ,「人口の維持／増加を目指すべきである」と主張されるときに想定されている「人口」は,国勢調査が対象とするような日本に生活の拠点を置く人の単純合計ではない。大多数の人は無意識のうちにそうするのであろうが,「真正な」日本人という仮想的人口集団が想起されているのである。『総合戦略』が移民受入の可能性について言及していないことや,外国人の労働力の導入に対して政府が慎重な姿勢を取り続けていることは,人口という言葉の含意に対する問いを投げかけているのである。

「消滅可能性」自治体の苦悩とどう向き合うか

　筆者は,拡大・成長が善であって縮小・衰退(停滞)は悪であるとはまったく考えておらず,むしろ「定常型社会」(広井2001)といったものを構想する方に与したい。しかし,人口や経済のパイが縮小していけば,条件が不利な地域ほど,消滅の危機にさらされるであろうことは想像に難くない。地理学者は,そのような地域に対して何ができるだろうか。

　群馬県南牧村は,東京都心から自動車で2時間強のところに位置する山村である[3]。2015年国勢調査による人口は1979人であり,高齢化率が60.5％と全国で最も高かった。30歳台以下の人口が極端に少なく,人口ピラミッドは竜巻のような形となっている(**図13-3**)。日本創成会議の推計によれば,南牧村では2010年から2040年の間に20～39歳の女性が89.9％減少し,消滅可能性が最も高い自治体であるとされる。

　南牧村は,江戸時代には良質の砥石の産地であり,養蚕も盛んであっ

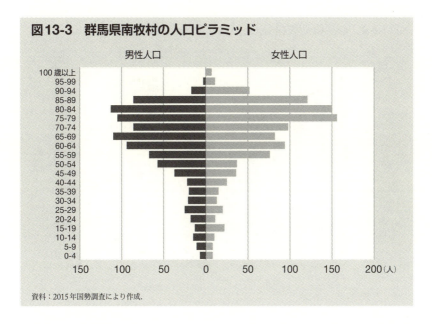

図13-3　群馬県南牧村の人口ピラミッド

資料：2015年国勢調査により作成．

た．加えて明治期に入ると，コンニャクイモの産地となり，村に現金収入をもたらした．1955年には，現在の5倍以上，1万人を超える人口を誇っていたのである（**図13-4**）．しかし，高度成長期を通じて，人口が激減する傾向を食い止めることはできなかった．

　コンニャクイモの生産には傾斜地が適しており，山に囲まれ，傾斜地ばかりの南牧村は，かえって産地としては有利であった．ところが，1960年代に平地でも生産できる品種が登場すると，産地が平地に移って生産性が向上し，コンニャクイモの価格が下落した．村の経済を支えてきた養蚕も，輸入糸や合化繊糸にシェアを奪われて衰退した．村は林業に活路を求めたが，外材の流入や恒常的な円高によって成り立たなくなった．

　平地に乏しく交通アクセスが悪い南牧村の場合，企業誘致の実現可能性は乏しい．また，南牧村には高校がないため，進学が即人口流出につながる．経済の衰退と不利な条件によって人口が激減するのを目の当たりにして，村の行政はただ手をこまねいていたわけではない．村は住民の生活向上に力を入れ，道路を拡幅整備したり，難視聴対策のために

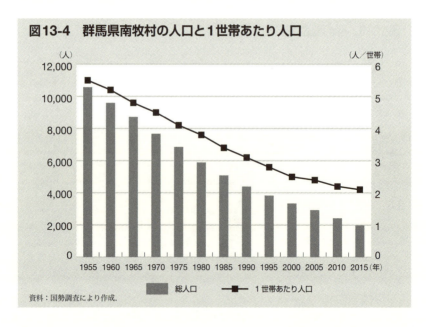

図13-4 群馬県南牧村の人口と1世帯あたり人口

資料：国勢調査により作成．

ケーブルテレビを開局したり，1999年という早い時期に全戸にインターネット環境を整えた。

全国一の高齢化に対処するとともに若者の雇用を創出しようと，村は有料老人ホームの建設も行った。国民年金受給者に配慮して入居費用は安くし，反対に職員の給与は役場職員と遜色ない額に設定した。空家バンクを運営するなど，移住者の誘致にも積極的で，2011年〜2016年9月までに21世帯39人の移住者を迎え入れている。プログラミングやキャリア教育を行うインターネット通信制高校の開設や，都市部からの子どものショートステイや役場でのインターンなどの計画もある。

しかし，数十人の移住者を受け入れたところで，あの竜巻のような人口ピラミッドでは，自然減に打ち消されてしまう。南牧村は毎年100人前後の人口減少に直面しており，その傾向が劇的に変わるとは考えにくい。それでも，南牧村の村長は，自らを鼓舞するようにこう語るのである。

15〜20年後，おそらく村の人口は今の半分になるでしょう。ただ，雇用対策と移住促進に全力で取り組めば，人口減は900人前後で止ま

り，そこからはこの規模を維持できると考えています。900人という人口規模で自治体が機能するのかと問われれば，非常に厳しいと言わざるをえない。でも今，何も対策を打たなければ，南牧村は本当に消滅の道を歩むことになる。だから今，村としてできることはすべてやっていくつもりです。

　社会科学は，それが体系だっていればいるほど，人々に無力感やあきらめをもたらすことになりがちである。日本創成会議が「南牧村は消滅する可能性が最も高い」と結論づけたのは，人口学が確立した人口推計によってであった。経済地理学も似たようなもので，立地論の一般常識に基づけば，南牧村は農業，工業，商業・サービス業のいずれにおいても競争優位がなく，産業振興は困難であるとの結論に至る。しかし，できることなら何でもするつもりという村長や，村に暮らし続けることを望む住民が欲しいのは，そうした一般論ではない。体系とは程遠いアイディアやどこかの事例であってもいいから，いま，ここから現状の変革に向けた一歩を踏み出す可能性や希望に結びつく知識が欲しいのである。

　地理学者が持っている知識の引き出しは幅広いし，なによりフィールドワークに長けている。地理学者は，地域に寄り添い，地域の実情を踏まえたうえで，いま，ここから，本来の意味で「地方」を「創生」する実践に役立つ知識を提供することができるであろうし，そうすることは重要な任務である。事実，少なからぬ地理学者が『地方版総合戦略』の策定などに関与し，「地方創生」の現場に力を貸してきた。しかし，固有の困難を抱えた個別の地域にソリューションを与えるコンサルタントになること「だけ」が，地理学者の仕事なのかといえば，そうではないであろう。

　本章を通じて，筆者は「『地方創生』は人口や経済の拡大・成長を善とするイデオロギーに依拠しており，部分である地域を手段として扱い，全体の拡大・成長という目的を達成しようとしている」と批判してきた。仮に政策に対する違和感を覚えたとしても，自治体がこうした批判を国に対してすることは，まずできない。自治体は，国の政策に沿って補助金や交付金を申請し，これを獲得することを宿命づけられているからで

ある。したがって，政策の理念や目的について批判的検討を重ねることは，アカデミズムの重要な使命であると考える。

しかし，地理学者の使命はそれだけにとどまらないであろう。「地理学者の使命とは何か」という問いに答えることは，「何のための，誰のための地理学なのか」という問いに答えることを意味する。この問いに対して，筆者はまだ答えることができないでいる。

1) 本章に関連する内容は，中澤（2016）および中澤（2018）において詳細に論じているため，そちらも参照されたい。
2) 増田編著（2014：201-202）は，こうした批判があることを自ら認め，反論を試みている（p.201-202）が，筆者のみる限り有効な反批判にはなっていない。
3) 南牧村に関する記述は，引用も含めて庄司（2017）に拠っている。

[文献]
城戸宏史 2016「『地方創生』政策の問題と今後の市町村合併の可能性――一村一品運動のインプリケーションを踏まえて」経済地理学年報62巻306-323頁。
庄司里紗 2017「3人に2人が高齢者，群馬県南牧村から人が減った理由」https://news.yahoo.co.jp/feature/623（2018年10月14日閲覧）。
辻悟一 1986「地域政策」川島哲郎編『経済地理学』朝倉書店，278-362頁。
中澤高志 2016「『地方創生』の目的論」経済地理学年報62巻285-305頁。
中澤高志 2018「政治経済学的人口地理学の可能性――『縮小ニッポンの衝撃』を手掛かりに」経済地理学年報64巻185-200頁。
日本創成会議・人口減少問題検討分科会 2014『成長を続ける21世紀のために――「ストップ少子化・地方元気戦略」』日本創成会議。
広井良典 2001『定常型社会――新しい「豊かさ」の構想』岩波書店。
増田寛也編著 2014『地方消滅――東京一極集中が招く人口急減』中央公論社。
増田寛也編著 2015『東京消滅――介護破綻と地方移住』中央公論社。
まち・ひと・しごと創生本部 2014『まち・ひと・しごと創生総合戦略』まち・ひと・しごと創生本部。
A. J. Baily 2005. *Making Population Geography*. New York: Oxford University Press.
L. Bialasiewicz 2006. 'The Death of the West': Samuel Huntington, Oriana Fallaci and a New 'Moral' Geopolitics of Birth and Bodies. *Geopolitics* 11: 701-724.
D. Coleman 2006. Immigration and Ethnic Change in Low-Fertility Countries: a Third Demographic Transition. *Population and Development Review* 32: 401-446.
D. T. Lichter 2013. Integration or Fragmentation? Racial Diversity and the American Future. *Demography* 50: 350-391.
P. Robbins and S. H. Smith 2017. Baby Bust: Towards Political Demography, *Progress in Human Geography* 41: 199-219.

あとがき

　前著『労働の経済地理学』のあとがきは,「自分の研究を一言で言い表すならば,それは『住まいと仕事の地理学』であり,またそうあり続けたいと考えてきた」という一文で始まる。前任の大分大学経済学部では,「住まいと仕事の地理学」という名の講義を担当し,明治大学でもそれを引き継いだ内容の講義をしているので,「ゆくゆくはそのテキストとなりうる本を納得のいく形で書いてみたいという思いがある」といったことも書かれている。「納得のいく形で」という箇所を割り引けば,その思いを実現できたのだから,私は幸せ者である。

　思いの実現に向けて動き出すきっかけは,意外なところ,寂しいところからやってきた。昨年(2018年)に,神谷浩夫先生が『ベーシック都市社会地理学』という本を出版されたことを知る人は多いだろう。この本について,私は何年か前に神谷先生から相談を受けていた。

　「都市社会地理学の教科書を書こうと思うので,テキストとして使ってくれないか。最初は単著で出すが,第二版からは二人でやろう。ノックス・ピンチの『都市社会地理学』に負けない内容にしたい。」

　ポール・ノックスがスティーブン・ピンチを請じて『都市社会地理学』の改定を重ねていったのと同じことを,神谷先生は私と組んでやろうとしたのである。二つ返事で承諾した。

　神谷先生は,中山大学でのサバティカル中にあらかた原稿を書き上げ,2017年の初夏には入稿を済ませていた。ところが,その直後に病を得ら

れ，ご自身で編集作業に取り組むことが難しくなった。『ベーシック都市社会地理学』に私の名前が「編集協力」としてクレジットされているのはそのためである。私は，行間からにじみでる神谷先生の思いをなるべくそのまま残しておきたいと願っていたので，出版社に求められた部分以外の加筆修正は極力避けた。本当に「編集協力」の域を出ていないのである。

　『ベーシック都市社会地理学』の改訂版に，私の思いを盛り込む途は，事実上絶たれてしまった。それなら自分でやろう。本をつくってそれをもっていったら，神谷先生も喜ぶだろうし，また元気も出るだろう。そうしてできたのがこの本である。出版をお引き受けくださった旬報社の木内洋育社長には，深くお礼申し上げる。

　本づくりの準備を始めたのは，昨年の2月頃だろうか。といっても，春休みにやったのは，冬のイギリスに行って田園都市レッチワースの写真を撮ったのと，はじめの数章の草稿をまとめたくらいのことである。程なくして春学期が始まると，勤め先である明治大学経営学部の公共経営学科長から，専門科目を充実させたいので，何か新しい科目を担当してくれないかとの打診があった。半期で結構，内容は中澤先生にお任せするとのこと。これは二つ返事とはいかなかったが，ちょうど『住まいと仕事の地理学』という本を書いているので，その内容と科目名でよければお受けすると答えた。

　聞く限り内容は至極妥当だが，科目名はケチがつくかもしれませんよ，というのが公共経営学科長の見立てであったが，特に異論が出ないまま，各会議体を通過していった。こうして，大分大学経済学部で誕生した本当の「私の講義科目」である「住まいと仕事の地理学」が，教科書を伴って明治大学経営学部で復活したわけである。

　学期が始まると，講義と会議とその他雑事に振り回されて原稿に向かう気が起きず，結局夏の厚いさなか，窓越しに向かいの家の夏みかんと見つめ合いながら集中的に執筆することになった。執筆時間の多くは，講義用パワーポイントに張り付けた図表の元のエクセルファイルを探すといった，根が几帳面にできている人ならやる必要のない作業に費やさ

れた。もっとも，生活時間のかなりの部分を失せ物の捜索に充てている私にとって，こうなることは自明であった。

　10年以上講義してきた内容で，ゼロから始めたわけではないが，非常に短期間で執筆したため，仕上がりが荒くなってしまった。どうして気づかなかったんだろうと思うようなミスもあるに違いない。そこはなにとぞご海容いただきたい。本書は，神谷先生はもとより，これまでお世話になった多くの先生方，そして私の講義を受講してくれた学生・院生たちのことを思い起こしながら執筆した。それに家族を含めたたくさんの人々のおかげで，本書はようやく形になった。筆者として私は，本書が多くの読者に愛される本になってほしいと願う。もし，本書を読んで，地理学っておもしろい，私もやってみようかな，と思う学生が出てくれば，望外の幸せである。

　2022年度には「地理総合」が高校の必修科目となる。「地理総合」を学んだ学生が入学してくるのに合わせて，本書を改訂することが望ましい。要するに，本書はほんのスタートなんだと自分に言い聞かせ，おさおさ用意を怠らないようにしたいものである。

自宅二階の研究室にて
2019年2月　　中澤高志

[索引]

あ
アイデンティティ ―― 15, 59, 205, 295, 296
悪魔のひきうす ―― 79, 255

い
「家」家族 ―― 82, 83, 85, 88, 125, 126, 185
一極集中 ―― 193, 286, 288, 290, 291
移動スケジュール ―― 169
移民 ―― 154, 293〜296

え
エスニシティ ―― 204, 260, 295, 296
nLDK ―― 133
M字カーブ ―― 181

お
大分ふれあいユニオン ―― 250
R. オーウェン ―― 76
OJT (on the job training) ―― 180
落合恵美子 ―― 52, 81, 82, 85, 142

か
介護保険 ―― 203, 204, 208, 209, 212, 220
家族的地位 ―― 260, 261, 265, 268, 277, 279
「家庭」家族 ―― 82, 83, 85, 88, 92, 125, 141, 142
加藤和暢 ―― 23〜25, 211
神谷浩夫 ―― 187, 301, 302
環境決定論 ―― 22
間接雇用 ―― 202, 222, 241〜244, 247, 249, 250, 251, 255, 256
関与の空間 ―― 251, 256

き
企業内地域間分業 ―― 193〜195, 198, 202, 212
企業の住宅施策 ―― 180, 181, 184, 270, 278
企業別組合 ―― 180, 250
汽車住宅 ―― 128, 129
擬制商品 ―― 14, 238
杵築市 ―― 243〜249
技能実習生 ―― 199, 201, 294, 294
極点社会 ―― 283〜286
居住分化 ―― 62, 65, 260, 261, 268, 279
寄留 ―― 42〜45, 67, 68
緊急雇用対策 ―― 247〜249, 251, 255
近代家族 ―― 80〜82, 88, 92, 125, 142
金融危機 ―― 222, 242, 247, 250, 254

く
空間－社会弁証法 ―― 16, 17, 21, 22, 27
空間スケール ―― 49, 159, 164, 177, 251, 277
空間的足かせ ―― 181
空間的相互作用 ―― 158, 164
空間的組織化 ―― 23〜27, 36, 59, 79, 211
空間的分業 ―― 21, 194, 212
空間的ミスマッチ ―― 157, 160, 168, 240, 242
空洞化 ―― 202, 204〜206
国東市 ―― 243〜246, 248, 249

け
経済地理学 ―― 16, 25, 58, 70, 194, 209, 210, 212, 291, 299, 300
傾斜生産方式 ―― 127
建設業 ―― 198, 202, 206
建造環境 ―― 17, 18, 27, 63, 96, 180
減損会計 ―― 269

こ
公営住宅 ―― 21, 100, 107, 130, 132〜136, 139, 142, 146, 248, 249, 269, 278
公営住宅法 ―― 132, 133, 135, 216, 219, 220, 222, 236
公益住宅 ―― 98, 100〜103, 118, 133, 141
郊外化 ―― 62, 63, 70, 75, 80, 106, 112, 119, 177, 178, 218, 278
郊外住宅地 ―― 75, 80, 81, 88, 98, 100, 116, 125, 172, 186, 218, 262, 273, 275, 277
郊外第一世代 ―― 172, 180, 185, 187, 218, 262
郊外第二世代 ―― 172
後期高齢者医療制度 ―― 203, 204
公庫住宅 ―― 216〜218
公団住宅 ―― 107, 130, 135, 137, 139, 142, 143, 184, 216〜218, 222〜224
国勢調査 ―― 32〜34, 42, 44〜50, 52, 53, 70, 80, 110, 149
国民経済 ―― 128, 132, 155, 164, 168, 178, 180, 182, 198, 262, 293
国立社会保障・人口問題研究所 ―― 148, 162, 163, 174, 265, 284, 285, 287
戸主 ―― 35, 36, 42, 82
55年体制 ―― 142, 146, 147
個人化社会 ―― 261〜264, 277
戸数主義 ―― 131, 132
戸籍 ―― 32〜37, 40〜42, 45, 52, 67, 82, 83
国家総動員法 ―― 110

K. コックス (Cox) ―― 251
固定金利 ―― 132, 231
コミュニティ・ユニオン ―― 250, 251
雇用ポートフォリオ ―― 240, 241
雇用保険 ―― 249, 252
孤立死 ―― 226, 227, 235

さ

財政移転 ―― 203, 204, 208
再生産 ―― 15, 17, 23, 24, 58, 59, 63, 67, 82, 88, 89, 118, 130, 150, 151, 180, 181, 201, 210, 211, 238, 269, 273, 276, 277, 284
財政投融資 ―― 132, 216, 228
産業再配置政策 ―― 192, 193
三種の神器 ―― 180

し

ジェンダー ―― 20, 22, 63, 204, 206
シカゴ学派 ―― 260
時間地理学 ―― 18〜22, 27, 213
時間的ミスマッチ ―― 239〜242
資産担保証券 ―― 230
事実主義 ―― 32, 33, 40, 44, 46, 47, 50
市場化 ―― 203, 206, 208, 209, 218
悉皆調査 ―― 32, 46
私鉄 ―― 70, 270
ジニ係数 ―― 148, 192
資本主義 ―― 12, 14, 20, 21, 23, 26, 58, 79, 82, 83, 96, 118, 128, 130, 146, 153, 234, 238, 282, 291
社会改良主義 ―― 75, 76, 78, 79
社会経済的地位 ―― 260, 261, 265, 267, 268, 270, 271, 273, 276, 277, 279
社会的分業 ―― 21, 239, 291
借地借家法 ―― 112
ジャスト・イン・タイム ―― 241, 242
終身雇用 ―― 110, 180, 218, 240
住宅営団 ―― 98, 100, 109, 114〜120, 124, 136, 141
住宅階級 ―― 142
住宅金融公庫 ―― 100, 103, 130〜132, 136, 146, 178, 184, 216, 222, 227〜231, 234, 269
住宅金融支援機構 ―― 132, 230, 232, 234
住宅組合 ―― 87, 88, 90, 98, 100, 103〜106, 119, 132, 141
住宅建設五箇年計画 ―― 216, 217, 220
住宅建設10ヵ年計画 ―― 136
住宅市場 ―― 12, 20, 21, 96, 110, 142, 176, 178, 186, 218, 221, 228, 231, 260, 261, 268, 269, 278
住宅双六 ―― 183, 184, 186, 187, 218, 262, 278
住宅政策の三本柱 ―― 100, 135, 184, 216, 218, 235, 278

住宅・都市整備公団 ―― 223, 225
住宅ローン ―― 132, 178, 216, 227〜235
集団求人制度 ―― 157, 160
集団就職 ―― 157, 160, 165, 168
集団赴任制度 ―― 157, 160
住民基本台帳 ―― 33, 34, 42, 47, 48, 244, 245, 249
宗門改 ―― 37, 38, 40, 41
重要業績評価指標 (KPI) ―― 288
出生率 ―― 39, 40, 97, 149, 150, 161〜163, 282〜284, 286, 288〜290, 293, 295
出身地定着 ―― 190, 191, 192
少産少死世代 ―― 151, 152, 163, 171, 187, 190, 192, 261, 262, 269, 277, 278
小住宅改良要綱 ―― 99, 100, 114
消滅可能性 ―― 284, 285, 296
職業紹介 ―― 157, 158, 160
職住一致 ―― 58, 76, 79
職住分離 ―― 46, 58, 60, 62, 63, 70, 75, 79, 80, 92, 177
女中 ―― 85, 87〜92
ショック・ドクトリン ―― 287
新規学卒労働市場 ―― 156〜161, 164, 168, 180, 211, 240
人口学 ―― 37, 38, 39, 52〜54, 56, 72, 262, 299
人口減少 ―― 119, 187, 202, 279, 282〜284, 286, 289〜291, 293, 296, 298
人口地理学 ―― 283, 300
人口転換 ―― 53, 118, 149〜151, 153, 163, 168, 172, 190, 283, 295
人工妊娠中絶 ―― 162, 163
人口問題 ―― 174, 282, 283
新中間層 ―― 62, 68, 74, 75, 80〜83, 85, 86, 89, 90, 92, 98, 103, 104, 106, 109, 114, 118, 125, 133, 177, 186
臣民権 ―― 97, 99, 141

す

スキル・ミスマッチ ―― 239, 240
ストック再編 (UR) ―― 224, 227
スプロール 64, 70, 79, 98, 106, 112, 118, 119, 136

せ

生活圏 ―― 14, 59, 210, 211, 238
生活保護 ―― 133, 219〜221, 226, 252
生活様式 ―― 17, 18, 24, 27, 83, 92, 190
生政治 ―― 162, 164
生存権 ―― 97, 100, 118, 130, 131, 141, 216, 219, 227, 234, 255
性別役割分業 ―― 63, 88, 90, 181
セーフティネット ―― 219, 227, 234, 252, 255
セクター構造 ―― 265, 268, 270, 271
世代間役割分業 ―― 196
世帯内単身者 ―― 265〜269, 271, 274, 276, 279

戦間期	74, 79〜83, 85, 86, 89, 90, 92, 93, 98, 118, 119, 125, 157, 177, 186
専業主婦	92, 142, 181, 274
潜在的他出者	149, 152〜155, 164, 168, 171, 172, 191, 261

そ

総合戦略	286, 288〜291, 294, 296, 299

た

耐久消費財	24, 82, 92, 178〜180, 217
第三の人口転換	295
第二の人口転換	165
ダイニング・キッチン	120, 126, 133
多産少死世代	151, 153, 163, 190
多就業構造	196, 200, 201, 210
団塊ジュニア世代	172, 173, 191, 262, 263, 278
団塊の世代	162, 172, 173, 187, 191, 261, 263, 278
団地	107, 115, 133, 136, 137, 139〜141, 143, 222, 224〜226, 235, 279
団地族	139, 224

ち

地域(間)格差	156, 193, 280
地域住宅計画	220
地域主義	190, 212
地域政策	289, 291〜293
地域の生産体系	193〜195, 198, 201, 202
地域労働市場	193〜196, 198, 200〜202, 209〜211
置換水準	150, 162, 283, 284
地方銀行	231, 232, 244
地方消滅	283〜286
地方の時代	165, 190, 192, 213
茶の間	83, 85, 107
中間労働市場	241, 242
賃金統制	111, 114

つ

通勤手当	114, 119, 120, 180, 181

て

定住圏	192, 193
定常型社会	25〜27, 296
テクノポリス	193, 212, 244
田園都市	75, 76, 78〜80, 88, 100, 101, 118, 125

と

同潤会	98, 100, 106〜109, 114, 116, 118, 119, 141
同心円構造	261, 265, 268, 270, 277
特殊法人改革	132, 227, 228
都市蟻地獄	67, 68, 70, 74, 75, 89, 97, 98, 118
都市下層	67, 68, 97, 101, 102
都市基盤整備公団	141, 223, 226
都市再生機構	137, 141, 221, 223, 224, 226, 235
都市社会地理	29, 259, 260, 277, 278
都心回帰	218, 228, 264, 269, 278
都心残留	228
土地神話	96, 174, 218
届出主義	33, 34, 42, 44, 47, 50

な

内務省	52, 79, 98, 100
ナショナリティ	295
南牧村	296, 297

に

西川祐子	42, 52, 82, 83, 85, 141
西山夘三	115, 124〜126, 128, 130
二重運動	79
二重構造	82, 83, 92, 182, 183
2DK	107, 133, 139, 226
日本住宅公団	100, 106, 107, 115, 135, 136, 138, 140〜143, 146, 216, 222〜224, 269
日本創成会議	284〜288, 293, 296, 299
ニュータウン	78, 136, 138, 143, 222, 223
ニューファミリー	185
ニュー・ラナーク	76

ね

根付きの空間	251, 254, 256
年功賃金	110, 111, 178, 180, 183, 194, 218

の

農外就業	198, 200, 210
農家労働力	200, 210, 211
農協	194, 201, 244, 247
農業経済学	194, 209〜211

は

D. ハーヴェイ	17, 26, 96, 178
派遣切り	222, 242〜244, 247, 248, 250〜252, 255
場所の商品化	186
発展なき成長	200
浜口ミホ	125
パラサイト・シングル	265, 267
E. ハワード	75, 76, 78, 79
反騰現象	170

ひ

一人一社制 158
標準家族 142
標準世帯 221, 261, 263
広井良典 25〜27, 296

ふ

M. フーコー 44, 164
フェミニスト地理学 21, 63
福祉国家 24, 27
物件化 186
P. ブラウ 265
フラット35 230, 231
フリーライダー 239
ブルジョアジー 71, 75
フレキシビリティ 202, 240, 255
分工場 194, 198, 200

へ

U. ベック 262, 263
J. ペック (Peck) 239
変動金利 231, 232, 278

ほ

ホームレス 13, 51, 142, 254, 256
K. ポランニー（ポラニー） 79, 255
本籍 32〜34, 40, 42〜44
本間義人 99, 103, 112, 114, 119, 120, 127, 227, 235

ま

増田寛也 284, 286, 287, 290, 293, 294
まち・ひと・しごと創生本部 288, 290, 300
D. マッシー 212, 213
T. R. マルサス 282, 283

み

民族的地位 260, 279

も

最上地域 196, 198〜202
持家主義 132, 142, 181, 184, 217, 227, 262

ゆ

UR住宅 222, 225〜227, 278
Uターン（還流移動）165, 168, 192

よ

横浜市金沢区 273〜276, 279

ら

四街道市 273〜276, 279
ライフイベント 169〜171, 173, 190
ライフコース 29, 52, 53, 142, 143, 168, 170〜173, 176, 177, 180〜184, 187, 192, 198, 221
ライフサイクル 168〜170, 187, 260

り

リスク社会 263, 264, 277

れ

歴史人口学 38, 39, 52, 56
歴史―地理 10, 23, 27, 28
レッチワース 78, 119

ろ

労働者派遣法 241
労働住宅 254, 256

わ

若林幹夫 186, 187

[著者紹介]

中澤高志（なかざわ　たかし）

明治大学経営学部教授。東京大学総合文化研究科博士課程修了。博士（学術）東京大学。大分大学経済学部准教授，明治大学経営学部准教授を経て現職。専門は経済地理学，都市地理学。著書に『職業キャリアの空間的軌跡』（大学教育出版），『労働の経済地理学』（日本経済評論社），『地方に生きる若者たち』（共著，旬報社）など。

住まいと仕事の地理学

2019年3月20日　初版第1刷発行

著者	中澤高志
ブックデザイン	宮脇宗平
発行者	木内洋育
発行所	株式会社旬報社
	〒162-0041　東京都新宿区早稲田鶴巻町544
	TEL：03-5579-8973　FAX：03-5579-8975
	ホームページ http://www.junposha.com/
印刷・製本	中央精版印刷株式会社

© Takashi Nakazawa 2019 Printed in Japan
ISBN978-4-8451-1585-3